周健 马金花 著

漫谈山西碑刻

山西出版传媒集团
三晋出版社

图书在版编目（CIP）数据

漫谈山西碑刻/周健，马金花著．――太原：三晋出版社．
2018.8
ISBN 978-7-5457-1759-4

Ⅰ．①漫… Ⅱ．①周… ②马… Ⅲ．①碑刻—研究—山西—古代 Ⅳ．①K877.424

中国版本图书馆CIP数据核字(2018)第218388号

漫谈山西碑刻

著　　者：	周　健　马金花
责任编辑：	张继红
出 版 者：	山西出版传媒集团·三晋出版社（原山西古籍出版社）
地　　址：	太原市建设南路21号
邮　　编：	030012
电　　话：	0351-4922268（发行中心）
	0351-4956036（总编室）
	0351-4922203（印制部）
网　　址：	http://www.sjcbs.cn
经 销 者：	新华书店
承 印 者：	山西康全印刷有限公司
开　　本：	787mm×960mm　1/16
印　　张：	19.5
字　　数：	220千字
版　　次：	2018年10月　第1版
印　　次：	2018年10月　第1次印刷
书　　号：	ISBN 978-7-5457-1759-4
定　　价：	68.00元

版权所有　翻印必究

前　言

　　石刻碑记是一种语言,是一种史料,是一种艺术。石头和文字的结合,形成了一种独特形式,发挥着独特的作用。它不但是当时历史的原始记述,尤其与本地区的社会、政治、经济、文化的发展有着密切的联系,所以,石刻碑记受到史学、文学、语言、文字、书法等各个方面的普遍关注和重视,成为历史文化遗存整理研究的一个重要学科。

　　山西古代碑石数量众多,遍布于名山大川、黉宫梵宇、城邑乡村。大量的碑刻集历史资料、石刻艺术、人文景观于一身,可谓宏富而细丽,博大而精深,不仅是中华几千年文明史的一枝奇葩,而且精华荟萃、史料珍贵,是中国重要的文化遗产和文化宝库。

　　"托坚贞之石质,永垂昭于后世",这是清末著名金石学家叶昌炽对碑刻及其功能的形象描述。纵观遍及山西各地的古碑,其所刻载的内容记录着政治、军事、宗教、历史、经济、宗族、民俗风情等各个方面的情况,从不同角度真实记录了这些事情的方方面面,大到历史事件、精英伟绩、氏族繁衍、政治变革、宗教信仰,小到县学乡校、完粮纳税、邻里争端、灾异示警、乡约民风,还有咏景诗词、金石书法、雕刻艺术等等,林林总总,不一而足。每一通碑文都在一定时期、一定地域发挥过

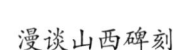

积极的作用,是研究当时山西社会历史的珍贵文献。这些碑碣反映了我省社会发展、演变的轨迹,具有"存史、资治、教化"的价值与作用。它是历史的一面镜子,是现存的活历史、活文物,是一部记载山西文明的石质百科全书,形成了具有生命活力的石刻文化。

碑的名称始见于东周,而刻文纪事之碑,则最早见于西汉晚期。到东汉桓帝、灵帝时,建墓树碑蔚然成风,个人记功、祖宗立碑成为士大夫阶层扬名显贵的风尚,因此,后汉以来,碑碣云起,形成了我国石刻艺术蓬勃发展的重要时期。在山西现存的汉碑中,临猗《绛邑长遗爱德政碑》(俗称建宁碑)为山西现存最早的一通文字碑。

北朝时期,是我国历史上一个特殊阶段,它上承秦汉,下启隋唐,处于两个强大统一期的中间时期,占有特殊的地位,有着重要的作用。与这一时期的社会环境相适应,石刻形式也有了不断的变化和发展,很多新的石刻种类如墓志、造像、刻经、题名等,都蓬勃兴起或固定成型,演化成石刻中的大宗。石刻文字形体的变异也最甚,形成了瑰丽雄奇的"魏碑体",独步千古,散发着迷人的魅力。

隋代国祚虽短,却是我国古代社会南北分裂数百年后的一个统一王朝,无论在政治、经济、文化上都是一个承前启后、继往开来的重要时期,它发挥了承上启下、融会贯通的巨大作用,为唐代社会的大发展奠定了基础。永济的《栖岩道场舍利塔碑》就正是体现这一变化的代表性佳作,其字体古拙端严,笔致圆润遒劲,虽为楷书,但仍留有隶意,工稳不苟,法度森严,启"初唐四家"之一虞世南之笔意,是魏碑向唐楷过渡时期典型的书写风格。

唐朝是中国封建社会的全盛时期,唐代历史揭开了中国古代最为灿烂夺目的篇章。唐代的碑刻,吸收了汉碑之长,魏碑之优,从内容到形式都有了创新和发展,形成了我国碑刻发展史上又一个新阶段。唐碑不但形制高大,雕刻精美,而且文辞宏丽,书法高超。在我省现存的唐代碑刻中,更不乏传世杰作,如唐太宗御书的首开以行书、"飞白"入碑之先河的《晋祠铭》,唐玄宗李隆基以汉隶八分体亲笔御书的《庆唐观纪圣铭》,殷令名唯一的传世碑版《裴镜民碑》,篆书中的古怪奇碑《碧落碑》,唐隶中的上佳杰作《王庆墓碣》,山西境内巾帼书碑起始的《石壁寺铁弥勒像颂》,歌颂良臣贤佐的《苏昱德政碑》《郭君碑》《李光进碑》《李光颜碑》,等等,这些都堪称唐代碑刻的奇观,在全国碑刻存留中,颇具盛名。

山西现存的宋辽金碑刻中,万荣宋真宗书《汾阴二圣配飨铭》、永济黄庭坚书《伯夷叔齐墓碑》、夏县司马光祖茔苏轼书《杏花碑》及运城宋徽宗书《大观圣作之碑》等,都是不朽的传世之作,以其恢宏的气势、精美的书法和具有丰富的内容著称于国内,它集中地体现了宋代的石刻水平。

山西目前所存元代碑碣达上百通,除皇帝的诏旨、圣旨碑外,以数元代大书法家赵孟頫所书的《裕公和尚道行碑》为最。稷山青龙寺的《平阳郡公姚天福碑》系四面刻文,全文长达5042字,在全国也十分罕见。

明清碑刻较为盛行,记述内容也比较丰富,山西明清碑刻数量甚多,除御制碑外还出现了长城碑及线刻图画碑等新的品类。《建文元年御祭中镇文碑》是全国所有御祭碑中,目前仅此一件"建文"年号之碑。另外《霍山大明诏旨碑》《左权新修十八盘并天井郊城堡图》《河东盐池之图》等，也都是明代碑刻的佼佼者。清代的碑刻较之明代大为繁茂，尤其是御制碑，记载重大政治、历史事件的碑刻及经济碑刻和线刻图画碑，数量有较多的增加。我省涌现了一批著名的书法大家，如傅山、祁寯藻、张穆等，他们的所书的石刻佳作众多。

清代是我国封建社会中最后一个封建王朝，清代帝王所留下的御撰御书碑刻比前代都多。五台山作为我国四大佛教圣地之一，帝王碑很多，有敕赐碑、诰封碑、圣旨碑、敕建碑等。它们一般体量都很大，选材上要求较高，这是山西五台山历史文化的重要组成部分，构成了山西省在全国独具风格、绝无仅有的宝贵碑刻资料和传世珍品。

在漫长的历史岁月中，山西积淀保存了许多极为珍贵的文化遗产，据初步估计，各个历史时期遗存的碑碣石刻已达五万通左右，他们从不同角度展示着当时社会的礼仪制度、宗教信仰、殡葬习俗、家庭结构、社会关系、道德准则、是非功过、评判标准及丰富多彩的社会风俗、生活场景等各个方面的情况。窥管知豹，可遥及当年，抚摸这千百年来的苍古斑驳的遗迹，仿佛能真切地触摸到历史的脉搏，相见那久已逝去的远古文明和璀璨的文化，可依稀分辨历史文明绵延不绝、一脉相承的脉络。透过碑碣的翔实记录，印证了山西历史文明的足迹。这些碑碣为研究山西地区的社会风貌、宗教文化、书法艺术等，提供了大量的实物佐证。对于这份极其宝贵的传统文化遗产，每一位三晋儿女都值得引以为自豪，都有责任倍加珍惜保护、传续继承并弘扬光大。

本书选择了山西众多古代碑刻中的部分精品予以介绍解析，并且

涉及一些历史故实,试图勾勒出山西碑刻文化的发展轨迹,展现山西古代碑刻的历史风貌,为繁荣和传播灿烂的传统碑刻文化尽自己的绵薄之力。

2018 年 8 月

目 录

第一章 认识碑刻

一、碑的起源及演变 ………………………………… 2

二、碑的结构 ………………………………………… 2

三、碑刻的种类及划分标准 ………………………… 4

第二章 山西地区碑刻综述

一、山西碑刻概貌 …………………………………… 6

二、山西地区碑刻分布情况 ………………………… 10

(一)雁北地区 ⋯⋯⋯⋯⋯⋯⋯⋯⋯⋯⋯⋯⋯⋯⋯⋯ 12

(二)大晋中地区 ⋯⋯⋯⋯⋯⋯⋯⋯⋯⋯⋯⋯⋯⋯ 15

(三)晋南地区 ⋯⋯⋯⋯⋯⋯⋯⋯⋯⋯⋯⋯⋯⋯⋯ 22

(四)上党地区 ⋯⋯⋯⋯⋯⋯⋯⋯⋯⋯⋯⋯⋯⋯⋯ 30

第三章 山西古代各时期碑刻分述

一、凤毛麟角的山西汉代碑刻 ⋯⋯⋯⋯⋯⋯⋯⋯⋯ 36

二、繁星满天的山西北朝刻石 ⋯⋯⋯⋯⋯⋯⋯⋯⋯ 40

(一)平城魏碑 ⋯⋯⋯⋯⋯⋯⋯⋯⋯⋯⋯⋯⋯⋯⋯ 41

(二)山西北朝碑刻 ⋯⋯⋯⋯⋯⋯⋯⋯⋯⋯⋯⋯⋯ 48

(三)山西北朝造像题记 ⋯⋯⋯⋯⋯⋯⋯⋯⋯⋯⋯ 66

(四)山西北朝墓志 ⋯⋯⋯⋯⋯⋯⋯⋯⋯⋯⋯⋯⋯ 75

(五)山西北朝碑刻的书法艺术 ⋯⋯⋯⋯⋯⋯⋯⋯ 96

三、承前启后的山西隋代碑刻 ⋯⋯⋯⋯⋯⋯⋯⋯⋯ 100

四、辉煌灿烂的山西唐代碑刻 ⋯⋯⋯⋯⋯⋯⋯⋯⋯ 113

(一)御碑兴起 ⋯⋯⋯⋯⋯⋯⋯⋯⋯⋯⋯⋯⋯⋯⋯ 116

(二)书体品类、五彩缤纷 ⋯⋯⋯⋯⋯⋯⋯⋯⋯⋯ 121

(三)唐代经幢——宗教的纪念建筑 ⋯⋯⋯⋯⋯⋯ 148

(四)唐代墓志 ⋯⋯⋯⋯⋯⋯⋯⋯⋯⋯⋯⋯⋯⋯⋯ 150

(五)唐碑风格特色及书法艺术 ⋯⋯⋯⋯⋯⋯⋯⋯ 152

五、舒怀散意的山西宋代碑刻 ⋯⋯⋯⋯⋯⋯⋯⋯⋯ 154

六、山西元代碑刻 ⋯⋯⋯⋯⋯⋯⋯⋯⋯⋯⋯⋯⋯⋯ 170

七、山西明代碑刻 …………………………………… 182
（一）帝王御旨碑 …………………………………… 184
（二）明长城碑 ……………………………………… 189
（三）摩崖碑 ………………………………………… 193
（四）线刻图画及题名碑 …………………………… 194

八、山西清代碑刻 …………………………………… 208
（一）碑学复兴的清代碑文 ………………………… 208
（二）门类繁多的各类碑刻及其代表作 …………… 210

我国古代人民把树碑立石作为一种纪念，作为一种民族精神的表征，在林林总总的中国传统文化中，碑刻以它独有的艺术门类和对事物的表达、概括和升华，形成了中国特有的碑文化。

山西是华夏民族最早的发祥地之一，山川秀美，物产丰富，是我国古人类的聚集生息之地，勤劳智慧的先民们取得了光辉灿烂的业绩，形成了积淀深厚的历史文化遗存。在十五万平方公里的土地上，几乎山山有古迹，村村有寺庙。这些名胜古迹、寺庙院落中保存的石刻碑记，鲜活生动，种类繁多，是古老文明的印证，也是我们了解和研究山西历史的重要载体。

山西一直是全国历代碑刻分布的重点省份之一，历史时期遗存的碑碣数量之多，让人叹为观止。山西境内的这些石刻，书体备至，相映生辉。对这些碑刻进行研究，是解读山西境内中国古代政治、经济、历史、文化、民俗、信仰、书法、艺术等极为宝贵的第一手资料，具有极其重要的历史价值和艺术价值。

第一章　认识碑刻

说起碑刻，读者并不陌生，无论是在村头、田野，还是寺庙、宫殿都留有它的踪迹。人们认为只要有可纪念之处，就会取材于自然，立石刻文，抒发情感，作为纪念手段留存于世。那么关于它的产生、演变、种类以及相关的历史文化是怎样的呢？

一、碑的起源及演变

根据我国古文献记载的研究考溯，早在春秋、战国时期就已经有碑。当时的碑因为使用场所的不同，共有三种形制，即宫碑、庙碑、墓碑。宫碑是指竖在宫廷院内，用以测量日影计时的，相当于后来的"日晷"；庙碑是指竖在宗庙里，用以系拴、作祭祀用品的牲口；而墓碑是竖在墓穴四角，上有穿孔用以安装辘轳，牵引绳索将棺材放入墓穴中。这就是碑最初的功用，与后世刻辞之碑的含义完全不同。那时碑的主要特征就是，无文字而有穿（即穿绳所用的孔）。后来，放入墓穴中的墓碑，作为标志立在了墓旁，于是有人开始利用它，把死者的姓名、籍贯、生卒年等简要文字书写在碑上，再后来又刻到碑上，碑的木材材质也由石料代替，刻写的内容也丰富起来，成了歌功颂德的工具。

今天我们所说的碑，有狭义和广义两种内涵。从狭义来讲，它只是许多石刻文字种类中的一种，是指那种刻有文字、经过精细加工、有一定规格尺寸和形制的长方形立石；从广义来说，泛指各种种类、形制的石刻文字。自汉代演化到清代，碑的含义已引申扩展为刻石、碑、碣、摩崖、墓志、刻经、造像记、塔铭、石阙铭、题名、桥栏桥柱题记、界石、画像题字、石刻字帖，等等，也就是说，一切有文字的石刻和线刻图画等都通称为碑。因此，碑的家族越来越大，且形制渐渐完善起来。

二、碑的结构

大体由三个部分组成，即碑首、碑身和碑座。

早期的碑，其碑首和碑身多是连为一体的。后来，因碑首的装饰功能越来越强，工艺也越来越精致，便独立制作，完成后才安装在碑身上头。碑身的前面叫碑阳，后面叫碑阴；碑阳刻碑文，碑阴所刻内容属于"附录"性质；碑阳和碑阴镌刻文字的地方叫碑版，碑版的边框有的空白，有的还雕刻有花纹图案。碑座的形式也多种多样，有正方体、长方体、须弥座等。较常见的是一个巨大的石龟，名叫赑屃。传说，在龙所生的九个儿子中，赑屃的力气最大，擅长负重，让它驮碑，有长久保存、流芳百世的意思。碑座顶部（即赑屃的背部）有凹槽，碑身底部的榫头就插在凹槽的卯孔里。也有的碑无座，直接插入土中。碑座称为趺，方座为方趺，龟座为龟趺。

碑首的正中部位称为碑额，碑额是题写碑名的所在，碑名通常用篆书书写，故又称"篆额"，倘用其他字体，则称为"额题"。有些碑额四周还绘有纹饰，除青龙、白虎、朱雀、玄武四灵之外，还有仙人或祥禽瑞兽。

碑首的造型有尖、方、圆(半圆)之分。等级较高的碑头为螭龙纹，数目有二、四、六不等，交相盘绕，是为螭首。其雕法又分为圆雕、透雕和深浮雕。常见的形式多为两条螭龙在碑额正上方托起一颗火焰宝珠，名曰"二龙戏珠"。我们在汉碑中，能见其碑额下边有一个两边穿透的圆孔，直径多在10厘米左右，这就是人们所说的"碑穿"。其实，早年的"碑穿"是有其实用价值的，后来的"碑穿"只是象征性的遗存，没有实际用途了。有的"穿"四周还雕有三圈弧形的环纹，称为"晕"。这里含有以"穿"为日、月，而弧形则象征日月光环的意思。

碑上的文字多是由几个人共同完成的，即撰文者、书丹者和镌刻者。撰文者的社会地位,往往决定着碑的等级,是故撰写者地位越高、名气越大,碑的等级也就越高。倘若是皇帝御笔,那就是御碑了。所谓"书丹",就是用毛笔蘸着朱砂写在碑版上。由于朱砂是红色的,故称为"书丹"。用朱砂书写的原因有二,一是朱砂稳定性好,写到光滑的碑版上不流动不扩散,能真实再现撰文者字体的笔画丰采;二是红色清晰、醒目,与碑版石面色彩反差较大,便于镌刻。当然,碑文最终是由石工完成的。石工的文化程度和雕刻技巧往往具有决定性意义,我们在古碑上常见有"刊石人某某"或"刻石人某某"等,其实能够署上名字的并不多见。

三、碑刻的种类及划分标准

不同的主题其划分标准是不同的,如按刻石形制划分主要有碑碣、墓志、造像、刻经、题名、摩崖、石阙等。而按功用划分,主要有墓祠碑、寺观碑、牒文碑、功德碑、标示碑等。顾名思其义,墓祠碑是为死人刻立的碑,包括历代名人的神道碑、功德碑、墓表、墓志等;寺观碑是刻立在庙宇里的碑,多为创建、重修、增修庙宇、衙署的碑;牒文碑是历代帝王御制圣旨、诏书、朝廷牒文的碑;功德碑则是专为帝王官吏、圣贤神明歌功颂德的碑;标示碑,多是专为某一件事勒石树碑以记之。如按文体划分,有歌功颂德的赞、颂,哀悼死者的碑、志、铭、诔,还有各种诏敕文牒、经典文集、诗歌杂咏以及地图、谱系、楹联、题名,甚至符咒、药方等。至于碑文所涉及内容,其范围十分宽广,诸如行政地理沿革、自然地理变迁、重大历史事件、重要经典文献,还有方志民俗、物产、物

价、书体文风、宗教信仰、民族关系、官职演变、家族兴衰、世袭源流、工程建筑、边境治安等。这些金石铭刻的内容以其独特的视角,从不同方面映射出悠久的历史文化。

现在,对碑刻进行全面、系统和深入的研究,已经形成了一门新的学科,即碑学。对石刻碑碣的探索和追踪,可以使我们触摸那已远逝的古代文明和璀璨文化,把握历史传承的脉动。每一通碑文都是历史的原始记述,都携带着历史社会文化信息;每一通碑文都有典故,巨细之间,各有一片耐人寻味的天地。抚碑思古,跨越时空,读文忆旧,乐在其中,让我们共享碑碣之美吧。

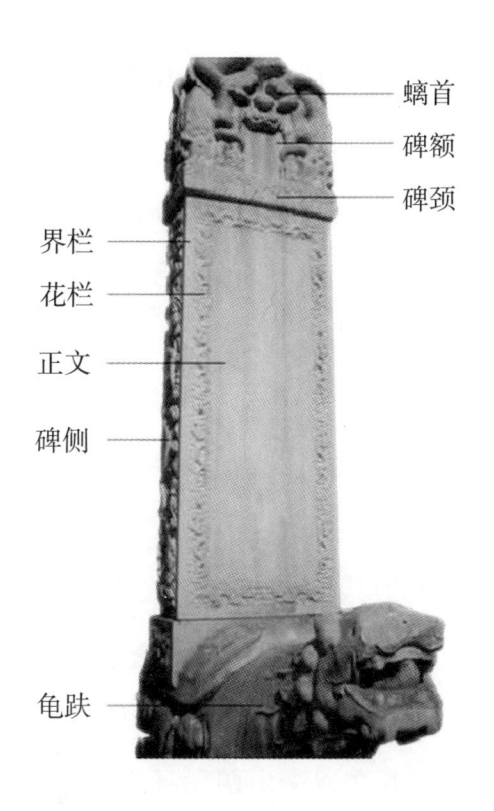

第二章　山西地区碑刻综述

　　山西是一块美丽的黄土地,是一块神奇的黄土地,是一块古老的黄土地。这里山川秀美,物产丰富,是我国古人类的聚集生息之地。千百年来,先辈们在这片古老的土地上耕田牧渔,日出而作,日落而息,在漫长的历史岁月中,积淀保存了许多极为珍贵的文化遗产,三晋石刻即是其中一大项,是我省丰富多彩的极为重要的人文资源。

一、山西碑刻概貌

　　据统计,山西地区的碑刻种类繁多、形态各异、字体丰富。从时间跨度上看,现存的碑刻从东汉一直延续到中华人民共和国成立后;从文字内容上看,有纪念碑、文告碑、诗文碑等,内容极为丰富;从书体上看,真草隶篆行五体都有出现,各个书体中都不乏珍品。

　　山西碑刻洋洋洒洒甚为可观,但是目前所发现的早期碑刻甚少,清光绪版《山西通志·金石记》收录山西汉碑 15 通、魏晋碑 18 通,但这些珍贵名碑基本都毁于北周武帝宇文邕二次灭法中,有个别幸存者到明代也被盗毁,造成了"山右无汉碑"的历史遗憾。有幸的是 1976 年在临猗翟方进墓出土了一方汉代残碑,上保留四十五字,碑末题"建宁元年九月辛酉",弥补了长久以来山西无汉碑的空白。二十世纪八十年代,芮城县中条山二十岭修筑解陌公路时,在劈下的乱石中发现了一块刻有"汉大阳檀道界君位至三公"的界石。这是一块颇有价值的汉碣，与《魏书》"自杏城以北八十里，迄长城原，夹道立碣，与晋分界"，《水经注》关于温泉宫东南"山上有石铭，题言冀州北界，故世谓之石铭陉也"功用相同。另1989年在夏县王村汉墓又出土残石一块，上存"有"、"艾"二字。

三国时期，由于曹操碑禁森严，所以在我省各地三国时所立碑碣亦不多见。目前发现位于晋城市山里泉景区的山崖高处，有三国正始五年(244年)的摩崖刻石，摩崖刻石记下了几位筑路官员率领师匠兵徒千余人"通治步道，作偏桥阁，凿开石门"之事。无论事件本身还是其书法艺术都可与陕西汉中褒斜道的《石门颂》《石门铭》，四川雅安的《何公严道铭》相媲美。

另外在定襄县城东南7.5公里处南王乡尧头村北山崖、海拔1400余米的居士山山脊上，有一独立的天然巨石修整而成的居士山摩崖碑，此即西晋《监并州诸军事碑》，碑高3米，宽1.33米，碑文为隶书，字径4厘米，21行，凡一千五百余言，可识千字左右，真可谓洋洋大观了。

北朝以后，代有名碑存世，特别是佛教传入中国和中国道教兴起后，又出现了宗教刻石及铭文造像碑、造像题记。如大同云冈石窟、太原天龙山石窟，以及现在散存在全省各地大量的经幢、石幢、造像碑等刻石。分别有北魏、东魏、北齐、北周纪年的摩崖石刻、铭文造像碑、铭记碑、布施碑、造像塔铭、六棱碑等。

另外，作为墓碑衍化物的墓志，起源于汉代，形制为长方形，而标准方形的墓志则兴起于魏晋南北朝，大盛于唐，也是碑刻的重要组成部分。

北魏早期的碑石铭志，主要集中于京都平城（今大同市）及其附近的地区。铭刻书从以隶书上石变成了以楷隶、隶楷和楷书上石，只是波磔渐少方笔渐多而已。名碑名碣可数出文成帝《皇帝南巡之颂》《司马金龙墓表》《墓铭》《韩弩真妻王亿变碑》《曹天度塔铭》（现藏于台北故宫）《云冈石窟五十四人造像题记》等。及至洛阳时期，不仅有大同的《拓跋忠墓志》《元淑墓志》《封和突墓志》和《比丘尼昙媚造像题记》，还有临猗的《霍扬碑》、运城《曹恪碑》、长治的《程哲碑》等等。

北齐墓志多集中于太原及周边地区，仅晋阳就出土北齐墓志 30 余方。这些魏体书法，上承汉隶之遗韵，下开唐楷之新风，在中国书法史上占有重要的地位。

隋代短暂，碑刻很少，零星分布。从楷书的角度来看，隋朝是一个承上启下的时代，对书法界产生了较大的影响，尤其是对唐朝书法艺术产生直接的影响。我省隋代墓志较多，碑和造像相对较少，最著名的当属《栖岩道场栖利塔碑》。

唐代是碑刻的繁盛期，山西现存唐代碑碣数量众多，种类齐全，尤以晋南为盛，从形式到内容都形成了自己的特点，龟趺螭首，将刻文与书法艺术相结合，楷、行、隶、篆四体皆备。山西全省存世的唐代碑刻，行书以贞观二十年的御书《晋祠之铭并序》独占鳌头，行楷以交城石壁寺房嶙妻高氏所书《铁弥勒像颂并序》最为精美，篆书以新绛县龙兴寺的《碧落碑》最具古意，楷书则有榆次区的《李良臣碑》《李光进碑》《李光颜碑》，简称"三李碑"。另外，我省发现的唐代墓志近年也是寓目日多，内容丰富，资料性强，且不乏精品，达到了墓志发展史上的极盛。仅汾阳市博物馆收藏的唐代墓志就达到百余方，晋东南长治地区存五十余方,襄垣博物馆也收藏有近五十方,晋南及雁北等地也都有出土,这些都将是我们关注的重点。

宋辽金元三百年,在中国书法史上,是一个书家辈出、各种书风异彩纷呈的时期。在山西各地遗存着为数不少的名人名刻。譬如,宋代有万荣县后土祠秋风楼大中祥符四年(1011)御书《汾阴二圣配飨之铭》;有夏县司马光墓宋哲宗篆额、苏东坡书丹的《司马温国公神道碑》,俗称"杏花碑"。金代有大同善化寺朱弁撰文、孔固书丹的《重修大普恩寺碑》;有大同华严寺金大定二年(1162)的《大金国西京大华严寺重修薄伽藏教记》。元代存世碑石数量要更多一些,著名的如稷山县元统元年(1333)皇帝诏命翰林学士虞集撰文并书丹的《姚天福神道碑》;有元大德三年(1299)集贤殿学士刘因撰文并书丹的浑源《孙公亮先茔碑铭》,翼城县元祐七年(1320)赵孟頫撰书《裕公和尚道行碑》,等等。

宋辽金元时期的山西,佛、道文化兴盛,几乎村村都有佛寺道观,佛教、道教的传播发展。寺观建设的兴盛,使得在大大小小的庙宇里碑刻林立,碑刻在各地县都有,此时期各寺庙赐额牒文碑刻遗存丰富,庙宇碑数量较盛。这些碑文记录了寺观香火的盛衰,寺庙的规模与沿革,也反映出那个时候人们的信仰。

明清碑刻是目前山西存世量最大的一类,分布广泛,遍布各地,它们所蕴含的历史文化信息极为丰富,所蕴藏的文学艺术资料极为丰美。这些碑刻有记载水情、地震、灾荒的;有记载乡规民约、学校教育的;还有反映家庭世系关系、宗教信仰、礼仪制度等社会风俗、生活场景的,洋洋洒洒、种类繁多。特别是清代的御制碑、线刻图画碑的数量较前更有多的增加。另外,比较特别的一点为,清代初期,由于帖学的盛行以及推崇碑刻的书法艺术价值，许多名家墨迹被摹勒上石，拓印成册，广为流传，所以出现了一大批可以称为范本的碑帖石刻。这些传统书法艺术之美的沉淀，成为我们传统文化中的精华。

总之，山西千百年来的文化沉淀，碑刻作为传统文化的载体，保留了不同地区的社会风貌、宗教文化、书法艺术，以翔实的实物佐证，真实记录了社会人文历史，展现了各地区历史文化的发展脉络，使我们从中可以寻觅先民们的生活足迹，可以较为感性地认识山西的历史文化，感受到一个博大精深、宏富绚丽的古代山西。

二、山西地区碑刻分布情况

山西历史悠久，由于其自然环境为四塞之地，便于石刻作品的存储，因此保存下来较多的碑刻作品。清代著名金石学者叶昌炽先生在《语石》中说："大抵晋碑皆萃于蒲、绛、泽、潞四属。"四属原都称州，大体上是现在的运城、临汾、晋城、长治四市，即山西南部、东南部地区。我们可以从中看出，山西地区的碑刻分布情况，整体上呈现出南多北少的格局。

自宋代兴起了金石学研究以来，访求石刻是历代众多史学家、书法家们的爱好和一生的追求。宋代赵明诚的《金石录》里共收录了山西唐以前碑刻45通。到明代成化十年（1474），山西官府在创修《山西通志》时，就收录了"金石"资料。代表性的是光绪十八年（1892）官修《山西通志·金石记》（单行本称《山右金石记》）收录汉至元以来碑刻1550余种。清光绪年间山西巡抚胡聘之主编的《山右石刻丛编》，光绪二十五年(1899)出版,收录北魏至元代各类石刻720通。清代王昶的《金石萃编》,收录山西元以前碑石近30通。只是《山右石刻丛编》和《山西通志·金石记》等均只收录到元代,且遗漏不少,大量明清时期的碑刻未被采撷,造成历史资料的遗缺。

新中国成立以来,山西省文物考古部门和有关部门、团体,以及个人爱好者在石刻的调查、保护、拓印、研究、出版等方面做了大量工作,取得了一定成果。特别是从1990年开始,三晋文化研究会着手分市编辑出版的《三晋石刻总目》,到2000年初,已有9个市的《总目》正式出版,共收录存碑11878通,佚碑4168通,合计16046通。在基本完成《三晋石刻总目》编辑出版的基础上,从2007年正式开始编辑《三晋石刻大全》。《大全》以《总目》为基础,将新中国成立前后不论存佚,有文则存,全文抄录,并予断句。同时,每篇加"简介",附照片或拓片。基本上依每县(市、区)1卷,全省预计出版125卷,现已出版70个县(市)的石刻。

那么,山西历史上石刻最多时究竟有多少,谁也说不准。新中国成立后,经过文物部门的多次调查和普查,山西现存各类碑碣数量,据初步调查应该不下四万通。其分布情况,整体上呈现南多北少的格局。

为便于进一步了解,经过我们的初步整理,现将可收集到的山西省重要碑刻按照地域方位,从北往南的顺序分为四个板块即山西北部的"雁北地区"、山西中部的"大晋中地区"、山西东南部的"上党地区"、山西南部及西南部的"晋南地区",现予分述如下:

（一）雁北地区

雁北地区主要涵盖今大同、朔州、灵丘、左云、广灵、浑源等地，其核心是大同盆地。这里自古便作为华夷分界，文化与雁门关内截然不同，自有一股豪迈之气，但由于其远离中原，也使得这里著碑较少。最突出的莫过于平城魏碑，不仅在山西地区，乃至中国书法史上都占有举足轻重的地位。

a、大同

大同是北魏文化发源地，依据《三晋石刻大全·大同市南郊区卷》收录碑刻计269通。按时代分：北魏41通，唐19通，辽8通，金4通，元2通，明20通，清61通等。大同魏碑主要是云冈石窟的题记及平城魏碑。重要的魏碑有：《孙恪墓志铭》《平国侯韩弩真妻碑》《申洪之墓铭》《钦文姬辰墓志铭》《五十四人造像题记》《司马金龙墓表》《司马金龙墓铭》《太和十三年造像记》《比丘尼惠定造释迦多宝弥勒像记》《比丘尼昙媚造像题记》《屯骑校尉建威将军洛州刺史昌国子封使君墓志铭》《魏元公之墓志》《高琨墓志》《魏故使持节都督冀嬴相幽平五州诸军事镇东大将军冀州刺史渤海郡开国公墓志铭》《大茹茹造像记》等。这些北魏石刻对魏碑体和北魏史研究皆具艺术价值和历史价值，必将开拓新的北魏历史及艺术研究领域。

大同现存唐、辽、金、元代碑刻以墓碑为主，主要是一些名门望族和军官、朝廷大臣的墓志，如《梁秀墓志》《茹承诲等墓志铭》《徐龟墓记》《祖公墓荣》《尹嘉宾墓志》等。

辽开泰五年（1016）的《刘延贞庄账及地荍》和蒙古至元二年、南宋度宗赵禥咸淳元年(1265)的《城西祖师坟买地契》《冯道真墓志铭》是属于两块地契类墓志,具有重要的史料价值。

大同明代碑碣均蕴涵了丰富的文化和美丽的故事。《玄帝庙记》《西岩寺增建殿宇记》记载着西严寺众说纷纭的历史传说。大同当地有民谚"先有西严寺,后有大同寺(华严寺)",又云"先有西严寺,后有大同城";《云中城西十五里观音古刹碑记》中,记述了当时在民间传说的一段始建观音堂的神话故事;《游玉龙洞二首》传说过去有一个货郎救下一条小蛇并喂养其长大,后来,蛇离开主人却野性未改,伤生害命,货郎寻到七峰山守住洞口,最后竟立地成佛,玉龙洞由此得名,也因此留下了许多石刻碑记。

清代,寺、庙、堂等宗教古建筑在大同民间大范围新建、修葺,且每有增修、创修、塑像等活动,均刻记碑碣以传永远,所以散落在乡村的碑刻甚多。如《创建兴盛宫碑记》《华严寺重修碑记》《捐地碑记》《黄箓观重修碑记》《龙王庙碑记》《重修庙宇碑记》《重修关帝庙碑记》《重修华严寺观音殿碑》《重修玉龙王五道神祠碑志》,等等。

b、灵丘

北魏拓跋氏建都平城,地处京畿之地的灵丘进入了新的历史发展时期。历代均有著名政治家、军事家在这块古老的土地上活动,并留下了许多重要的历史文化遗迹。灵丘现已登记入册的石刻有197通,现存石刻159通。按年代分,北魏1,唐1,金3,元4,明29,清33等,重要的碑刻有:北魏《皇帝南巡之颂》;元代《曲回寺碑记》《四至山林各庄地土碑》;清代《沁州王李存孝故里》《建修觉山寺记》,以及民国年间的《重修赵武灵王墓碑记》等。另外,明朝初年,朝廷为加强北部边防和京城的军事防御,先后修筑了外长城和内长城,现遗存有关门及敌楼匾额及阅边碑,如《灵丘万历二年阅边碑》《朔州明长城碑记》等。

c、左云

《三晋石刻大全》收录170通,北魏6,辽1,元2,明23,清48,民国5,等等。著名的碑刻有:《中府左都督范氏先墓碑》《平虏将军提督四镇左军都督府佥事张公墓志铭》《昭勇将军潘缙历任政迹记》《皇明□典总兵曹文诏碑记》等。

d、广灵

《三晋石刻大全》收录300通。著名的碑刻有:元《宝峰禅院主持嵩云老人灵塔铭记》,明《圣谕》《程子听箴》《留观老草》,清代《告示碑》《御制宸翰》《重修延陵书院碑记》。

e、浑源

北魏建都平城,道武帝拓跋珪调集上万兵卒在恒山修建了北岳庙。历年留下有近五百件的石刻及摩崖刻石。遗憾的是,这些珍宝伴着风雨沧桑多半荡然无存。现恒山石刻的留存仅85件,悬空寺17件。重要的有:辽代《大辽国应州彰国军浑源县永固山寺创建碑》,金代《悬空寺记》《释迦宗之图》等。

雁北地区地处山西省东北部,东出京津,西有御河,南临马头,北靠采凉。秦汉、北魏以来,雁北地区少有碑碣遗存。究其原因,一是新中国成立后,县区的划分,使得如今的大同不足当时的一半,二是由于历史上此地战争频发,战乱使得此地留存下来的碑刻数量较为稀少。使得雁北地区的碑刻在总体数量上少于山西其他地区。

(二)大晋中地区

大晋中地区,地处三晋腹地,主要涵盖太原、忻州、晋中、阳泉、吕梁等地,其核心为太原盆地、忻州盆地。这里自古便是山西的中心,连接山西南北而成一体,成为控南驭北的核心。这里历史悠久,源远流长,碑刻数量可观,文化底蕴极其深厚。境内文物古迹众多,各类文化遗存十分丰富,石刻不仅门类齐全,而且跨越时间长,具有很高的历史、科学和艺术价值。

1、太原

太原古称晋阳,"襟四塞之要冲,控五原之都邑",自古以来就是兵家必争之地。尤其在北朝时期,晋阳的军事集团一直是东魏北齐的统治支柱,晋阳以其地势优越,为军事中心,而又支配了帝国决策,是其政治中心。北齐的皇帝除高洋在邺接受禅让外,其余都即位于晋阳,北齐的最高军事机构设在晋阳,宗庙设在晋阳,所以在太原境内周边山中陆续发现了许多高官显贵的墓地,出土了一批北朝墓志。太原重要的碑志有:北魏《辛祥夫妇墓志》《李氏庆容墓志》《胡氏显明墓志》;北齐《夏侯念墓志》《高敬容墓志》《贺拔昌墓志》《窦兴洛墓志》《张肃俗墓志》《贺楼悦墓志》《刘贵墓志》《狄湛墓志》《张海翼墓志》《孤独辉墓志》《库狄业墓志》《韩祖念墓志》《乔花墓志》《赵信墓志》《娄睿墓志》《徐颖(显秀)墓志铭》《□憘墓志》《魏演墓志》《柳子辉墓志》等。

隋唐墓志重要的有《虞弘墓志》《斛律徹墓志》《龙润及妻何氏墓志》《龙澄墓志》《龙义及妻游氏墓志》《□珩墓志》《龙敏墓志》《王运墓志》《乔言墓志》《龙寿墓志》《赵澄墓志》《尹恪墓志》《赫连仁及妻杜氏

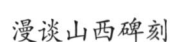

墓志》《王胡墓志》《侯感墓志》《张文墓志》《董师墓志》《傅君墓志》《温神智墓志》《云感墓志》《要志墓志》《龙叡墓志》《石德墓志》《王晖墓志》《周玄珞墓志》《张奉璋墓志》《张文绪及妻王氏长子张涓墓志》《张君妻陈氏墓志》《吴口墓志》《段希墓志》《张嘉庆墓志》《桑金墓志》《张嘉宾墓志》《王承仙墓志》《舍利石铁墓志》《赵奉忠墓志》《王宾墓志》《王秀诚墓志》《翟严墓志》《仆固义墓志》《郭庆先墓志》《左政墓志》等等。碑刻有《晋祠铭》(李世民)《李存进碑》《宋故鲍君助教墓志铭》《妙行大师濬公塔碑》《净公戒师碑》等。这些碑刻、墓志大都保存在太原市文物考古研究所、太原市博物馆、晋源区文庙、山西艺术博物馆、山西博物院、山西省考古研究所等地。

明清两代碑刻众多，明代石刻珍品、海内知名的《宝贤堂集古法帖》，俗称"大宝贤堂法帖"。该帖荟萃了魏、晋、南北朝、隋、唐、五代、宋、元、明等十余个朝代124名书法大家的墨迹宝翰，真、草、隶、篆各种书体应有尽有，为明清著名法帖丛刊之一。它由明代晋藩王世子朱奇源于弘治二年(1489)始刻，弘治九年(1496)完成，历时七载。另外，明太祖朱元璋御制赞文碑和清康熙三十三年(1694)上谕碑，反映了明、清统治者反对邪教、保护伊斯兰教的宗教政策，有一定的文献价值。

2、忻州地区

忻州涵盖有代县、宁武、定襄、五台等地。这里山岳秀丽，人文荟萃，有着深厚的历史文化底蕴。这里庙宇碑刻林立，记录着香火的盛衰。

忻州地区重要的碑刻有：忻州(东魏)《刘懿墓志》；代县(隋代)《聂

氏墓志》、(唐末五代)《李克用墓志》、金代《李择墓志铭》、明代《明故都察院右副都御史赵文博墓志铭》《赵昊观修复碑》，清代《重修靖边楼记》，定襄的《七岩山娘子庙碑》《新建东岳庙碑》《七岩山惠应庙碑》《创建弥陀院碑》，元代的《殷珍碑》《瓶建官水磨记》等。

五台山作为佛教圣地，历史上曾有佛寺数百座，可谓"寺院遍及群山，钟磬不绝于耳"。虽几经兴废，仍留有庞大的寺庙建筑群，其中不少建筑中的殿堂楼阁、古塔经幢，以雕塑、壁画、碑记、篆额等，成为佛教文物中的瑰宝。现存建筑以明代居多，后经清朝多次修筑，碑刻内容也多为修筑庙宇碑。同时，五台山名气大，受到历朝历代皇家的青睐，因此不乏御笔之作，其中尤以清朝皇帝居多，皇帝御制之碑就多达18通。

a、宁武

《三晋石刻大全》收录碑文137篇。东魏1，宋1，金1，元1，明39，清137，"中华民国"12，等等。著名的碑刻有：《宁武关修学碑记》《明世宗户部分司宁武敕》《总镇高公鼎建宁武帅府厅堂记》《山西镇坐营题名记》《重修芦芽山碑记》《重修龙泉寺千佛洞碑记》《总兵周公墓表》《周将军墓表》《民山碑记》《文昌帝君垂训阴骘文》《宁文堡（暮春）诗碑》《重修广济寺碑记》《谒周忠武墓记》《新建忠武宫保周公祠墓志》《望华楼记》《周忠武公庙碑》《鹤鸣书院记》《周总戎守宁武关事略》《修建汾源庙楼记》《新建宁武府治碑记》《重修清居禅寺禁伐山林木植碑》《重修万佛洞碑记》《治理粟店欺行霸市碑》《重修宁武府城鼓楼记》《重修清居禅寺好善乐施禁山碑记序》《禁山碑记》。

其中《新置宁武关记》《新设宁武兵备道题名记》《明世宗户部分司

宁武敕》《总镇高公鼎建宁武帅府厅堂记》《山西镇坐营题名记》等碑文,反映了宁武建关初期的活动。《总兵周公墓表》《周将军墓表》《谒周忠武墓记》《新建忠武宫保周公祠墓志》《周忠武公庙碑》《周总戎守宁武关事略》等碑文,记述了李自成倒取宁武关,明三关总兵周遇吉为明尽节的过程。

b、榆次

《三晋石刻总目·晋中市卷》收录石刻目录2474条。《三晋石刻大全》收录266通,其中北朝2,唐7,宋4,明35,清145。重要的碑刻有:北朝《北齐太妃墓志铭》《北齐口买墓志铭》、唐代《左监门率府兵曹参军王约墓志》《张其墓志》《王仲方墓志》《李良臣神道碑》《李光进神道碑》《李光颜神道碑》,宋代《文彦博诗碑》《宋氏系碑》,明代《重修大洪山镇寿寺碑记》《重建资圣教寺碑记》《皇帝谕祭碑》《榆次重修城隍显祐伯祠记》;清代的《县主王老爷断案碑记》《李少初墓志铭》等。

c、寿阳

寿阳地处山西中部,隶属晋中,在旧石器时代就有人类繁衍生息,其建置历史可以追溯至春秋,当时晋国设马首邑,西晋太康中置县,人文渊薮世续绵长,历史底蕴深厚丰富。

寿阳的地面文物众多,石刻遗存丰富,文脉熠熠生辉,仅《寿阳碑碣》就收录石刻八百余通(方)。重要的有:北齐河清元年(562)的《库狄顺阳王墓碑》;唐代《阳摩山功德铭文》《神福山寺灵迹记》;宋代《二程子祠碑》《程子四箴碑》《长者龛记》《曾布题名石》《方山昭化禅院牒》;金代元好问的《寿阳县新学记》;明代的《重修岐山寺庙碑》《重修轩辕圣祖行祠记》《增修护国将庙记》都是修葺轩辕行祠的庙碑。

此外，还有许多碑帖都是书法艺术价值极高的稀世珍品，如清中期祁寯藻行书《祁氏支祠碑》、军机大臣彭蕴章《奉和蓝公教织歌》，祁寯藻的《蓝公教织歌》《蓝公教织记》，特别是傅山留在五峰山的笔迹甚多，其中以《五峰山草书碑》较为知名。

寿阳数量最多的是庙宇碑和记事碑，在记事碑中有相当部分其实也是寺庙中碑，其次是墓碑和诗文碑，再次是题名碑、教育碑。除此之外，还有少量的摩崖石刻、乡约碑、经文碑和楹联碑等，总之是五花八门，丰富多彩。

d、介休

介休人文荟萃，旧有"三贤故里"之称（春秋时介子推、东汉郭林宗、北宋文彦博）。在漫长的历史岁月中，积淀保存了许多极为珍贵的文化遗产，各个历史时期遗存的碑碣丰富，有唐贞元十一年《法兴寺》碑；金天会十四年的《重修佛殿记》碑；辽代的《洪山寺重修佛殿记》；明万历年间三彩琉璃烧造的《空王佛行宫碑记》和《空王殿建修碑》，明代《创建献楼之记》《重建后土庙碑》；清代的《义捐济米碑记》《公同义阎碗窑行公议规条碑记》。此外，还有许多碑刻都是书法艺术价值极高的稀世珍品，如唐代的《大唐汾州抱腹寺碑》，不仅内容翔实精当，其书法结构宽舒，拙中见巧，颇有汉隶风韵，为不可多得的珍品。清初傅山隶书《郭泰碑》为傅山书法中的隶书精品。

e、左权

左权是一块英雄的土地，古为辽州、辽县，是中华民族的重要发祥地之一，在漫长的历史岁月中，积淀保存了许多极为珍贵的文化遗产，各个历史时期遗存的碑碣石刻达300余通。最早的是北魏正光六年雕造的《北魏造像碑》。著名的碑刻有：唐《大唐乐平郡张君墓志铭并序》，宋《宋赵公墓志铭》，元《山昭懿圣母庙记》《古箕许氏创修茔原记》《重修儒学宫记碑》。明代碑碣存量较多，达60余通，在众多明代碑碣中，极具考古价值的为明长城内城堡图碑——《新修十八盘并天井郊城堡图碑》。清代碑碣现存150余通，价值较高的有现存于左权县羊角乡羊角村的清光绪八年（1882）《告示碑》。

f、阳泉地区

2003年，出版《阳泉石刻总目》，该书显示阳泉境内共有存碑1206通。综观阳泉石刻之分布，主要集中于道观寺庙和乡野墓地。其中，盂县之藏山、西关大王庙、水神山烈女祠、坡头泰山庙和平定之冠山、娘子关、故关、开河寺及郊区之关王庙、禅智寺、遇真观等地，是碑石汇集之处。从现存碑碣之内容来看，大体涵盖了皇帝谕旨、施政教育、修葺铭文、布施记名、义行记事、诗赋题咏、禁戒告示、墓表墓志等诸多方面。中华人民共和国成立前，阳泉的古墓碑遍野林立，存量颇丰，后因劫难而损毁严重，现存寥寥。其中较有价值的有：北齐天宝四年《李清造像碑》，其书法艺术堪比"龙门二十品"；唐朝平定王君廓祖父《王劢墓志铭》，娘子关《承天军城记》《妒神颂》（现藏太原艺术博物馆）；后唐《白鸡山白雉碑》；宋《大宋平定军葬舍利佛骨塔铭并序》；清代《整饬弊政碑》《河底镇修堂记》《重修上城记》《重修平定州城记》。

此外，徐浩撰文、颜真卿书丹之《夫子庙堂记》，传吴道子绘孔子画像，元好问《论诗三十首》诗碑，乔宇《游藏山诗碑》，何绍基书丹的《平定州张石州先生墓碑》，傅山题《张汉才墓志铭》（傅山楷书珍品），傅山书《河漏赋》（行书佳作），冠山"丰周瓢饮"（傅山篆书精品），傅山撰并书《书张维遇志状后碑》《傅山手书碑》，冠山傅山之子傅眉题五言诗石刻。白孕采撰《崇古冠山书院记并铭》、孙毓芝摹书《玄秘塔集字诗碑》及清人书宋代程颐撰《二程母上谷郡君家传》，于成龙过故关所撰诗碑等，堪称名碑。总之，这些石刻均客观而真实地昭示了阳泉历史文化之厚重与古老。

g、盂县

盂县历史悠久，为春秋时期仇犹国故地，是山西最古老的县份之一。《三晋石刻大全·阳泉市盂县卷》中，"现存石刻"收录了北魏以后的石刻文字591篇，其中南北朝10、唐1、宋9、元16、明77、清285、民国35、中华人民共和国131、纪年不详27篇。

盂县石刻，相对集中于藏山文子祠、水神山烈女祠、程子岩、坡头泰山庙、西关大王庙等处。这些流传至今的朴实的石刻文字，完全是当年百姓真实情感的剖白，可谓盂邑一境民情、民俗、民风之画卷。著名者有：金代《神泉里藏山神庙记》《赵氏家谱》《藏山神祠记》；元代《张秀墓碑》；明《新建藏山大王灵应碑记》《钦奉皇王之命重修藏山功德之碑》《重修文庙碑记和新建县试院碑记》；清代《修盂城碑》《重修盂东关城碑》。盂县各乡镇，有关的"重修关帝庙碑记"及"重修文昌庙碑记"等有数十通之多。

h、汾阳

汾阳为三晋名邑，自古物产丰饶，人杰地灵，历史悠久，文化渊博。汾阳出土文物众多，仅汾阳市博物馆搜集的历代墓志就达二百余方，其中唐代墓志达130余方。王仲璋先生选取其中50方唐代墓志，进行

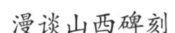

了全面释读、标点和注释，出版《汾阳市博物馆藏墓志选编》，这些唐代墓志对于研究唐代的历史文化具有重要参考价值。

汾阳作为古汾州府所在地，也有许多人文古迹，杏花村的"太符观"就是其中的一个。太符观始建年代不详，金承安五年（1200）在此创建醮坛，刻立碑记《太符观创建醮坛记》，后经明、清修葺，始成现状。观内保存有隋代造像碑 3，唐碑、唐幢各一，金碑 1，明碑 5，清代及民国碑 3。

总的来说，整个大晋中地区碑刻以明清居多，尤其大晋中地区著名的晋商文化，明清之际，晋商崛起，带动大晋中整个经济发展的同时，也引领了文化的发展。晋商的代表为晋商大院，而碑刻一般作为治家名言而镌刻于这些大院之中，无形中引领了此地的书法碑刻艺术。

在大晋中明清碑刻中，许多都记载有清晰的书家姓名，其中尤以傅山、祁寯藻所写碑刻居多。二人乃山西书法界名家，代表了清代山西书法水平。

（三）晋南地区

位于山西省西南部，北靠韩信岭与晋中吕梁接壤，东依太岳山、中条山与长治、晋城为邻，西、南隔黄河与秦、豫二省相望。其核心是临汾盆地、运城盆地。晋南以其独特的人文民俗和厚重的历史文化而著称。山西省内石器时代遗迹晋南占了 70% 以上。到了尧舜禹时代，尧都平阳（临汾）、舜都蒲坂（永济市）、禹都安邑（夏县），皆在今天的晋南。禹贡九州，汾河下游地区为冀州，为天下中心。临汾、运城是当之无愧的华夏政治、经济、文化中心,具有非常深厚的原始文化积存,从而形成了相对稳定的文化发展脉络,历经数千年而延续了下来,并对周边文化区产生了巨大的影响。其碑刻总量在整个山西地区所占比重最大,而且这里不仅碑刻作品数量多,寺庙遗迹的保存上都远高于晋中、晋北地区,可见其文化之丰富。

1、临汾地区

临汾,史称平阳,位于山西省西南部的中心地带,现辖一区、二市、十四个县,是中华民族的主要发祥地之一,文化底蕴丰厚,地上地下文化遗物十分丰富,仅国家重点文物保护单位就达二十八处。

临汾历来重视石刻文字的收集和整理。明清的地方志书,大多收录了本行政区域内的重要碑文。晚清以来,临汾开始有了金石著作。同治年间,洪洞董文灿撰有《山右碑目》;光绪年间,临汾宋琦撰有《山右金石存略》二十一卷;乡宁杨笃在撰写光绪《山西通志·金石志》的基础上,撰有《山右金石记》十卷。光绪年间编成的《山右石刻丛编》,收集了临汾地区87篇碑刻文字(其中半数石刻今已亡佚)。新中国成立后,郭居明编撰了《乡宁碑文选》;王汝雕编著《山西地震碑文集》;王汝雕、牛文山编著《临汾历代碑文选》,侯马市、曲沃县政协文史资料委员会分别编印《侯马碑记》,李一先生作《曲沃三十八通古碑注》;李国富、王汝雕、张宝年编著的《洪洞金石录》等。2001年—2004年,对历代碑碣进行了一次全面调查造册,登记了上自北魏,下至民国各个朝代的碑碣4003通,搜集碑文数百篇,编辑出版《三晋石刻总目·临汾市卷》。

临汾境内现存的石刻中,重要的有:浮山唐玄宗李隆基《大唐龙角山庆唐观纪圣铭》;元代《传谕蒙哥皇帝旨碑》;吉县锦屏山北魏、隋、唐及宋、元摩崖石刻；襄汾北魏《裴良墓志》及北魏、北齐、隋、唐造像碑；安泽北魏、北齐造像碑；曲沃宋代吴勉之的《晋公世子碑铭》；洪洞宋《大宋新修女娲庙碑铭并序》，宋代的《书魏贾逵碑后》；尧都区宋代《晋州姑射仙洞新修功德记》，元代的《释迦如来成道碑》；乡宁元代《重修晋荀息大夫庙碑》；翼城所存赵孟頫书《大元晋宁路翼城县金仙寺住持弘辩兴教大师裕公和尚道行碑》以及元大德十一年的《上天眷命碑》；洪洞元代的《大德七年十月御祭中镇文碣》《重修明应王庙之碑》《重修明应王殿之碑》；明代的《大明诏旨封山碑》《增修尧、舜、禹庙图碑》《祭祀仪注、尧陵及庙宇建筑分布图碑》《欧阳永叔醉翁记刻石》。历代名人撰文书丹的有襄汾虞世南草书碑，洪洞宋治平元年郭子仪奏牒碑，金代张商英霍山诗碣，襄汾苏东坡行草圆碑，文徵明草书碑，郑板桥行书碑，董其昌书《昼锦堂记》，侯马《乾隆御笔千叟宴诗碑》，洪洞清代何绍基的《猎碣亭》及香梅的宋拓本勒石的《石鼓文》，襄汾丁村赵邦清的楹联以及地方一些名人书写的篇章、铭文、诗词、楹联等等。

另外，霍州的中镇庙，翼城的乔泽庙，尧都区的大云寺、牛王庙、坡子村，洪洞的广胜寺，吉县的圣母庙，蒲县的东岳庙等地的石刻碑碣，都较详细地记载了元大德七年（1303）和清康熙三十四年（1695）平阳两次大地震的实况。这些石刻在历史、科学及石雕艺术与书法艺术诸方面都有着重要的价值。

a、洪洞

洪洞县历史悠久，山川灵秀，人文荟萃，有着深厚的历史文化底蕴。现存的793篇中，含唐6，五代1，宋14，金9，元28，明108，清336，民国41。碑刻类型、题材众多，涉及方方面面。有佛道文化的元代《长春观记》，万圣寺的《创建玄帝阁碑记》《创建七佛峡中台绝顶西方极乐景界阁序》，文字优美，意境高雅，反映了洪洞佛教文化的高度发展水平。分布在广胜寺、休粮山慈云寺、兴唐寺、万圣寺、青龙山以及分散在山野乡村大大小小佛寺道观中的近200通碑刻，记录了这些寺观香火的盛衰。洪洞水资源丰富，水利事业发展较早，水利碑是洪洞碑刻的一大特色。其内容有：崇奉灵异事迹者，有称颂渠首劳绩或褒扬捐赀修渠筑桥、建葺庙宇之功德者，也有不少记载围绕水事之纷争的处置经过者。如金代《都总管镇国定两县水碑》，元代的《重修明应王庙之碑》《重修明应王殿之碑》《祭霍山广胜寺明应王殿祈雨文》，明代的《水神庙祭典文碣》《察院定北霍渠水利碑记》《校正北霍渠祭祀记》，清代的《建霍泉分水铁栅详》等碑。洪洞历史上曾遭遇过严重地震灾害。《大德七年十月御祭中镇文碣》《重修明应王殿之碑》，清代的《创建乾元山历殿记》《邑侯徐老爷编审革弊万民感德序残碑》等，是研究洪洞赵城大地震的实物资料。洪洞历史上名人辈出，见诸碑刻记载的就不少，《增修有虞士师庙记》《重刊明崇祯"赵上卿蔺相如故里"碑》《忽必烈皇帝圣旨碑》《徐毅墓神道碑》《桂林坊运九甲香山公王府君碑记》《温必得墓志铭》《四豪岭阡表》《南汉宸故里碑》等。这些金石铭刻，是一部记载数千年洪洞历史文化的包罗万象的百科全书。

b、侯马

侯马古称新田，历史悠久，文化璀璨。《三晋石刻大全·临汾市侯马市卷》收录碑刻共165通，主要包括庙宇、造像、墓葬等方面。其中，最早的当属北魏太和二十三年(499)安邑县令李铣砖质墓志和北魏造像碑。唐永徽四年(653)造像碑、唐垂拱二年(686)释迦佛造像，填补了这个阶段史籍不足的空白。宋政和六年经幢、金皇统四年(1144)《秋淋寺碑记》、金大定二十三年（1183）"忤逆坟"建筑物题记与金明昌七年(1196)董海墓题记。之后,有元统二年(1334)《重修宝峰院碑记》、元统二年(1334)《重修后土庙记》、元至正二十二年(1362)《立庙壁记》等,记载了这些庙宇的创建和修葺的历史。明、清时期,庙宇更是丰富,有观音堂、玉皇殿、关帝庙、白衣大士洞、三官庙、太宗神庙、药王庙、马王庙等,几乎每村都有,以台骀庙、宝峰院最多。另外,墓葬碑很多,尤以裴氏为最,有裴倖度、裴循度、裴绣裳、裴绣褆、裴蔚文、裴广文、裴长文、裴志灏、裴丰玉、裴奉森、裴寰玉等,不胜枚举;还有清嘉庆十四年(1809)嘉庆诰命碑和清代的卫氏节孝坊对联等。

c、曲沃

《三晋石刻大全·临汾市曲沃县卷》,收录现存的唐代以后石刻文字271篇,含唐3篇,宋3篇,金2篇,元7篇,明35篇,清155篇,民国16篇。这些石刻真实而生动地反映出曲沃上千年文化历史的真实面貌,著名的有：北魏《造像碑》；唐代《张凤墓志铭》；宋代《晋恭世子庙碑并序》《创建文庙碑记》、《翼城温泉十村移割曲沃一县管辖条制》,宋代的《书魏贾逵碑后》,此碑不仅使我们领略到文学大家欧阳修治碑的文风,更为今人印证了三国人物贾逵祖籍在河东平阳,而非历来主张的河南之误；金代《大悲院新修卢舍那佛记》《佛泉分水碑记》；元代《敕赐朝列大夫同知晋宁路总管府事致仕靳府君碑》《释迦如来成道记》《清源王庙碑》；明代《白石楼记》《修黄帝庙碑记》《直指按晋训廉谨刑约言碑》；清代《瑞石园记》《挑浚星海记》《曲沃会馆序》《曹月川先生传》《曲沃桥山书院碑记》《乔山书院建修子朱子祠记》《知县张坊请改蒙城驿归太平县史村厂案》《地震碑记》等。清咸丰二年(1852)的《靳氏大祭时祭纪略》，记录世家宗族祭祖活动的全过程，国内罕见，为三晋非物质文化遗产增添了新内容。古代中国，佛教道教流布极广，与佛道并行的各类神祇仙灵也大行其道，本卷收录的有关石刻共有106篇之多。

2、运城地区(河东地区)

位于山西西南端，包含有一区(盐湖)两市(永济、河津)十县(临猗、芮城、闻喜、万荣、稷山、新绛、绛县、垣曲、夏县、平陆)。河东地区历史悠久，是中华民族主要的发祥地之一，也是华夏文化的源头，文化遗存十分丰富。这里石刻林立、碑碣密布。1998年编撰的《三晋石刻总目·运城卷》收录各类石刻4266条。在此基础上，当地碑刻研究者先后编撰出版有《河东盐池碑汇》《河东百通名碑赏析》《河东水利石刻》《运城抗日战争碑汇》《鸣条山舜帝陵古碑录》《司马光茔祠碑志》等。

运城地区最早的石刻，始于东汉的矿洞摩崖石刻。南北朝时佛教盛行，出现一些以宣扬佛教的造像碑为主的石刻，同时出现开山修筑虞坂运盐古道的摩崖石刻。隋唐时期除造像碑外，镌刻了不少的墓志铭、经幢、塔铭、神道碑等，还有封盐池灵庆公池神的碑刻。宋、金、元时期主要有：敕封池神之碑，敕赐寺院、禅院牒，盐池修堰、经商、池神庙重修等碑，舜帝陵庙、关圣庙及寺、祠等重修题名碑，盐池、山水诗刻碑等。明、清时期的石刻涉及面极为广泛，河东道台、解州衙署、安邑县署、运司盐城、河东书院、庙学等，或施政，或重修，或修渠筑路，或行商，或题名等，都镌刻了大量的石刻。境内舜帝陵庙、关帝庙、关帝家庙、关王庙、文庙及各寺院庵观、祠堂庙宇，屡次修缮，均予立碑。盐湖区历代名人辈出,许多名人、高官、盐商巨贾的墓地,碑石林立,而田野阡陌、河谷崖壁、闾巷通衢,石刻碑碣,随处可见。尤其是全国最大的武庙解州关帝庙,闻名遐迩的永乐宫,帝王巡视,名人游览,镌刻碑刻很多,至今依然保存数目上百的碑刻。2002年启动的"河东万通石刻藏拓工程"证实河东地区碑刻在万通以上,而且有些石刻的价值极为重要。如:临猗东汉《建宁元年残碑》、北魏《密云太守霍扬碑》、隋《梁州使君陈茂碑》;盐湖区《摩崖题记》、北周《谯郡太守曹恪碑》、北周开修河东盐运路《摩崖石刻》、唐《河东盐池灵庆公神祠颂并序》;芮城北周《齐太公庙碑》、唐《广仁王龙泉记》;闻喜唐代《益州总管司马裴镜民碑》、唐撰清刻《平淮西碑》;永济北魏《赵猛墓志铭》、北周《栖岩道场舍利塔碑》;稷山北魏《周大将年延寿公碑颂》、元《姚天福神道碑》;新绛唐《碧落碑》、宋镌王羲之《重修绛州夫子庙碑》;夏县金重立《司马温公神道碑》、明摹刻《忠清粹德之碑》;襄垣东汉《遗修栈道题记》;平陆金《虞芮二君让德记碑》;绛县明《绛侯封邑碑》等。还有一些皇帝御制御书碑,如闻喜裴家祠堂《裴光庭敕》,万荣宋真宗赵恒《汾阴二圣配享铭》,永济清康熙帝《砥柱河津碑》等。这些碑刻在历史文化、科学技术及书法艺术上都有着重要的资治和研究价值。

另外,需要提出的是,河东地区盐湖、稷山、平陆、万荣、闻喜、芮城等地,存有数通记载明嘉靖三十四年(1555)大地震,清光绪三年(1877)严重旱灾,致使死伤惨重,饿殍遍野,令人触目惊心的碑刻,字字血泪,句句泣诉,也具有重要的史料价值。

a、盐湖区

收录入册的碑刻有561通,汉1、北朝9、隋2、唐15、宋8、金6、元

20、明144、清233,其余均为民国和当代碑刻。河东盐业博物馆现存为数不少的历代有关盐池和池神庙的碑刻,是河东盐池自古管理、生产、兴衰的历史记录,为研究盐文化的宝贵资料。解州关帝庙现存的百余通碑刻和常平关公家庙的数十通碑刻,对研究关公文化,弥足珍贵。舜帝陵庙现存的数十通碑刻,既反映了舜帝陵庙创始修葺的历史,也为研究虞舜文化提供了可靠的佐证和史实。河东书院、解州、安邑、运城文庙现存的碑刻,是运城地区历代兴学育才、文化教育的珍贵史料。宋代诗人王禹偁、明代吕楠等描写盐池、中条山、关帝庙、舜帝陵、桃花洞等诗赋,都有较高的文学价值。著名的碑刻有:东汉的《矿洞摩崖石刻》;北周《谯郡太守曹恪碑》《北周开山道记摩崖石刻题记》(又名《牛家院开山道摩崖石刻》);唐《河东盐池灵庆公神祠颂并序》《宝应灵池神庙记》《泛舟禅师塔铭并序》;宋《大观圣作之碑》《王禹偁题盐池诗并序》;元成宗《敕封广济惠康王之碑》《敕封永泽资宝王之碑》;明武宗《提学敕谕教条》《河东盐池之图》《夏大夫关公碑》《重修孔子庙记》;清《汉夫子风雨竹石刻》《何绍基楹联石刻》等。

b、绛县

绛县史称故绛,历史悠久,石刻遗存丰富。《三晋石刻大全》收录674通,含唐4,五代十国1,宋金5,元10,明106,清329,民国45。著名的有:唐《大隋故蜀王府记室邛州长史裴君墓志铭并序》《并州晋阳县令刘君文偘墓志铭并序》;宋《闻喜县青原里坡底村水利石碣》;元《华山太阴寺澍公菩萨行状》《雕藏经主重修太阴寺碑》;明《绛县儒学为辟异端以崇正道改佛寺以增学地记》《增修学宫碑记》《军人屯田碣记》《朝山建醮碑记》《南柳镇修寨碑记》《尧寓庄创修寨记》《北柳西街殷阜堡碑记》《关圣帝君碑序》《创建关帝庙碑记》;清《皇清待诰赠承德郎河南商丘县主簿乐卿张公暨配待诰赠太安人牛氏墓志铭》《明文林郎直隶兴济县知县崇祀乡贤毅斋王老先生神道碑》《合村公议变路施地并典价碑记》《涑阳讲舍碑记》等。

河东盐湖区,素有"三藩都会"之美誉。境内之盐湖,上古时即已开采,唐时供北方百余县,占全国税收八分之一,经济十分繁荣,由盐产带来盐运业的繁荣,盐商巨贾,比比皆是。经济的繁荣,带来文化的大繁荣。因此,境内文化遗存,十分丰富,历代石刻,名冠三晋。

总之,晋南地区作为华夏文明的发祥地之一,历代石刻数量众多,积淀了丰厚的历史文化,留下了文明进步的印记,见证了民族文化的繁衍发展。

(四)上党地区

上党,《释名》曰:"党,所也,在山上其所最高,故曰上党也。"上党地区主要指今天的长治、晋城。其核心为长治盆地、晋城盆地。此地为华北脊瓴,历史悠久、经济繁荣、文化发达。在这里,人类活动的历史可以追溯到遥远的旧石器时代,文明肇始,与之相关的历史事件就不断地出现在浩瀚的史籍之中。

1、长治地区

长治古称上党、潞州,是中华民族开发较早的地区之一,在漫长的历史岁月中,积淀保存了许多极为珍贵的文化遗产,其中,仅各个历史时期遗存的碑碣石刻就达数千通。长治地区现存碑碣石刻,已经登记入档者计1635通,未登记及近年出土的数倍于此,合计应在5000通左右,实际则远不止此数。这些碑刻,遍布全市13个县(市、区)境内。纪年最早的为沁县南涅水村出土的北魏永平二年（509）《胡保兴造像铭文碑》。长治地区北朝碑碣石刻50余通,著名的有：长治县东呈村《赠代郡太守程哲碑》(现藏太原艺术博物馆),沁源东魏《王天扶等造像碑》,武乡北齐《北良侯村造像》等。在沁县南涅水石刻中有北魏、东魏、北齐纪年的造像碑、许愿文碑、布施碑、塔石铭题等共约30余通。隋代碑刻5通,著名的有《宝泰寺碑》《陈雄字俊强墓志》等。唐代碑刻约140通,数量众多,重要的有：长子县《白鹤观碑》《大唐郑惠王石记》,长治市未刻完唐碑及《李抱真德政碑》《王深墓志铭》《朱府君墓志铭》《唐故骁骑尉杜君墓志铭》《大周故王府君墓志之铭并序》,平顺《明惠大师铭记》,襄垣《大周连简墓志》,黎城《唐故处士王君之碣》等。

宋、金时期碑刻51通。此期各寺庙赐额牒文碑刻遗存丰富,著名的有武乡《大云寺敕额牒》《应感庙封神加爵牒》,长治县《洪福院赐额尚书礼部牒》,沁县《昭庆院重修记并赐额牒碑》《灵岩院敕黄记及牒文》等；其他记载我国早期戏楼建筑的,有沁县《威胜军新关侯庙记》、平顺《重修圣母之庙》等碑,记载了北宋时期我国中原地区农村舞台修建情况。记载塑像艺术的长子《慈林山法兴寺新修圣像记》碑,对于研究宋代泥塑艺术具有重要价值。墓碑类的有长治《宋故琅琊王君墓志》等。金代碑刻著名的是,沁县《寄赞万灵基道者碑》,记载了有关佛学义旨诗文,反映当时佛学发展的一些新动态。

元、明、清至民国期间的碑刻,长治现存有1346通。元代著名的有：长治县《神农庙碑记》,长治市《前上党县达鲁花赤忽都帖木儿德政记》。明代平顺的"三晋第一丰碑",依山摩崖凿刻,镌制宏伟奇特。碑首雕双螭,造型古拙,碑身刻有不同时代的5篇碑文,明嘉靖时被誉为"三晋属中第一碑"。明代沈藩系列墓志铭是比较重要的系列墓志,被公布为国家二级馆藏文物。明代碑刻比较著名的,还有平顺《虹梯关铭》,长子《宣圣遗像碑》,长治《千手观音画像碑》,武乡《地震碑》等。长治清代碑刻较多,著名的有沁县《康熙诗刻》《吴琠御祭碑》《致远堂法书陶渊明拟古杂诗手迹帖刻》,长子《纯阳祠诗文书法碑》,潞城《葛井岭禁伐树木碑》等。这些文字铭刻为研究我国的社会、宗教、艺术、书法、文字演变等,提供了翔实的实物佐证。

2、晋城地区

在三晋石刻大全中,包含了全市四县、一市、一区,共6卷出版。总计收入"三国曹魏"以来的石刻5223通,其中碑刻铭文4577通(条),隋唐以前的94通,民国时期的352通,中华人民共和国成立以后的1020通。

晋城地区最早的是一块三国曹魏时期石刻摩崖的记事碑,记载的是一次政府组织的筑路行动,为太行山交通史提供了重要依据。还有一些关于炎帝的碑刻,镌刻有"羊头山"的字样。碑文中也有"神农"、"山号羊头"的记录。特别是《泽州高平县羊头山清化寺碑》可以清楚地看到"此山炎帝之所居也"的记载,碑中还系统地记叙了关于炎帝的传说故事。另外,出土的几方墓志中,都不约而同地记载了从唐天祐到五代晋天福,一直延续于宋元符时期,羊头山南麓的这片土地都被称作"神农乡"。凡此种种都印证了一段历史或传说。

晋城这里山川秀美,物产丰富,历史文化遗迹,人文景观比比皆是。有帝王、将相题书的石碑,如清康熙帝为阳城县皇城村所题"午亭山村"及"春归乔木浓荫茂,秋到黄花晚节香"对联;王国光、张慎言、陈廷敬等留下的墨迹石刻,包括皇城相府诸碑、青莲寺诗抄碑、真泽二仙庙诗抄碑以及阳城博物馆馆藏碑等。有文人雅士、书法名家题写的碑石,如陵川县西溪二仙庙所藏金代元好问诗书七言绝句诗碑;阳城博物馆馆藏董其昌论诗碑;沁水柳氏民居文徵明书家训四则碑;阳城博物馆馆藏王铎七言绝句诗碑。还有为地方达人书写的墓志,尤以北魏、唐墓志最为精美。如高平、晋城市博物馆现存大唐初、中、晚期墓志铭数十方。

另外,有许多记载家庭世系关系与变迁的、记录不同区域社会风俗与村规民约的、反映历史发展过程中村邻间矛盾的,还有一些记载商业贸易的,如郭峪村《阳城额设商税银两碑》。

方方面面的碑刻记录,无疑构成了一部内容丰富的社会百科全书。

a、晋城市

晋城又称泽州,《三晋石刻大全·晋城市城区卷》共收集整理石刻496通,著名的有:《硖石山藏阴寺刻石》《景德桥补修碑记》《龙泉碑》《重修明道祠碑记》《迎神奢靡诫并序》《重修司马山白马寺塔记》《疙瘩村禁止牛羊入地碑记》《永禁堆集炉渣碗片拥塞东西河道碑》《契约碑》《永立徐户地亩碑记》等,堪称历史文化珍品。

另外,市博物馆现存大唐初、中、晚期墓志铭数十方,如《唐故周处士墓志铭文并序》《唐故璩君墓志之铭并序》《唐故张府君墓志铭文并序》《唐故李君墓志铭并序》《唐故张府君墓志铭并序》《大唐故君夫人上官氏墓志铭并序》《大唐故陪戎副尉张君墓志铭文并序》等,都具有非常重要的价值。

b、高平

高平历史底蕴深厚,文化灿烂悠远。这里自古有炎帝创业、仓颉造字、精卫填海、炎帝与汯女相识相爱及两大氏族联姻联盟和睦相处的美丽传说;这里碑碣金铭,丰富博大。高平地区现存的石刻碑记可上溯到北魏,以纪事来说可以上溯到炎帝时代。特别是祭祀炎帝的庙宇,高平就有30多座,现存的碑记有80余通。北齐天保二年(551)《羊头山□□寺□□碑》是全国记载炎帝事迹最早的碑刻。高平又是长平之战的发生地,许多文人墨客凭吊长平古战遗迹内的名胜古迹,人文景观十分丰富,保存了大量的碑记石刻。高平地区的古建筑也是比比皆是,宋建崇明寺、游仙寺、开化寺等古建筑中保存着大量碑记石刻,品类繁多。高平重要碑刻有:北魏《魏故襄威将军积射将军郭君墓志铭》《君王布施碑》,北齐《五佛碑》《鼓楼四面造像碑》,唐代《泽州高平县羊头山清化寺碑》,宋代《宣圣小景碑》《泽州舍利山开化寺功德记碑》;金代《大金泽州高平县定林寺重修善法罗汉二堂并郭公施功德记碑》《心王状奏六贼表碑》;元代《皇元重修特赐舍利山开化禅院碑》,元好问撰文的《最乐堂铭碑》,米山孔庙《有元泽州高平县米山宣圣庙记碑》,金峰寺《金峰灵岩院记碑》等,都是宋金元时期非常重要的碑记石刻,内容丰富多彩。明清时期的石刻碑记,更是蔚为大观。明代《空仓岭建城记碑》《高平侯刘公重修骷髅庙记碑》具有十分珍贵的史料价值,吕纪的《九鸶图碑》、清代《观音大士造像碑》是非常珍贵的石刻;《记异示儆约言碑》《纪荒觉世警后迩言碑》是研究当时高平地区遭受特大旱灾后,社会经济状况的重要史料。另外,清代祁埦坟的石雕碑亭,更是清代石雕艺术的精品之作。其中的四通石碑,不但是研究祁埦的重要史料,而且是清代书法艺术的经典作品,特别是"恩旨"碑的碑文为清代大书法家寿阳祁寯藻所书,笔力遒劲,书艺高超。

上党地区具有悠久的历史、灿烂的文化,它也是神话传说的发源地和密集区,有着各种传说遗迹和实物遗存,可谓人杰地灵。上党人强悍、好勇、豪爽是其主要的性格特征,与晋南地区一样属人类文明的发祥地之一,石刻在上党地区分布相当广泛。这些碑刻散落于寺庙观宇、墓地坟冢、旷野山崖以及各级文物博物馆,是历史的浓缩,是风俗的见证,是文化的凝结。

第三章　山西古代各时期碑刻分述

一、凤毛麟角的山西汉代碑刻

西汉王朝统治230余年,可是在山西留存的西汉碑刻至今未有发现,这与其历史的繁荣及经济文化的发展极不相称,或许遭遇过毁灭性的摧残和破坏,或者风雨雷电的剥蚀侵袭,期待我们今后考古出土的发现。

东汉时期树碑立传之风很是盛行,人们通常所说的汉隶主要是指这类碑版,基本风格或工整精细、厚重古朴或飘逸秀丽、圆静多姿。其石质精细,刊刻工致,双刀斜下,字口光润,充分表现了书写的原貌。所以在近两千年后的今天看这些早期隶书的碑刻,斑驳残泐,自然增添了一种浑厚苍茫的感觉。

20世纪以来,随着我省考古发掘工作的广泛开展,东汉碑刻相继出土面世,1976年临猗县城关乡翟村汉墓出土了东汉灵帝建宁元年(168)的《绛邑长遗爱德政碑》;1989年在夏县王村汉墓的考古发掘中又出土了一块汉残碑;另外在运城还发现有几处东汉的摩崖题记,如《运城古铜矿摩崖题字》,"汉大阳檀道界君位至三公"的界石等。遗憾的是,至今还未有发现一通完整的汉代碑刻。

第三章　山西古代各时期碑刻分述

图1　绛邑长遗爱德政碑

绛邑长遗爱德政碑(图1)

镌刻于东汉建宁元年(168)碑,为山西现存最早的一通文字碑。1976年冬,在山西临猗县翟村丞相翟方进墓发掘出土,现保存在临猗县博物馆。1979年被国家公布为一级重点文物保护单位。

此碑残损,呈不规则形状,高68厘米,宽46厘米。碑面上可以看到镌刻有四十五个修整的隶体书,因碑文残缺不全,难以知其全部内容,但可以知道它是在赞颂一位贤明的地方官即"绛邑(今山西绛县)长"。碑文中又有"遗爱"字样,所以定其名称为"绛邑长遗爱德政碑"。此碑的撰文、书丹者姓名因为碑刻残缺,均不可知,所幸碑末题"建宁元年九月辛酉"八字清晰可见。建宁是东汉灵帝刘宏的年号,其元年正是公元168年,屈指算来距今已有1850年的历史了。

这通残碑,出土于临猗县翟村翟方进墓穴中。那么我们有必要对翟方进作一了解。翟方进是汉成帝时的丞相,敕封"高陵侯",为相十年,勤恳理政,体恤民情,修文治法,杜绝酷刑,深得民心,被世人誉为"茂德洪业,辉焯于汉廷"的"通明宰相"。绥和二年,因遭陷害含冤自杀,殁后埋葬在原籍祖茔。许多年后,翟家后代又惹杀身之祸。为避灭族之灾,逃迁山西,定居猗氏(今山西临猗),故将翟方进墓移葬于此。世人称此处为"汉故丞相高陵侯"。墓地原建筑非常宏伟,碑碣众多。据清康熙《猗氏县志》记载:翟公后代昌炽,绵历魏晋,郡守列卿,历代不绝。这位翟氏后人,便是民众尊崇的贤明官员,因而为其树碑立传。

我国石刻文字滥觞于商周,而碑刻的出现则肇自东汉。这通汉残碑为我国文字碑创始时期的遗物,碑文书体为真正的汉隶,用笔圆润自如,字形方整匀称,横画瘦劲秀丽,转折俯仰有致,气度飘逸古雅,布局疏密得体，于拙朴中见秀美，端正中显生动，在静穆中蕴强雄，严整中有变化，既有类似《曹全碑》的秀丽，又有类似《史晨碑》的雄浑，其严谨的书风、流美的程式、精到的点画、平和的气氛、温文尔雅的风姿，不愧为东汉时期隶书的珍品。董寿平先生在其跋文中云："此建宁残石，虽寥寥数十字，其用笔结构，使转波磔处，均体现出东汉末期我国书法向晋代过渡的痕迹，与西晋《三体石经》极为相近。按我国书法，唯独这一历史时期的书法流传至今者甚少，故此刻之字数虽少，而独具填补空白之价值。"此残碑虽寥寥数十字，却堪称稀珍，具有珍贵的书法价值，对于研究中国碑碣文化，有着极其重要的史料价值，堪称古碑中的一块瑰宝。正如史树青先生在跋文中所云："片石残字，皆称国宝。"

安定太守裴将军残碑（图2）

1989年，山西省考古研究所会同运城地区文化局、夏县文化局博物馆，在夏县西北二十公里的胡张乡王村，共同发掘清理了在农建中发现的三座东汉墓葬。此墓葬形式为东汉所习见的多室墓。其中第5号墓出土少量残存的东汉晚期壁画，墓壁绘屋舍、人物、花木、人物等，有旁题"安定太守裴将军"，但未署其名。墓曾多次被盗，从墓室中清理出汉制陶器多件及一件玉猪握，从盗穴深处，发现了此残石。

残石纵8厘米，横12.5厘米，有方界格，仅留完整的"有""艾"二字，其余四字皆残泐不可辨，字径2.8厘米，隶书。残石虽只有完整的二字，但字迹非常清晰，其用笔方严俊利、波磔分明，线条挺拔遒劲、隽秀妍美，结体端正，气韵厚古，体现出成熟时期汉隶所具有的一种风姿，可谓汉隶典范之作，尤其在山西则为凤毛麟角了。

图 2　安定太守裴将军残碑

我们视其清晰度推测,此碑可能早期即被打碎,继而墓被盗掘,在填盗穴时,此石被随土填入,其余破碎之石,经千百年,耕者以乱石弃之地外,已流失无存。经考证推断,此墓主人,当系安邑、闻喜裴氏家族之为宦者。

二、繁星满天的山西北朝刻石

北魏王朝的建立及孝文帝的改革,使遭到严重破坏的北方经济得到了恢复和发展,随之出现了文化的兴盛与艺术的繁荣,最明显的莫过于北朝之刻石。这时立碑之风极为盛行,特别是北魏孝文帝拓跋宏,提倡书写汉文字，沉酣于书法，他大力倡导民间刻碑记事，从政治上给予刻立碑碣以极大鼓励。由于北朝帝王的倡导，曹魏的禁碑令被解除，刻碑之风又一度兴盛，各地广树碑石纪文，留下了大量的民间书法碑刻作品。另外，北朝期间佛教兴盛，统治者为弘扬佛法，进行石窟的开凿和佛教造像，其规模之大、建造之宏伟，为历代所罕见。孝文帝又尊佛尚道，一度佛寺遍天下，应运而生的题名造像碑碣无可计数，其碑刻的规模和数量，构成了北朝庞大的石刻体系。石刻在这一时期内不断地变化和发展，出现了很多新的石刻种类，呈现着一种繁荣兴盛的局面。山西北朝刻石种类比较丰富，都能见到北魏、东魏、北齐、北周纪年的墓志、摩崖石刻、铭文造像碑、铭记碑、布施碑、造像塔铭、六棱碑等。北魏早期的碑石铭志，主要集中于平城及其左近的京畿地区，北齐墓志则多集中于太原及周边地区。

（一）平城魏碑

公元398年，北魏道武皇帝拓跋珪定都平城（今山西大同），以平城为政治中心，鲜卑民族政权开始起用汉族士人参与国政，引导中原文化与草原文化融合，依此推动社会由蛮荒走向文明，史称"平城时期"。平城作为当时的政治、军事、文化的中心，不仅出了像道武帝、太武帝、文明太后、孝文帝以及崔浩等雄才大略的政治家，留下了以云冈石窟为标志的诸多历史文化遗产，而且产生了我国书法史上一种全新面目的书体——魏碑。

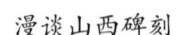

平城诸多形式的魏碑铭石、书迹对洛阳、邺城魏碑乃至齐魏、隋北朝铭刻影响至大，可以说，洛阳时期的魏碑与平城时期的魏碑存在一个直接的承接关系，发展上是一个源与流的关系，在时间上是一个早与晚的关系。也就是说，只有把平城魏碑与洛阳魏碑加起来，才能够完整地再现魏碑书法从初创到成型再到成熟的全过程。

对大同现存的北魏碑刻、造像记、墓志铭、题记等，北魏史学者殷宪先生对此有较深入的研究，他认为在大同地区发现的北魏碑刻和墨迹不下数十种，连同砖瓦文字当在数百种以上。他依据北魏早期书法的演变过程，将平城魏碑划分为早、中、晚三个时期，即早期为道武帝定都平城到献文帝拓跋弘（398—476 年）时期。比较重要的碑刻有：太武帝正平元年（451）《孙恪墓志》，文成帝兴安三年（454）《平国侯韩弩真妻王亿变墓碑》，文成帝和平二年（461）《皇帝南巡之颂》，天安元年（466）《曹天度造九层塔题记》，《"叱干渴侯"墓砖铭》《"苌安人谒侯"砖》，孝文帝延兴二年（472）《申洪之墓铭》，孝文帝延兴四年（474）《钦文姬辰墓铭》，孝文帝延兴六年（476）《陈永夫妇墓砖铭》。中期为太和元年至迁都洛阳（477—494 年）时期，主要有：太和元年（477）宋绍祖墓砖铭记石刻题记，太和七年（483）《邑师法宗五十四人造像题记》，太和八年（484）《司马金龙墓表》《司马金龙墓铭》，永固陵碑石残片，云冈 18 窟西壁《大茹茹可敦发愿文》残石，38 窟外壁的《为亡息吴天恩造像题记》等。晚期（迁都洛阳后的北都平城）主要有：宣武帝景明四年（503）云冈 20 窟的《比丘尼昙媚造像题记》，宣武帝正始元年（504）《屯骑校尉建威将军洛州刺史昌国子封使君墓志》，宣武帝永平元年（508）《元淑墓志》，宣武帝延昌二年（514）《高琨墓志》等。

纵观平城碑石，我们可以看到，北魏平城时期的碑石形制以多样化为特点，并无统一的形制。"各种书体各自独立，各有用场"。方笔楷隶一般供比较庄重的铭刻之用，也有碑石存在着各种书体共存共行的现象。总的来说，还是有一个大致的随时间推移而发展的轨迹，即早期碑刻的特征为古拙、朴茂、庄重、雄浑。从书体分析，此时多用楷隶或隶楷，有三种类型：第一类是隶书面目、楷书章法，如《钦文姬辰墓铭》（图3）。以隶书上石，追求宽博开张的形势。个性化之处，一是长横两端等部首都是双肩高耸，横画起笔露锋重按，收笔一律出锋上扬，努力出现燕尾效果；二是时见楷笔、楷势，长竖多作悬针，有些字如"侍""持"等则完全楷化。第二类是庄重肃穆、森严峻整的隶意楷书，如鸿篇巨制的《皇帝南巡之颂》；径尺小品，但形端体正、气度非凡的如《孙恪墓志》（图4）、《平国侯韩弩真妻王亿变墓碑》（图5）。《孙恪墓志》与《王亿变墓碑》时间相仿佛。它们比《钦文姬辰墓铭》要早二十多年，而书体却更为楷化，已无隶式可言，其点画更为规范整肃、方直挺拔。它们书刻都算精致，是北魏早期铭石书迹中的精品。第三类是质朴高古、兴趣盎然的民间书风，如《申洪之墓铭》（图6）。铭文并不长，但前后书体书风迥异，前六行基本上是生涩的隶书，而中间从第七行到第十行则成了相当纯正的方笔魏书，呈现雄强峻整的特质，后面的三行后记却是十分洒脱茂密的隶意楷书。《申洪之墓铭》属于更多急就意味因而更为率意，带有民间风气，自然天成，沉着茂密。书丹者的不谙隶法而造成的一石三体的情况，而刻工的急于求成和漫不经心则进一步强化了这种民间化。

中期平城魏碑，是北魏王朝处于鼎盛时期的书体，此时期的魏碑

图3　钦文姬辰墓志铭

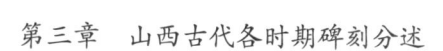

图4 孙恪墓铭

漫谈山西碑刻

平国侯韩弩真妻王亿变墓碑拓片

维大代兴安三年岁次
鹑火春正月己亥朔廿
六日寛大西州范阳郡
方城县民平遠將軍平
國侯韓弩真故妻王億
變春秋六十有二壽終
故建立斯碑以記之其

图 5　平国侯韩弩真妻王億變墓碑

第三章　山西古代各时期碑刻分述

图6　申洪之墓铭

正处于定型阶段,其书体雍容华贵,反映的是博大雄浑的时代特色。如《司马金龙墓表、墓铭》(图7),代表了平城铭刻书迹,是显得隶意浓重了些,甚至可以指为粗疏和不成熟。但是,平城早期铭石具有的那种质朴高古以及雄浑博大的盛世气象,在"北邙体"铭刻中已经难以觅得,倒是在紧接云冈石窟开凿的龙门石窟的少数造像题记中庶几可见,有"体裁雄伟,笔气深厚,恢恢乎有太平之象"的评语。

晚期平城魏碑(相当于洛阳早期),虽发现不算太多,但件件精美,《昙媚造像记》(图8)的宽博开张,《元淑墓志》(图9)的精美奇俊、《封和突墓志》(图10)的方正大度、《高琨墓志》的成熟内抠都十分难得。

总之,平城魏碑,是非常特殊的一类书刻形式,它刚从隶书蜕化而来,处于一种不成熟的初创时期,但正是这种"不成熟",使魏碑书法同时蕴涵了隶书、楷书两种不同书体的特征,反而使它的艺术风格更加多变,信息含量更加丰富,带给人以心灵的震撼,一种冲击和洗礼。将来,对平城魏碑不断的发现,势必会推动传统书法的深入研究,甚或会重新认识魏碑中的一些问题。

(二)山西北朝碑刻

自从西晋开国、晋室东迁直至南朝末叶,曹魏统治者出于维护自身统治和抑制奢靡的社会风气的需要,先后发起了禁碑运动。《宋书·礼志二》记载:"汉以后天下送死者靡,多作石室、石壁、碑铭等物,建安十年(205),魏武帝(曹操)以天下凋敝,下令不得厚葬,又禁立碑。"两晋沿袭魏制,未弛立碑禁令。宋齐梁陈的碑禁虽然较晋稍弛,碑碣也是

图 7-1　司马金龙墓表

图 7-2　司马金龙墓铭

图 8　昙媚造像记

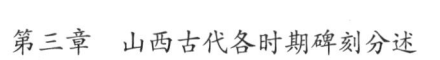

图 9　元淑墓志

図 10　封和突墓志銘

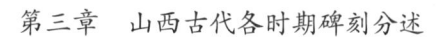

屈指可数。这一时期山西发现的北朝碑刻甚少,加之北周武帝于文邕的二次灭法,所以山西境内所见北朝碑碣迄今存世的碑刻更是凤毛麟角。其重要碑碣有:灵丘北魏和平二年(461)《皇帝南巡之颂》、临猗北魏景明五年(504)《霍扬碑》、长治东魏天平元年(534)《程哲碑》及安邑北周天和五年(570)《曹恪碑》等。

图 11 皇帝南巡之颂

南巡碑（图11）

全称《皇帝南巡之颂》，也称《御射碑》。记载的是北魏和平二年（461年），北魏王朝第四代帝王高宗文成皇帝拓跋濬东出平城，巡视太行山东麓诸州，返经灵丘时与随从众臣在笔架山竞射，为纪念此次巡视而"刊石勒铭"。《魏书·高宗纪》记载：灵丘南有山，高四百余丈。乃诏群臣仰射山峰，无能逾者。帝弯弧发矢，出山三十余丈，过山南二百二十步，遂刊石勒铭。

该碑原立于山西省灵丘县县城东南约15公里处，笔架山之阴，御射台南端，此地与灵丘觉山寺隔唐河相望。20世纪80年代末，山西大学靳生禾、谢鸿喜教授根据《魏书》的记载对灵丘笔架山进行了实地考察，于"山南二百二十步"的瓦砾中发现了石龟一尊，上边缘呈弧形并雕有龙纹饰图案的残石和镌刻魏书文字的残石两块。九十年代初两位教授再次考察御射台，又意外地发现刊刻魏书文字的残石七块。经拼接，校勘，论证，肯定了经拼接的残碑系《皇帝南巡之颂》，否定了"此碑未曾刊勒"，"此碑已亡矣"等错误的猜测。1993年，《皇帝南巡之颂》迁至灵丘觉山寺内保护起来。

经精心拼合的《皇帝南巡之颂》，肃穆雄浑，苍颜庄重。碑首呈弧形，高84厘米，宽145厘米，厚30厘米。螭首碑额中"皇帝南巡之颂"六个篆体字分上下两行阳刻在界栏内。碑座基本完好，龟趺底座长205厘米，宽137厘米，高53厘米。遗憾的是，碑身却为一些碎块残段拼粘而成，拼粘后的碑身高120厘米，宽137厘米，厚29厘米。因碑身残缺、散失甚多，其准确高度无法测定。据有关专家推断原碑身高度至少也在250厘米以上，此碑应为400厘米左右的鸿篇巨制。

《皇帝南巡之颂》(以下简称《南巡碑》)碑阳损毁较大,字迹可以辨认的不多,但在《魏书·高宗纪》《北史》《水经注·㶟水》中均有记载。碑阳文字刊录了北魏文成帝由平城到定州至邺都所经之郡县和仰射山峰时之盛况,讴歌皇帝之功勋,赞美国家之强盛,隐隐间可窥南北通好,相融互聘等重大历史活动。碑阴保存较好,碑阴题名记录了声势浩大的南巡队伍中的大小官员的官职和姓名,有许多官爵、姓氏、地名等,均为史书不记,实为研究北魏政治、职官、姓氏、鲜汉融合过程之第一手历史实物资料,对研究北魏迁都前后乃至中国历史姓氏演变提供了重要的依据,同时也是研究早期魏碑书法不可多得的珍贵资料。

　　《南巡碑》是为当今皇帝记行颂功之作,系皇家之重器,非同寻常,所以书丹和镌刻自然都出自一时的名家巨匠之手。从碑面上我们看到书家着墨书碑时,刻工落刀刊石时非常谨慎并刻意求工,尽可能将庙堂之气通过笔墨和刻刀反映出来。《南巡碑》碑额篆体典雅大气,其书法在众多北魏古碑碑额中是最美的,其篆体字迹清晰,点线完整,自然飘逸,折方转圆,意象万千。六个大字各具生态,威容矩阵,与北魏《吊比干墓文》碑额字体相近,法度雷同,如出一人之手。《南巡碑》比《司马金龙墓漆画题记》早二十三年,二者书体面目和韵味也有惊人的相似,而司马金龙漆画题记比南巡碑随意了一些。相比之下,《南巡碑》碑阳因书者书艺超逸更透出了一种端庄严谨之气、筋骨刚劲之气、深沉老辣之气、古朴自然之气,是北魏前期书界最高水平之作。

　　后世学者在评述此碑文中的魏书时,这样写道:"此碑书迹具有明显的隶书特征。横画两端都向上翘起作翻飞状,竖钩平挑,撇画收笔处微微向上翻挑,捺画收笔处平出,字形成横扁状,这些都是典型的隶书笔法。同时这类隶书具有显著的楷书特点，笔画方截、瘦劲，横画左低右高向上倾斜，许多字的横折处已不再是平起直下，而改为向左侧倾斜，如'過'字的首笔折处，有的横折则表现出明显的顿挫，如'郡'字中'君'首笔处的折。从结构上看结体凝重，呈敧斜状。"《南巡碑》所表现出的这种特点、风格，在当时应该是最新的笔法，汉代隶变是在文字史上书体的最大改革，北魏书法就是在草原鲜卑民族政治上向封建制转变、文化上向汉文化转变潮流中的文字体形的继续演变的产物，隶、楷相融成为这一时期的主流书体和标志性特征，开启雄奇方朴、豪情满怀的北碑之风，是中国书法史上一大奇观。

总之，《南巡碑》是北魏前期汉字由隶变楷初始阶段的魏碑书体的皇家顶级代表之作。其碑阳、碑阴、碑额三种书体，都是代表北魏前期皇家水平的经典书法作品。睹其风貌可视北魏皇家之威严，略窥鲜卑民族尚武粗犷之性格。《南巡碑》经塞外风雨的侵蚀，千年岁月的雕饰，更进一步升华了其艺术思想和艺术表现力的高度统一。《皇帝南巡之颂》的重新面世，被确立为书法由隶书向楷书过渡的一个真实例证。

图 12-1　霍扬碑

图 12-2 霍扬碑

霍扬碑（图 12）

全称《密云太守霍扬之碑》，北魏景明五年（504）正月二十六日刻立于霍村霍氏家族墓地。碑高 190 厘米，宽 90 厘米，厚 20 厘米；碑作立式，身额一石，圆额，额部有圆穿，穿上线刻释迦穆尼跏趺坐像，穿左右侧篆书"密云太守霍扬之碑"八字。碑文魏书体，17 行，27 字，字径 4 厘米，共 452 字。碑文剥蚀较甚，有的字漫漶不清，别字较多。碑刻内容记载河东猗氏人北魏密云太守霍扬的生平事迹。

据《临晋县志》载：霍扬"墓已湮灭，惟碑及石羊虎尚存道旁，碑文完好无缺，为本省发现魏碑之冠"。此碑原立于霍氏家族墓地，临猗县临晋镇东霍村霍扬墓地出土。后因遭遇水患，一度被淤泥掩埋。民国九年（1920 年）临晋县知事余家骥，考虑到北魏时期的碑版极为罕见，而且这通魏碑未见诸家金石著作著录，觉得尤为珍贵，打算专门建立碑亭予以保护。但此意没有落实，只是将碑版移存到县城北关蒲坂（坡）中学校内，之后又迁移到城内的文庙内保存，后来又转至城关完小。抗日战争期间，爱国人士为防备被日本强盗破坏或抢夺，便把这通国宝用泥巴封藏在完小的照壁内，直到抗战胜利后才剥开封泥，让它重见天日，并建立碑亭加以保护。后因故又迁入邮电所内暂存，直到 1987 年正式移至临猗县博物馆收藏。

碑文详细记述了霍扬家世的由来与生平事迹。霍扬，字荣祖，籍贯河东猗氏（今临猗县）。霍姓源于周文王儿子、周武王的弟弟霍叔。周武王灭商后，封纣王的儿子禄父为殷侯，同时又派遣自己的三个弟弟管叔、蔡叔和霍叔去监管，史称"三监"。霍叔封于霍（今山西省霍县），因地为姓。霍扬自称是西汉名将霍光之后。少年时候，霍扬就友爱兄弟，长大后又特别笃学好问,博通经传,品学兼优,名闻遐迩,被南朝刘宋授予龙骧将军,委以重任。之后又"应天顺人,归成于魏",得到北魏皇帝的器重,被封为振威将军,密云(北京市密云区)太守,爵封昌国子,终年55岁。《霍扬碑》对于我们研究三国两晋南北朝时期的霍氏家族提供了可靠的史料信息,弥补了正史的缺漏,也成为"霍氏研究"中的重要文献与物证。

该碑距今已有1500多年,是一通保存完好的名碑。碑额线刻释迦牟尼佛结跏趺坐于须弥台座上,寥寥数笔,将佛像刻画得惟妙惟肖,不仅显示出匠师的精湛技艺,同时也说明霍扬是一位虔诚的佛教信徒。碑额有穿,乃为碑石发端时系绳托棺功用之见证,与汉碑几无二致。览此碑犹赏汉碑,领略碑石演变之脉络,弥足珍贵。

这通碑最为突出的还是它的书法价值。该碑字体就是后来人们所说的"北魏体",是由隶书向楷书演变过渡时期的一种字体。霍扬碑可谓是用篆隶笔法写楷书的典范。其结构自然,别具一格。或大或小,或方或圆,字的大小不一,行的斜正不等,显得自由奔放,无呆滞造作之处。用笔则时篆时隶,时行时楷,上下可以互换,左右可以参差,屈伸自如,展缩有度,瘦而不枯,丰而不肥,千姿百态,有潇洒出尘的风度。此碑书者,笔力雄强,火候纯青。碑文的每个字都生气勃发,因其雄强而多变化,可谓气象万千。不仅弘扬和继承了汉魏时期多数书法所具有的质朴雄强的书风,同时也把北魏鲜卑民族威武强悍的精神以及游牧民族特有的粗犷彪悍之风、豪放遒劲之态淋漓尽致地表现出来。其结字宽博舒展,笔力雄强圆劲,有篆隶趣相附。因而,其书法风格奇伟但不失雅趣,飘逸却不失厚重。在用笔、体态和风格上的千变万化,得其天然之美，可谓独步千古，散发着迷人的魅力。由此，《霍扬碑》居于山西省现存魏碑之冠。

我国当代著名的书法理论家、书法家和书法教育家祝嘉，对《霍扬碑》嗜好甚深，他在《愚盦书话》中对该碑所述："古朴若《嵩高灵庙》，奇逸若《石门铭》，精丽若《灵庙碑阴》，茂密若《张猛龙》，高美若《爨龙颜》，绵丽若《郑文公》，可谓集诸碑之大成，真神品也。"他在1958年写成的《霍扬碑研究》，后来收入《书学论集》。祝嘉认为："这个碑的长处是雄强无敌，笔画、结构变化都很大，勾画从汉碑娄寿、衡方中来。"更强调说："运腕近三十年，可以学一般碑，学霍扬碑，终嫌腕力有所不足。"

故宫博物院碑帖鉴定专家马子云在他与施安昌合著的《碑帖鉴定》中，对该碑做出了鉴定："《密云太守霍扬碑》正书，十七行，行二十七字。篆额为：密云太守霍府君之碑。景明五年(504)。在山西临晋蒲坂中学。此碑为1920年临晋县霍村出土。此碑确为真品，惟字为石匠以錾錾之，故欧阳辅以为伪造，纯属臆说。"

罗哲文称赞此碑"方整典雅，古色照人，虽经千年风雨侵蚀漫漶，而肃穆雄浑之趣在焉，是魏碑之佳作"。

日本学者水野清一和日比野丈夫所编著的《山西古迹志》，对《密云太守霍扬碑》做出详尽的考证，指出该碑"在北魏碑当中是一块很值得珍视的石碑，一方面完全承袭北魏太安三年（457）《中岳嵩高灵庙碑》的形式，另一方面它又带有明显的进化痕迹"。

该碑今存于临猗县博物馆内，虽经千余年风雨侵蚀，而浑穆雄厚之趣犹在。学者游人可亲临目睹，鉴赏临摹。1979年国家文物局公布其为全国第一批书法艺术参考名碑。

图 13　程哲碑局部

《程哲碑》（图13）

全称《故赠代郡太守程府君之碑文》，东魏天平元年（534）镌刻，清光绪年间发现。原存长治县东呈村，后移山西省博物馆，现藏山西省博物院，为国家一级馆藏文物。

此碑是为纪念程哲和其宗族人物而造，因当时特殊的社会环境及个人信仰，在碑正面雕刻了佛教造像，因此，程哲碑应是一通包含了佛教造像的墓碑（严格地说，此碑应归属于佛教造像碑类）。该碑为石灰岩制成的圆顶形石碑。高约135厘米，正面龛内雕刻出一尊如来坐像。主尊左右各雕出比丘像两尊，龛外左右各线刻出菩萨立像一尊。主尊是胸前结纽、衣裾长垂于座前的中国式着衣的如来像，右手在膝上握袈裟的一角。佛龛的周围和两侧面用纤细的阴刻线表现出飞天和狮子等形象，如果只从这些判断，这是一尊普通的佛教造像碑。然而背面，在线格里刻出文字，32行，行45字。碑额题"大魏天平元年岁次甲寅十一月庚辰朔三日壬午造讫"。天平元年是东魏的年号，为公元534年，可知立石时代为公元534年的东魏孝静帝天平元年，北魏王朝刚刚分裂。

《程哲碑》主要记述程哲及其同族中显赫人物生平，是一通家族的颂德碑。据碑文载，程哲为上党长子人，其远祖在商周时期"世为名卿"，三国两晋直到后赵、后燕，其历代先祖曾有刺史、太守、大将军之类的官职。按碑文讲，程哲是一个人品出众、谈吐不凡又善弓箭骑射的文武双全的人才。他推崇君义臣忠、父慈子孝、兄爱弟顺的为人准则，死后被追赠为代郡太守。铭文中没有见到关于佛教信仰和造像内容的记述。像这样的石碑一时难以判断当初是作为兼具佛像和颂德碑而制作，还是在已经雕刻了佛像的造像碑背面新加上碑文而转化为家族的颂德碑。但无论怎样，都是正面和两侧面为佛教的造像内容，背面是颂德碑的组合方式，此乃该石碑的特色。

墓碑正面的显著位置赫然镌刻着佛像、胁侍及飞天，纯属佛教性质的造像出现在墓碑上，这并不是偶然的，正是当时社会上佛教盛行的具体反映。国人自古以来重生死，所谓"事死如事生"是丧葬传统。墓碑中出现佛教造像，说明死者生前信奉佛教，造碑的后人希望死者所信奉的佛能够给他带来平安幸福。

从魏曹操发布禁止立碑令以来，虽然抑制了表达对故人的忠孝或者是夸耀家族名誉的大型石碑，但北魏时期的地方豪族们利用佛教造像碑这种新形式得以重新立碑。在实际的例子中，可见到供养人名和供养人像占据着比佛像还重要的位置，并占据了更大的面积。地方豪族利用佛教的大义将立碑正当化，同时达到提升自己地位的目的。

《程哲碑》不仅记载了程氏一族的生平，而且碑阳的佛教造像及线刻，具有较高的艺术水平。此碑碑刻文字体型虽较小，但书法气象博大，妙趣横生，刻工精到，保存完好。从整体上看，其点画以坚挺险峻为主调，其结构以宽博雍穆为特色，楷中含隶，方劲古朴，古拙凝重。其结字稳厚温和，使笔朴实无华，不假雕饰，自然成文，上承东汉劲直派分书之余绪，又融以汉魏砖文书风，是北朝直笔隶意的真书流派中的典型代表。其体势虽不如《张玄墓志》凝紧缜密，但不设城府，无拘无束，信笔纵肆的笔致却也令人回肠荡气。此碑年深日久石花斑驳，书写用笔之形势仍能比较完整地表现出来。因此，《程哲碑》是一通兼具造像、线刻、书法皆优的东魏石刻，具有较高的历史价值与艺术价值，也是山西存世的历代碑刻中一件难得的精品。

漫谈山西碑刻

图 14　曹恪碑

曹恪碑（图 14）

此碑清末的《山右石刻丛编》、日本的《书道全集》等均有著录。近代学者侯镜昶先生《书学论集》收录此碑，评价颇高。

此碑也称《谯郡太守曹府君之碑》，镌刻于北周天和五年（570）十月。旧时立于安邑县石碑庄村（今运城盐湖区陶村镇东北），民国8年（1919年），太原创建傅公祠，收罗古物，将该碑移入祠内。

据《安邑县志》卷一村名考载："石碑庄，昔名三凤村，后掘得谯郡太守曹恪碑，更名石碑庄。碑系天和五年立，原在该村北门外关帝庙东侧，民国七年移入太原傅宫祠保存。"

究竟此碑有何特殊意义，不仅将三凤村改为石碑庄，还又将碑移入太原傅宫祠保存呢？据《碑帖叙录》云："书法颇含隶意而古拙。"《通志·金石记》云："山右碑版之最，以此碑及东魏(刘懿碑)为最古。"被国家文物局公布为全国书法艺术名碑之一。据此，足见曹恪碑是研究我国古代碑碣文化和书法艺术弥足珍贵的史料。

碑文对曹氏世裔叙述极详，对曹恪本人的生平及业绩都做了明确记述。

曹恪，字枚乐，沛国谯人（今安徽亳州一带）。曹氏溯自秦末，跟随高祖刘邦创业，曾担任汉室宰相的曹参是其宗祖。据史载，西汉高祖二年（公元前205年），魏王豹反叛，曹恪始祖曹参，代理左丞相，分别与韩信率兵攻打魏都安邑。活捉魏王豹，夺取平阳城，共得52座城邑，汉高祖六年（前201），分封列侯爵位时，便将平阳的10630户封给曹参作为食邑，封号为"平阳侯"。此后，曹氏家族便在安邑定居下来。

曹恪生于南朝宋元嘉二十四年（447），卒于西魏大统十年（544年），享年97岁。碑文称之：禀质秀灵，幼怀廉雅之风，20岁便已成名，由于其兵法优长，勇略过人，为讨伐叛逆，遂提戈投募，征战沙场，屡立战功，被皇上授予绥远将军。曹恪既长于武事，又富于文采，"纹理雕篆，学赡博通"。碑文称他为人孝德俱全，行为端庄，忠厚老实，轻财若水，重义如山。晚年遁入佛门，超脱放荡，诵读经文，恒持斋戒。西魏大统初，授本土谯郡太守。西魏大统十年（544），忽遭疾病，一病不起，病逝于安邑，安葬于鸣条岗南垣。于北周天和五年（570）十月，立碑志铭，以作纪念。

此碑立于天和五年（570），至今已1448年。《安邑县志》载："本邑应有晋碑，今无一存者，所存唯此西魏古碑。"《语石》云："自是太行以西，潼浦以东无汉碑矣，晚出诸碑以关胜、程哲、曹恪三碑，张元、刘懿两志为最古。"《汉魏六朝墓铭纂例》《寰宇访碑录》《金石萃编》等历代金石文献均有著录和评述。碑因剥蚀而损毁多字，虽可与《丛编》《萃编》互校，仍难录全文。北京图书馆藏有该碑的"乾嘉"拓本，可校刊补缺。

（三）山西北朝造像题记

北朝时期社会动荡，政权兴废，战祸频仍，疾疫流行，人们处于颠沛流离、水深火热之中。人们为了精神寄托笃依空门，佛教文化便适应社会意识之需求勃然盛行。宗教的一般传播方式无外乎写经布道、建寺立塔、塑佛造像，于是北朝的上流社会纷纷镌石以作碑碣，刻岩而为摩崖,开岩壁而造洞窟。佛教的盛行促进了造像的产生,同时造像题记刻石也因造像的风行应运而生。

信徒们为活人、亡灵祈福消灾,寄望于来生。人们多在寺庙或崖壁洞窟间营造佛像,并于佛像周围附着刻写佛号、发愿文和出资者姓氏名位,称之曰"造像题记",视为一大功德。造像记的功德主多是大魏的王公贵胄、达官显宦、豪强地主和寺庙高僧,为了歌功帝德、祈福行禳而开龛造像。这些人名大多能在史书里找到记载。造像题记里的内容一般是为亡亲、故师,为身家平安,为消除业障疾苦或为一切众生往生西方之类,往往涉及当年史实。所以造像题记既是魏碑书法艺术的精华,也是颇具研究价值的珍贵史料。

造像题记中题记的佛龛形制大多是单线圆拱尖楣。题记在龛之上下左右,碑刻像者,上层为佛龛,其下为题记,或于碑之下面造像,碑阴和碑侧为题记。又有佛座,题记多刻于佛座。题记的文字特点表现为俗字的大量使用。题记的书法以方俊笃实为主流,结字用笔减少隶意,楷书法度化开始萌芽。造像题记借鉴了汉画像石、砖的艺术形式将佛教题材与石刻文字完美的结合,再现了民间书法的基本风貌和文字演化过程。

山西境内的造像题记,通常有佛教造像与道教造像两种,碑上铭刻造像缘由和造像者姓名、籍贯、官职,也有线划的供养人像。题记的内容大多是为亡亲、故师,为身家平安,为消除业障疾苦或祈愿一切众生往生西方之类。如:北齐天保六年(555年),并州乡郡治乡县(治今山西长治武乡县东)人李清在途经山西平定县石门口时为报答李宪、李希宗父子提携之恩,于路旁磨崖刻碑述其心志。碑首云:"二公父子以礼待青,得奉朝请,而青德之,故贤无刎颈之报,去家五百里,就邢耶关榆交戍,万里长途,百州路侧,造报德像碑,摩岩刊石,万世不朽。"这是造碑的缘起。

题记的刊刻之风是在北魏拓跋宏时期兴起的,在崇佛之风的影响下,涌现出了大批的石刻造像题记,数量非常庞大。山西境内的造像碑记从雁北大同沿南往洛阳一线至太原地区、晋东南地区沁县、长治、高平、晋西南、晋南等地区,可称繁星点缀,主要有：大同《太和七年五十四人造像题记》《太和十三年造像记》《比丘尼惠定造释迦多宝弥勒佛像记》《太和二十年弟子造像记》《太和□年七月造像记》《□僧造像记》《为亡女觉□造像记》《佛弟子造像记》《侯后云造像记》《昙媚造像题记》《惠奴造像记》《老李自愿造像记》《清信士造像记》《□神龙造像记》《大茹茹造像记》《尼道法□造像记》；平定北齐《李清报德碑》；盂县《正光六年的北魏造像碑》；长治市羊头山《北魏九石窟群及造像题记》；泽州崇寿寺《北魏造像碑》,武乡《北魏王忠南造像碑》《烂柯山北魏摩崖造像》《北齐故城大云寺造像碑》；黎城《北魏建义元年造像碑记》；沁源《东魏王天扶等造像碑》《北齐武平二年造像碑记》；沁水北魏《王寨千佛造像》《柳木岩摩崖造像》《西大千佛造像》；高平《北齐四面造像碑》。以及晋南运城盐湖区北朝《耿神虎造像碑》《张龙达造像碑》《吕儒造像碑》《张恭晖造像碑》；临汾浮山《大夏造像碑》,尧都区《北齐神武皇帝寺主造像记》等。

自从北魏朝廷定都平城以后,就开始在开凿石窟,随着佛像的兴造,出现了数量宏大的造像刻石文字。山西境内的造像题记从北往南有数百方之多。造像题记在北朝中后期刊刻流行,四海之内越是兵燹不止,造像礼佛祈愿长生的心态愈是炽烈,于是,石刻漫山遍谷,题记应运而生。纵观其作品,则层次杂沓,良莠不齐,兹列举于下:

1、大同地区的造像题记

从现有资料看,云冈石窟尚存造像题记32种、47题。其中见于日本水野清一、长广敏雄侵华期间整理的资料的有30种,45题。云冈石窟早期造像题记,以第11窟《五十四人造像题记》为代表,记载了平城内54名信士女在云冈第11窟东壁雕造95尊石佛的缘由,并对文成帝复法后佛事中兴的"盛世"称颂有加,对当权者孝文帝、文明太后的感激之情溢于言表。

太和十三年(489年)的《比丘尼惠定造像题记》位于第17窟。反映的是世俗观念,以此造像功德一为自己消除病患,求得现世安稳,二为"七世父母,累劫诸师,无边众生"祈福。

第38窟外壁的《吴氏忠伟为亡息冠军将军吴天恩造像并记》,是云冈石窟所存像主中官职最高的。惜《魏书》《北史》皆未载其名。水野清一(日)《云冈金石录》及张焯《云冈石窟编年史》均有录文。此造像题记书风高古,气象恢宏,艺术水准很高,惜长期处于室外,字面风化严重。

云冈石窟晚期的题记,以第20窟《比丘尼昙媚题记》为代表。此刻是1956年云冈文物保管所在整修第20窟前积土时出土的。这是云冈石窟难得的一块完整的造像题记。其石为云冈细砂岩,略呈方形,高30厘米,宽28厘米。楷书10行,行12字,共110字。愿文除首尾稍有缺泐外,大部完好。

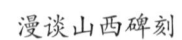

图 15-1　五十四人造像题记

图 15-2　五十四人造像题记

五十四人造像题记(图15),北魏太和七年(483)八月三十日立,位于大同市云冈石窟第 7 窟东壁上方,距地面 11 米处,高 37,宽 78 厘米。文字计 25 行,每行 14 至 16 字不等,共 372 字。在孝文帝巡视云冈 4 个月后雕造。虽为率尔之作,其书风雄强沉稳,盛世风采已见。

从书体角度来看,是楷书而存隶意。结字方而略长,宽绰而外拓,略呈左高右低之势。用笔以圆笔为主,偶然杂以方笔。横、撇画起笔全为圆笔楷法,捺笔全为楷脚,方折也用圆转,肩多方平。惟直钩、戈钩、竖弯钩以及少数横收和短点、短撇捺犹存隶法。气息与在大同地区陆续发现的延兴二年(467)《申洪之墓铭》(图 6)后三行题记及太和元年(477)的《宋绍祖柩砖》有较多相通之处,充分显现了北魏太和年间古健丰腴的书风。以它与北魏平城时期的代表性铭刻书迹《东巡碑》《南巡碑》等相较,最明显的不同之处,是更多一些手书的意味:一是结字不拘方整密集而是笔圆体博,从这里可以找到当时写经体甚至是后来的泰山《经石峪金刚经》的影子;二是体势非右昂反呈右垂之势,颇似始光元年(424)的《魏文朗造像记》;三是横画捺笔收笔处无上挑之态,这当然是与上述字体无右昂之势和更多行押书风尚有关。

第 11 窟东壁造像记的价值,除在确定开凿云冈石窟的分期外,其书法高古质朴,墨酣笔凝,温文敦厚,为研究北魏平城时期书法提供了珍贵的实物资料。

2、上党地区的造像题记

长治作为北朝时期政治、经济、军事的重要地区,经历了民族融合和宗教迷信的洗礼。北魏从大同迁都洛阳,长治是其经常过往之地,因此,沿途留下了一些高水平匠人和高质量的石刻造像艺术品,如羊头

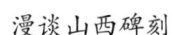

山北魏石窟寺造像、沁县南涅水出土的石刻造像群,就集中地反映了这一时期的造像风貌。

a、羊头山北魏石窟寺造像题记

羊头山又称羊山、老羊山、首阳山,位于长子、高平、长治县三地交界处。石窟寺建于北魏太和年间(477—499)。主峰山顶上遗存有一方柱体石佛龛(图16),通高200厘米,造型古朴,结构简练。座雕为一伏羊,身长265厘米,形体肥硕。身为方柱体,四面雕刻佛龛,龛内雕释迦牟尼和两尊胁侍菩萨,顶部横放一块140厘米见方庑殿式檐石,坡面平缓,依势雕刻成勾滴瓦状。羊头山石窟遗存同沁县南涅水石刻群一样,应与北魏政权迁都洛阳,往返于长治地区有极大关系。

羊头山石窟寺造像题记甚多,因年久风化及人为剥蚀严重,甚为可惜。现举二题记之图为例(图17),其书法皆为正书,是比较典型的北魏风格。布势方正,笔势粗犷,虽是先书后刻,但奏刀率然,斑驳陆离,摆脱了墨迹的束缚,仪态从容,用笔拙重,给人以浑厚、雍穆、含蓄的美感。

b、沁县南涅水石刻群(图18)

20世纪40年代至90年代,在沁县南涅水村北河岸高地上出土北朝至宋石刻造像约1126件,均为砂石质,种类有造像塔石、单体造像、组合造像、造像碑、发愿文碑、塔石铭刻、零星石刻、造像残块等,其中北朝石刻占大多数,这些石刻的造像题材和造型风格等方面近于同时期的石窟寺艺术。因雕刻于碑石之上,故多为浮雕作品,质量也非常精美,是中国古代民间石刻艺术珍品,在我国雕刻艺术史上占有重要地位。

第三章　山西古代各时期碑刻分述

图 16　羊头山北魏石佛龛

【录文】
郭建罗妻，扬法汉涂，
为石窟主，□□男，女鸳鸯。

羊头山北魏石窟寺造像题记拓片之一

羊头山北魏石窟寺造像题记拓片之二

图 17　羊头山北魏石窟寺造像题记

图 18　沁县南涅水石刻群出土地点

石刻群中刻有北朝纪年铭文的造像碑、许愿文碑、布施碑、塔石铭题等共 30 余通。其中纪年最早的是北魏宣武帝永平二年十一月《胡保兴造像石》，纪年最晚的为北宋天圣九年（1031）的造像。胡保兴造像石为方柱形，上部收分，四面均中上部凿龛，佛龛为平圆拱形，龛楣为尖拱形；造像分别为一佛、一佛二菩萨、二佛、一交脚弥勒菩萨，高肉髻、着通肩衣，佛结跏趺坐，施禅定印，下部刻许愿文。这些文字铭刻，为南涅水石刻的分期断代及深入研究提供了重要依据，为研究当时佛教在上党地区的传播发展提供了具体材料，也为研究当时本地区以及全国的宗教、艺术、书法、文字演变等提供了翔实的实物佐证。

1965 年 5 月 24 日，沁县南涅水石刻群被确定为山西省重点文物保护单位。1989 年 10 月，国家、省、市有关部门拨专款在沁县城南二郎山修建"南涅水石刻馆"予以保存。

c、北魏建义元年造像碑记（图 19）

北魏建义元年（528）立石。砂石质，碑高 80 厘米，宽 52 厘米，厚 19 厘米。圆首，正面及左侧上部开设佛龛。正面龛为圆拱形，浮雕一佛二菩萨；侧面龛亦为圆拱形，龛楣阴刻火焰纹，浮雕一佛结跏趺坐，持禅定印。碑正面及左侧下部刻许愿文，17 行，满行 11 字；右侧面 6 行，刻佛弟子姓名 12 人。书法古拙浑朴。现存黎城县文博馆。

d、《王天扶等造像题记》（图 20）

镌于东魏天平三年（536）。1958 年在沁源县东南 28 公里柏木乡南 100 米处寺庙废墟中出土，同时出土的石刻约 20 余件，大都漫漶，此碑为其中较完整清晰的一通。碑额身一体，一半埋于土中，仅见一面，高 169 厘米，上宽 68 厘米，下宽 74 厘米，厚 27 厘米，额雕双螭首，中为佛龛、雕佛及菩萨、力士等。下栏高 43 厘米、碑文正书 18 行，满行 11 字，字径 2.5 厘米，共 193 字。碑文主要记述造像之概况、时间及为亲眷祠佛祈福诸事。其书刻不拘成法，字体似隶非隶，似楷非楷，似在有意无意之间形成一种独具一格的书体，其结字多取横式，体形稍扁，用笔方硬，笔道粗壮，刀凿痕迹毕露，书体刚劲淳朴、雄浑古穆，乃方笔魏楷之佳品。

（四）山西北朝墓志

北魏王朝特别讲究地下埋幽，于是墓志铭风行于世。墓志铭简称墓志，是古代墓穴里的石刻碑文，一种悼念性文体，由"志"和"铭"两部分组成。"志"多散文，记叙逝者姓名、籍贯、世谱、爵位以及生平功略。

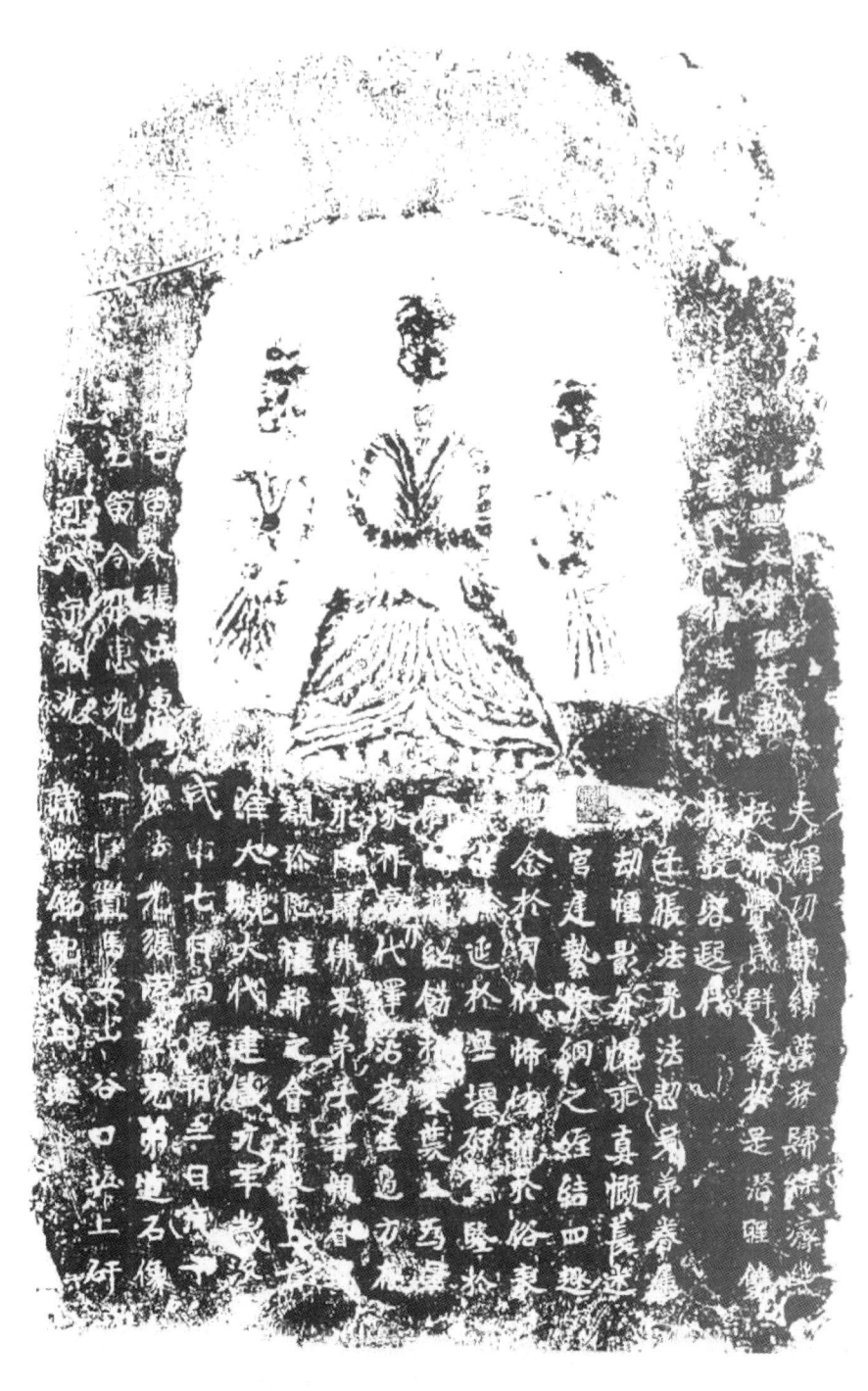

图 19　北魏建义元年造像碑记

图20　北魏王天扶等造像题记

"铭"多韵文,通常使用满是诗赋味道的四言韵语概括全篇,对逝者做一番综合评价,表示悼念和赞颂,大都是不切实际的褒言谀语。墓志作为埋入地下的刊碑,"铭记见存",以备"陵谷变迁",而"丘垄可视"。

从考古发现看,墓志的原始雏形刻铭墓砖早在战国时期即已出现,在西晋末年发育成熟,进入具有完整形制的定型期,但是真正勃兴则是在南北朝时期,特别是北朝墓志最为流行,其中以北魏数量居多。究其原因:其一,碑禁在先。东汉后期,厚葬之风盛行,劳民伤财,朝廷诏令禁碑。三国时期,魏王曹操提倡俭朴、薄葬,禁止为个人树碑立传,一般的士大夫阶层遂将死者的生平及歌颂文辞镌刻于一较小的石面上,此石置棺内随葬,后经出土,称为墓志。墓志至南北朝阶段渐趋定型。北魏迁都洛阳后,褒扬圣德,兴厚葬之风,朝廷对臣僚丧事大行赏赐,随之墓志碑铭勃兴。其二、胡族汉化。北魏葬俗的汉化使得相关的埋葬制度亦趋于中原原有之定规，墓志礼俗也由此得到了继承与发扬，以至于墓志在北魏成为重要的丧葬文化之一。其三、故土情结。北魏孝文帝迁都后，革除鲜卑旧俗，改变鲜卑族人丧葬地点，隔绝鲜卑族人故土之恋，而北朝士族重厚葬，或褒扬先世，或显露家业，因帝王允许刻碑，所以鲜卑族统治者及其士、民为求死后能归葬故土、留名万世，兴起了大刻墓志的风气。于是，还乡之愿与好名之心并托于墓志，因而北魏时期留下了大量的世俗墓志，这也成为北魏书法遗存的集中体现。

北朝墓志较为讲究，由两方正方形石相合，平放墓道，上面的称墓志盖（南朝的墓志无盖，只有墓志），盖上的标题多以装饰性篆书、隶书书写，性质如同碑之额；下层称"底"，底部用来刊刻墓志铭，如同碑之身，书体多为楷书或隶书。北朝墓志是当时葬俗的表现，由于墓志铭是埋入圹内，大抵而言碑石较小，字体精致，又一直埋于地下，免遭风雨侵蚀及人为破坏，所以不易损毁，出土时大多都还像新的一样，字迹很清晰。较之造像，墓志更保留了当时铭石书的面貌。由于大多数墓志详尽记载了墓主的血缘关系，包含墓主的籍贯、家族世系，反映了一个家庭迁袭、繁衍和变化情况，是考证姓氏源流和历史人物的重要史料。因此，墓志具有很高的文献价值。已出土的北朝墓志形制独特，具有丰富的历史文化内涵，对其进行研究和探讨对于我们认识古代社会有着极为重要的意义。

近年来陆续在山西雁北地区的大同、晋中地区的太原、榆次及晋南的闻喜、万荣等地陆续出土了北朝墓志，其内容反映了当时的社会生活和墓主人生前的生活画面。在这些北朝墓志中，还出现了一些加盖墓志，有的盖上刻死者官爵、姓名，代替了题额。这些墓志志文完整讲究，书法精美，刊刻规矩，可称上乘之作。墓志虽小，但表现出明显的正统和高贵气质，这和墓主人的身份，大多为显宦、将军、贵戚有直接关系。

大同地区出土的北朝时期的墓志重要的有《平国侯韩弩真妻王億变碑》《司马金龙墓表及墓志》《封和突墓志》《元淑墓志》《高琨墓志》《孙恪墓铭》《申洪之墓铭》《司马金龙妻钦文姬辰墓铭》等。榆次地区有《北齐太妃墓志》《北齐韩买奴墓志》，襄汾有《裴良墓志》，运城有《裴子诞墓志》《裴子通墓志》《裴子休墓志》，永济有《赵孟墓志》。太原地区有《辛祥墓志》《辛祥妻李庆荣墓志》《辛凤麟妻胡显明墓志》《刘懿墓志》《夏侯念墓志》《高敬容墓志》《张海翼墓志》《贺拔昌墓志》《柳子辉墓志》《窦兴洛墓志》《张肃俗墓志》《贺娄悦墓志》《库狄回洛墓志》《斛律昭男墓志》《尉娘娘墓志》《窦兴落墓志》《刘贵墓志》《狄湛墓志》《孤独辉墓志》《库狄业墓志》《韩裔墓志》《韩念祖墓志》《娄睿墓志》《徐显秀墓志》《□憘墓志》《魏演墓志》等。

1、大同地区出土墓志及形制

北魏早期平城时期的墓石，尚无见称"墓志"或"墓志铭"者，如《孙恪墓铭》《韩弩真妻王亿变碑》《申洪之墓铭》《钦文姬辰墓铭》《陈永夫妇墓铭》等。平城早期墓铭的这些名称一直延续到差不多十年后的太和八年(486年)的《司马金龙墓铭》。第一例称墓志铭的是1980年在云冈石窟附近的小站村出土的魏宣武帝正始元年504年的《封和突墓志铭》。

北魏平城时期的墓石形制以多样化为特点，并无统一的形制。究

其原因,这与其文化相对落后,以及一向提倡的"内则方丈,外裁掩坎"的简俭葬制有关。拓跋宗室及代人墓葬不设墓石,另外,北魏的京畿平城是一个多民族的聚居地,居民成分非常复杂,即便是汉族士人,也是来自不同的地域或政治集团,墓石的形制势必反映不同地域、不同阶层的习俗习惯。从大同考古发现的北魏墓志,初步划分为四种形制,即碑形、高框形、砖形、方形。

a、碑形

《平国侯韩弩真妻王亿变碑》(见图5),虽然尺寸不大,但却是标准的碑形。其上为圆弧形,有篆额"平国侯韩弩真妻碑"八字,额上是双龙交尾戏珠螭首,有碑座。这种碑形墓石,我们是否可以或即北魏平城时期墓石的基本形式。因为不仅《韩弩真妻王亿变碑》是碑式,而且比它晚三十多年的《司马金龙墓铭》《墓表》(见图7)也是这种形式。甚至迁洛以后归葬平城的《封和突墓志铭》(见图10),北魏的京畿平城,名称是新的,而样式却仍然是碑形。更后一些的宣武帝永平元年(508年)的拓跋魏皇族裔孙平城镇将《元淑墓志》(见图9)也是标准的碑式墓志。

b、高框形

《申洪之墓铭》(见图6)和《孙恪墓铭》(见图4)即是。此种形制的碑石为方形或长方形。特点是将铭心凿凹铲平,然后书刻铭文。四边则留有凸起的高框。宽2-3厘米,高2厘米许,颇类现在的镜框。不知东晋南朝和洛阳北邙志石中有此形制者否?

c、装饰型砖铭(图21)

砖形墓志主要是指山西大同北魏平城时期墓葬中出土的带有文字的砖瓦,这种砖铭应该是墓志正式定型前的一种过渡形式。大同地区的北魏平城墓砖主要有《丹阳王墓》《宿光明墓》《王羌仁墓》《王斑墓》《王礼斑妻墓》《叱干渴侯墓》《陈永夫妇墓》《宋绍祖墓志》《屈突隆业墓》《阳成惠也拔墓》《盖天保墓》等。《陈永夫妇墓砖铭》形制殊为奇特：墓铭由两块 29×14.5×6 厘米的大砖刻制而成。下为铭砖，铭面略凹，四周带框，框宽约 3 厘米，高不足 1 厘米，上下为平框，左右则呈锯齿形。上为盖砖，与铭面相扣部分平整而微凸；左右亦为锯齿形，与铭砖之锯齿相咬合。铭砖和盖砖上侧面分别刻有两组精美的忍冬纹饰。此铭大而分之亦可归于高框形墓石类，唯其为砖质，且有盖，又极富装饰性，故别列一类。

d、方形墓志

此种形制是比较规范的一种，如《钦文姬辰墓铭》（见图 3），长宽只差 2 厘米，基本上是正方形。此种形式与东晋和南朝的《谢鲲墓铭》《高崧墓铭》《王兴之夫妇墓铭》等相类。

《司马金龙墓志》《墓表》（见图 7）

均系魏孝文帝太和八年（484）十一月随葬，这是出土的魏宗室王公志石中年代最早的一种。1965 年在大同市城东 6 公里的石家寨村出土，墓表高 49 厘米，宽 45 厘米米，楷书十行，每行七字。墓志高 45 厘米，宽 55 厘米，楷书九行，每行八字。碑石字迹完好，出自一人之手笔，书刻俱精。用笔以方笔直势为主，兼以圆笔曲势，字体呈扁方形，隶意极浓。横画左低右高，两端方粗，蚕头燕尾，全承汉隶笔致。结字安排，出奇制胜，形成了体势刚健，高古典雅，气势雄浑的气度。

《司马金龙墓表》《墓志》，为贵族墓志，刻工精良，因此这两块石刻可能代表了当时书法的最新状态，反映了北魏早期书法所具有的楷隶风貌。它上承隶书下启洛阳楷书,既融合了北方少数民族的粗犷剽悍之风,又渗透了中原家文化的温文尔雅、刚正不阿,呈现出古朴、自然、刚劲、雄壮的风貌。这种风格在众多的北魏碑中,只有从河南淇县的《吊比干文》的字里行间,才能寻得几分踪迹。后者与前者相较,除字形变长,隶意减少外,用笔如出一辙。据此推断,《吊比干文》与司马金龙墓碑很可能是同一位书法家的手笔,只是略有变化。从这一变化中,能使我们看到魏碑由隶化楷的演变和成熟过程。因此,把它称作北魏早期书法的代表是当之无愧的。表和墓志的书写人,据推测是北魏大书法家刘芳,因为他与当时执政的文明太后、司马金龙等人保持着极为友好的关系。

2、太原地区出土的北朝墓志

山西晋阳(今太原)自古以来就是民族交流融合的枢纽,埋葬在晋阳的北朝高官,绝大多数是来自漠北草原和六镇地区的鲜卑或敕勒等游牧民族,他们在北朝后期社会动荡和民族融合的历史进程中,已经基本汉化,视晋阳为家乡,其子孙更是以此地为籍。近年在太原地区出土的北朝墓志,其重要的有:北魏《辛祥墓志》《李庆荣墓志》《刘懿墓志》;北齐《夏侯念墓志》《高敬容墓志》《贺拔昌墓志》《韩买奴墓志》《柳子辉墓志》《窦兴洛墓志》《张肃俗墓志》《贺娄悦墓志》《库狄回洛墓志》《斛律昭男墓志》《尉娘娘墓志》《刘贵墓志》《狄湛墓志》《张海翼墓志》《孤独辉墓志》《库狄业墓志》《韩裔墓志》《韩念祖墓志》《娄睿墓志》《徐显秀墓志》《□憘墓志》《魏演墓志》等。这些墓主人大多身份特殊,地位显赫,特别是太尉、顺阳王库狄回洛墓,太尉、东安王娄睿墓,太尉、武安王徐显秀墓,是高齐政权的核心人物。

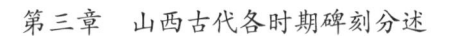

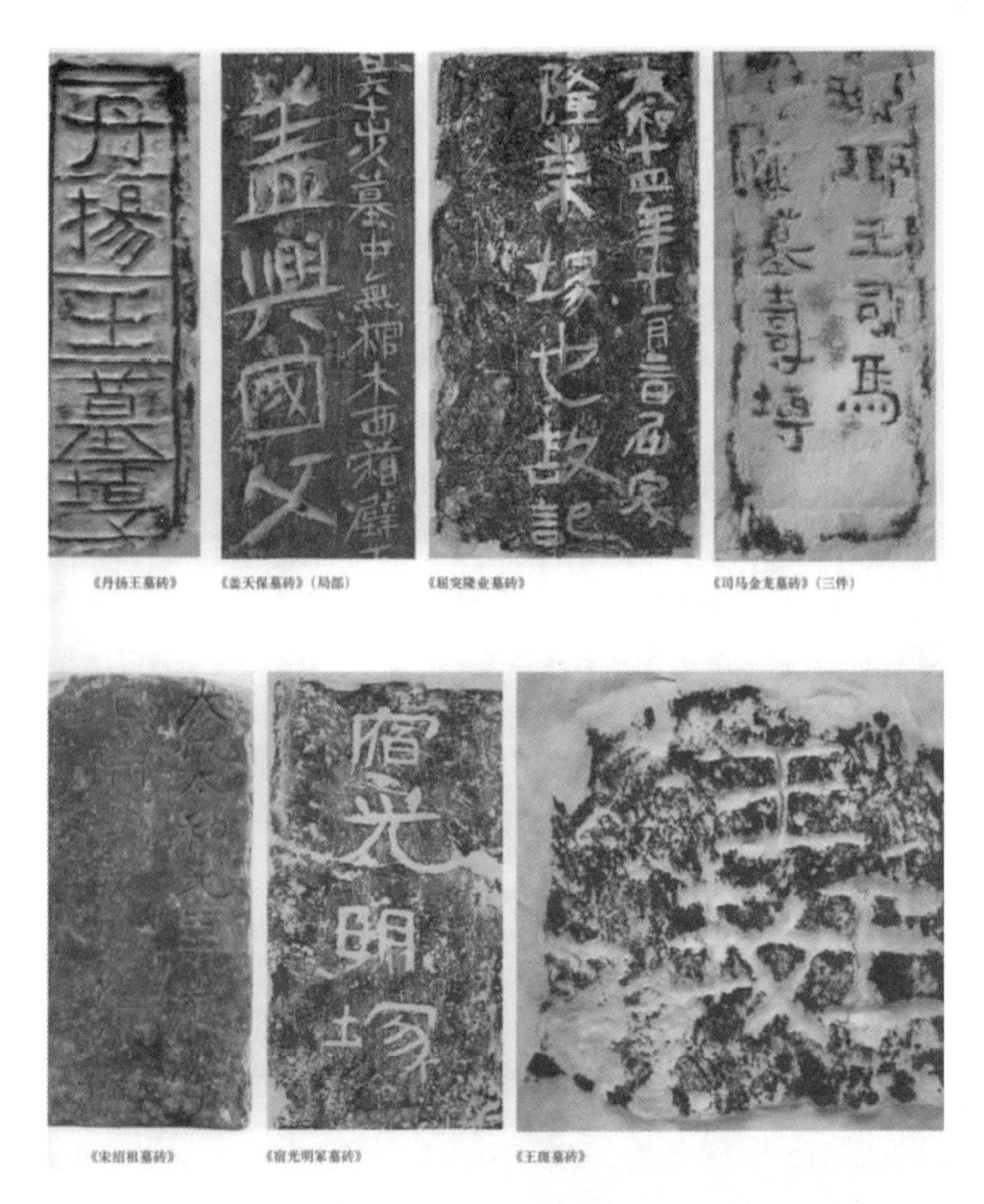

《丹扬王墓砖》　《盖天保墓砖》（局部）　《屈突隆业墓砖》　《司马金龙墓砖》（三件）

《宋绍祖墓砖》　《宿光明冢墓砖》　《王庚墓砖》

图 21　大同出土墓砖

北魏《辛祥墓志》及夫人《李庆容墓志》(图22、23)

1975年,在山西太原南郊东太堡砖厂考古工地发掘出土了北魏年间的墓志两通,即辛祥及夫人李庆荣墓志。据太原市文物管理委员会王天麻先生介绍,1973年冬,曾在东太堡砖厂同一墓地出土有辛凤麟夫人胡显明的墓志,惜志石已毁,仅得残石两块及志盖,幸得太原砖厂梁纪秦保存原拓一份。从《辛祥墓志》可知辛凤麟为辛祥父辈,当葬于同一祖茔,也说明了此处为北魏辛祥家族的墓地。

《辛祥墓志》,全称《魏故征虏安定王长史义阳太守辛府君墓志铭》。刻于北魏神龟三年(520年)。志盖作盝顶式,志石长73厘米,宽75厘米,有方格,志文34行,满行33字,共计961字。现藏山西省博物院。

志主辛祥,《魏书》有传,附于其祖父《辛绍先传》,与墓志可互相参证。辛氏原籍陇西狄道(今甘肃临洮县东北),辛绍先时定居晋阳,辛凤达由是得为并州中正,其籍贯为晋阳矣。辛祥生于和平五年(463年),历任郢州刺史、龙骧长史、义阳太守、华州刺史、征虏将军、安定王长史。北魏神龟元年(518年)卒于洛阳,正光元年(520年)迁于太原,与先卒的妻子李氏合葬。辛氏亲眷多为官,墓志对南北朝历史、地理、民族关系和官僚士族之攀附情况的研究,都有一定的史料价值。墓志关于辛祥战功的记载,对澄清北魏与萧梁间复杂的往来攻战也有一定的作用。

图22 辛祥墓志局部

图 23-1　李庆容墓志

图 23-2　李庆容墓志局部

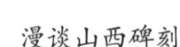

《李庆容墓志》全称《魏故义阳太守辛君命妇陇西西李氏墓志铭》，高60厘米、宽54厘米，志文16行，满行18字，共280字。其书体为方笔魏楷，结构古朴凝重，运笔苍劲奇伟，楷法中微见隶意，拙朴间流露隽秀，为方笔魏楷的佼佼者，堪与龙门四品之《孙秋生等二百人造像》《杨大眼造像记》等相媲美。

李庆容高祖为李暠，曾祖李翻，祖李宝，父李辅，他们分别见于《魏书》卷九十九《私署西凉王李暠传》、卷三十九《李宝传附三子辅传》，可以看出其家世自祖入魏，一门显贵，名重当世。

三墓志的书法，皆属魏楷，但在笔画、结体和风格上略有不同，辛祥夫人李庆荣墓志属于方笔魏楷，其结体古朴，笔法刚劲，拙中藏秀，楷揉隶意，乃方笔魏楷之佼佼者。而辛祥、胡显明两墓志属于圆笔魏楷，我们可以看出这两通墓志书风发生了些许变化，受到南朝书风的影响，魏碑初期那种雄健粗犷之风为之一变，渐趋端正秀雅，开后世楷书之先河。胡氏墓志笔法遒劲，发乎自然，与同期的《崔敬邕墓志》结体相近，运笔更显潇洒。辛祥墓志结体严谨端庄，颇类同期的《元晖墓志》，然运笔精妙多姿，意象奔放，于端凝刚劲中见秀逸之气，乃圆笔魏楷之佳作。

《辛祥墓志》因湮没日久，面世甚晚，鲜为人知，故见于著录的评价不多。但作为魏碑中成熟的楷书作品，洗脱隶意，以纯熟的楷法，结体运笔神形兼备，以魏楷力作卓立于书法之林，有如志文中语："陵谷有徙，金石无忘。"

第三章　山西古代各时期碑刻分述

图 24-1　刘懿墓志

图 24-2　刘懿墓志局部

刘懿墓志（图24）

全称"魏故使持节侍中骠骑大将军太保大尉公录尚书事冀定瀛殷并凉汾晋建陕肆十一州诸军事冀州刺史陕肆二州大中正第一酋长敷城县开国公刘君墓志铭"，东魏兴和二年（540年）镌。墓志石质细密坚实，右上角裂残磨损，志石高63.5厘米、宽57厘米、厚10厘米。志文镌刻甚工，行32，每行33字，共896字，字间浅刻细线界格。

刘懿是北魏后期人氏，弘农华阴人，《魏书》无传。《北齐书》《北史》有《刘贵列传》。经有关专家考证，刘懿、刘真，当属同一人。其理由为：刘懿、刘真所处时代、经历、事迹、官职、迁葬地基本相同，只是详略有别。其二，刘懿、刘真卒年、月及其长子"元孙"，次子"洪徽"的姓名，史载与志文也完全相同。另外，墓志称刘懿字贵珍，史籍中称刘真，可能为修史脱字所致。《山右石刻丛编》刊行时，做了详细的核对，均可互相参证。脱字之误，在《魏书》《北齐书》都有发生。

据墓志我们可知，刘懿青年时代，在怀朔镇与高欢、尉景、孙腾、侯景、司马子如等为莫逆之交，《北齐书·神武纪》中曾有记述，六镇起义之后，刘懿虽曾依附尔朱荣，荣宠一时，但归顺高欢之后，仍为高欢器重，原官依旧，新禄有加，并结为姻亲，荣显富贵，显赫当时。

《刘懿墓志》出土时，正值帖学盛极而衰，碑学大兴之际，此时的书家创造出以雄强的北碑为基础的书风，宗法北碑者尤多。康有为曰："迄于咸同，石碑学大播，三尺之童，十室之社莫不口北碑，写魏体，盖俗尚成矣。"所以，《刘懿墓志》出土不久，便传播海内，誉为魏碑名刻之一。

通观志文书法，在笔画、结体和风格上，刘懿墓志多以方笔入字，行笔劲健而秀雅，凝重而有张弛，运笔行折处，稍做转换，或方或圆，回转自然，形成体方势圆寓巧于拙的态势；其结体，结构严谨，循北碑庄重严谨的体势，骨架平正，重心平稳，形态方正宽博，稳重俊美，表现出气韵生动，意态庄和、雍容典雅，气度不凡的风貌，是魏刻之上乘之作。

《刘懿墓志》，由于镌刻年代较晚，可以说是魏碑书体已臻成熟的时期，笔法以简练著称，字体稍微耸肩。这时期的书风，在不同程度上，受到南朝书风的影响，使得魏碑初期那种雄健粗犷之风而渐趋端庄秀雅，开隋唐楷书之先河。书家对此给予高度的评价，特别是康有为作慧眼宏评："《郑文公》《敬使碑》《刘懿》诸派，荟萃为一，安静浑穆，风度端凝，此六朝集成之碑。"

《刘懿墓志》于清道光年间在忻州九原岗出土。初归太谷温氏收藏，后被忻州焦解元丙照购得，藏于家中。民国年间，山西祁县渠家在太原开设"书业诚"书店，曾去忻州翻拓墓志出售，并依原石复制墓志一方。1962年山西省博物馆自忻州王连喜处购回珍藏。后又将"书业诚"复制的墓志征集回馆，真假俱在，鱼目难以混珠。

3、重臣贵戚的北齐墓志

北魏末年到北齐是一个各种政治力量重组、社会重构的关键时期，库狄迥洛、娄睿、徐显秀，作为这一历史时段的参与者，其生平不可避免地打上了时代的烙印，而三者的身份又恰恰代表了当时社会的三种势力，作为部落首领的库狄迥洛，作为宗室外戚的娄睿，作为凭军功上位的汉人徐显秀，他们都在这场变革中，走上了权力的核心部位，成为构成新兴北齐的重要人物。墓志内容除了反映出个人生平、所历官爵外，更为我们提供了北齐政治势力构成等重要信息，为研究北朝晚期历史提供了可贵的资料。

图25　厍狄回洛墓志

库狄回洛墓志（图25）

全称《齐故定州刺史太尉公库狄顺阳王墓铭》，北齐清河元年（562年）镌。1973年出土于山西寿阳县西南贾家庄（又称福禄庄）库狄迴洛夫妇墓中。现藏山西省博物馆。墓志长、宽均为81厘米，厚11厘米。志盖镌鸟首篆书"齐故定州刺史太尉公库狄顺阳王墓铭"，志文31行，行31字，共930字。

墓志刊载于《考古学报》1979年第3期。赵超先生最早对其进行释读，释文收于《汉魏南北朝墓志汇编》一书中。惜因墓志出土时间较早，志石本身有不同程度的破碎。这三盒墓志，分别记载了墓主人库狄迴洛及其妻斛律氏、妾尉氏的生平事略，其中出人意料地佐证了关于朔州曾寄置于并州寿阳的记载，也说明了当时的朔州城就在今寿阳城。

库狄回洛，《北齐书》《北史》均有传记，但较墓志记载均甚疏略。墓志对其生平记述较详，唯其对尔朱荣父子事迹为墓志所隐讳，单表对高齐集团之功，故其履历只从26岁投奔高欢时说起。志称，迴洛为朔州部落人，祖为大酋长，父为小酋长。高欢举兵信都后，拥众归欢。韩陵之战后，以军功封顺阳县子；因征讨山胡，又升任朔州刺史；破宇文泰于河阳，转授夏州刺史；高洋受禅，任建州刺史；高演继位，封顺阳郡王；高湛登基，复任朔州刺史，转太子太师，病死于任上。死后追赠大将军、太尉、定州刺史。

迴洛之妻斛律昭男，朔州怀朔人，父为第一领民酋长可知陵，东魏武定元年授武始郡君，武定三年病逝于夏州，终年33岁。回洛之妾尉娘娘，恒州代郡平城人，世酋漠表，父为东徐州刺史尉天生，北齐天保十年卒于晋阳之里，葬于并州三角城北，终年51岁。河清元年八月，回

洛并其亡故妻妾合葬于"朔州城南"。

库狄迥洛是三人合葬墓,库狄一妻一妾,出土于寿阳城西南。在墙上嵌着三块墓志铭的名字分别是"齐故定州刺史太尉公库狄顺阳王墓铭""齐故库狄氏武始郡君斛律夫人墓志铭""齐故郡君尉氏墓志铭"。在三方墓志中所见的姓氏,除库狄氏外,尚有可氏和尉氏,这些姓氏对北朝胡姓的研究,特别是对可氏的研究增添了新的资料,使我们对仅有二十余年历史的北齐社会的政治、经济、文化等方面提供了新的资料。

库狄夫妇三墓志的书法,皆圆笔魏楷,除尉氏墓志以竖直见长外,其余两墓志方正朴茂,浑厚疏朗,当出于一人之手,结体严谨,运笔自如,方正中微见扁平,刚劲间仍现秀美媚,隶书之遗韵仍流丽于点捺之间,乃北齐书法中之佳品。

图 26-1 娄睿墓志局部

第三章　山西古代各时期碑刻分述

图 26-2　娄睿墓志

娄睿墓志（图26）

全称《齐故假黄钺右丞相东安娄王墓志之铭》,刻于北齐武平元年(570年)五月。盖作盝顶式,四角嵌以铁环,篆刻"齐故假黄钺右丞相东安娄王墓志之铭"16字,志石长80厘米,宽82厘米,志文正书31行,每行30字,共866字。1979年出土于太原市南郊区晋源王郭村娄睿墓。娄睿墓规模宏伟,占地400余平方米,墓冢高大,又经夯打,漫历千余载,仍然坚固。墓在太原市晋源区王郭村西南一公里,汾河以西,悬瓮山及太汾公路之东畔。历史上却长期被误认为北齐的斛律金墓,如明嘉靖《太原县志》上记载:"斛律丞相墓在县(指太原县,今南郊晋源镇)西南十五里。"清道光《太原县志》也记载着"丞相斛律金墓在县西南十五里,光之父,封咸阳王。"1979年春,山西省、太原市文物部门的发掘报告中,也是依照斛律金墓组织发掘方案的。发掘结果却是北齐娄睿墓,始证方志记载之误。

据发掘统计,墓葬出土陶俑610件,陶牲畜42件,陶模型16件,瓷器76件,陶器13件,装饰品85件,其他类15件,石刻17件,墓志一合,壁画71幅,约合200多平方米。宏伟壮观的壁画,是娄睿考古发掘的重大收获。

从史书和墓志铭中可以了解到,娄睿,鲜卑人,本姓匹娄,简改称娄。父早丧,随叔父娄昭,参与高欢"信都起义"。姑母娄昭君是高欢的嫡妻,娄睿即为北齐武明皇太后的内侄,他以外戚显贵于北齐。《北齐书·武成纪》《北齐书·列传第四十娄睿传》《北史·娄昭传》均有记述,只是甚疏略,墓志可补其不足。

娄睿自随高欢起义,先为帐内都督,曾平定叛乱,收复炽关,为北齐建立军功，先后封东安王、司空、司徒、太尉。但娄睿以外戚而贵幸，纵情声色、贪污纳贿、滥杀无辜等劣迹而屡免屡迁，最后仍然位登太师。后期历任并州刺史，并州尚书省尚书令、录尚书事，成为能和皇帝在朝堂之上"坐而论道"并"总领帝机"的宰辅重臣，可见是北齐晋阳基业之权贵人物。

从娄睿墓志书法来看确为名家风范，结体方正，运笔凝重，点捺有度，楷隶相揉，其布局行款整齐，古朴典雅，且刻工精丽，俊整峭拔，是魏碑中不可多得的佳品。

图 27-1　徐显秀墓志铭

徐显秀墓志铭(图27)

全称《齐故太尉公太保尚书令徐武安王》，刻于北齐武平二年(571)。2000年出土于太原市东南郊王家峰村。现藏太原市考古研究所。墓志造型极其少见，雕凿出四脚，像个"石桌"。志面长71厘米，宽72厘米。志文30行，行30字。墓志盖已破裂，将破碎的志盖拼在一起，辨释出篆书铭文为"齐故太尉公太保尚书令徐武安王"，确认此墓年代是北齐。将墓志铭进行释读，得知墓主人为徐显秀，是北齐政权高级官员。

徐显秀名颖，忠义郡(今河北北部)人，是一位能征善战的武将军。其祖徐安，其父徐珍，都曾任北魏边镇高级官员。他自幼生长在北地，少年豪侠。北魏末，天下大乱，军阀蜂起，他先投尔朱荣，后追随高欢，作战勇猛，屡建战功，逐步升迁，东魏时成为高欢亲信将领。入北齐后，与西魏前线对峙，建立殊功，封武安王，进入高层。武平二年(571年)在戎马一生，享尽富贵之后，于晋阳家中去世，享年七十岁。查对文献，《北齐书》《北史》和《隋书》均有关于徐显秀的记载，其经历和职官与墓志大致吻合。

徐显秀墓的发现引起了学术界的广泛关注，让人不禁想起二十多年前同样引起极大关注的太原市王郭村北齐东安王娄睿墓。娄睿卒于570年，比武安王徐显秀早一年，徐显秀正是在娄睿卒后接过他太尉一职的。两位墓主人同殿称臣，职位又如此接近，因此两座墓葬具有很强的可比性，无论是墓葬结构还是随葬品、壁画等方面多有相似之处，但因娄氏一族为北齐最显赫的家族，其随葬品更为丰富，壁画气势也更加宏大，刻画更精细。

(五)山西北朝碑刻的书法艺术

山西北朝时期的书法，像一颗耀眼的星光，划过天空。"佛狸以来，稍潜华典,胡风国俗,杂相糅乱",中和静美的汉文化风格,融入了强烈的北方游牧民族豪放泼辣的气息。我们在"平城魏碑"上可以看到,犀利与劲爽的阳刚之气、粗犷刚健和错落自然的线条结构,表现出了雄强泼辣、朴拙浑厚及"铁马西风塞北"的特有风格。

这时期的魏碑书法大部分以斜画紧结、点画方峻为基本特征。行笔中明显表达了侧锋取势、快起急收、长撇重捺、内圆外方等特色,朴拙奇峭,雄浑峻拔,舒扬流宕,风格形形色色,个性极强,艺术成就很高。这种字体既不是秦汉时期的隶书,也不像魏晋的钟王楷书,既非唐楷,更不同于明清馆阁体,完全是别具一格的楷书样式。我们把北魏时期形成的这种风格独特的楷书,称之为"魏碑体"。魏碑体中尤以北魏书法最为发达,最具代表性。由于现存的魏碑基本上属于楷书范畴,因此有时被称作"魏楷"。它是隶书向楷书过渡的关键时期,尤其是北魏时代碑版的书法,是各民族文化的融合体,又是石刻艺术和书法艺术两者完美结合的共同体。这种魏碑体,以方笔为主,后经历了一个演变过程,尤其受到南朝楷书的影响,掺杂圆笔道,字体渐趋圆秀。魏碑上承汉隶,下有唐楷,完整地构成了一种承前启后的过渡性书法体系,对于隋唐楷书的形成与发展产生了相当深刻的影响。历代书家从魏碑中广泛借取精华,用于出新。

山西北朝时期保留下来的一些书迹,上自帝王驾幸的精致碑铭,下至平头百姓的草率瓦文,林林总总,优劣参互,透视着社会生活的方方面面。从《皇帝南巡之颂》的整体面貌可以领略气息雍容,气势张扬,气场雄厚,定是名家所书,既代表了当时庙堂书法的高度,又反映了时代书写的通习,尤其是方笔的运用,应该是普遍认同的表现手段,这对于后来"洛阳体"魏书的形成起到了明显影响。不过,平城时期的楷隶书法毕竟没有形成统一的风格系列。

这一时期的墓志出土很多,书法风格以端庄典雅、雍容沉凝为主流,它们基本以楷体为主,篆书多为碑额,墓志多数为楷书,也有一些书体介于隶楷之间。各自都有相当的数量和规模,明显地表现为由隶书向楷书过渡时所呈现出的独特风貌,在中国书法史上独树一帜。这些魏碑书体是厚葬留下的书法珍品,为后人研究北朝书法留下了宝贵资料,具有极高的历史价值和艺术价值,是书法艺术不可多得的艺术珍品。

总之,北朝刻石的发展,从技术上来说是由粗糙走向精细;从文化内涵上来讲,随着佛教的盛行,随着北朝后期少数民族与汉族的逐渐融合,北方游牧民族入主中原后受中原文化的熏陶,书风逐渐发生变化。北朝的书体,是沿袭汉碑分隶而来,书体朴拙,不尚风流,均守旧法,很少变通。其风格可以分为粗率、雄峻、古朴与工整、俊美、温雅两种风格。具体是碑刻、造像题记以方峻楞厉呈势;墓志多以研美面世;摩崖则以雄伟奇绝而惊心。北朝书体,像隶书又不大像,它去掉了隶书特有的蚕头燕尾;说成楷书,但又缺乏后世楷书的顿挫,其转折更直接,应该说它是介于汉分与唐楷之间的过渡性书体,是汉分至唐楷的桥梁和纽带。它以"魏楷"而名于后世,体现着北方传统文化和纯朴的民风书法风格的独特气质,折射着崇尚儒学传统的精神。与南朝的风流蕴藉、潇洒自如大有不同,崇尚自然和天趣。这也得益于北朝皇帝、贵族对文字规范的倡导和践行,让书法作为一种艺术自由发展。北朝刻石书法之所以长期未被重视,究其原因,或是南朝到唐代皇权及贵族审美追求的反映。清代以后,阮元倡导"南帖北碑"的说法后引起书法界的关注,而后又有包世臣、康有为等学者的附和与赞赏,一时间北碑书法名气大盛。

《广艺舟双楫》云:"太和之后,诸家角出,南书温雅,北书雄健"。相比二王楷书,北碑自然恣肆有之,蕴藉乏之;雄强过之,却典雅未及之魏碑,雄健开张,淳朴古雅,不为成规所缚,得其天然质美,反映的是审美演变,体现的是改革结晶,难道成就卓然,价值盎然,洋洋大观,独步千古的魏碑书法,竟然流光一现,莫非成了倏然过客吗?不会的,事情终归要出现转机,结果是,从湮灭殆尽,到重拾光华,再到大放异彩,魏碑书法的凤凰涅槃到底还是来临了概括性诠解:一是整体气势美。"魄力雄强""气象浑穆",道出了总的精华;方笔结体茂密,"点画峻厚",雄奇角出,突出了整体魄力的雄强;圆笔端庄丰满,强调洞达,突出了浑穆。"魄力雄强"之中寓浑厚之气,"气象浑穆"之外洋溢雄强之感;"精神飞动"是在险峻、端庄、凝重的基点上出现的自然变化,端庄而不矜持,凝重而不刻板。二是笔法美。"笔法跳越",首先讲究曲涩之功,涩中求曲,多曲成线,有强烈的节奏感。"点画峻厚"是必备的形质之功。"骨法洞达"强调用笔的疏而不凋,密而不稠。"血肉丰美",点画强骨丰肌,丰而不腴,瘦而不瘠,全以力出,全以神运。有力方能厚,有力方能涩,有涩方能曲,有曲涩之功始能跳越。"笔法跳越",结体多姿,始能"精神飞动""兴趣酣足"。三是结构美。"意态奇逸""兴趣酣足""结构天成"三美,则是重自然,尚天趣,任情恣性,纵横驰骋(节引自邱振中、吴鸿清主编《书法艺术》),该是多么精辟深邃的阐释啊!

总之,魏碑,雄健开张,淳朴古雅,不为成规所缚,得其天然质美,反映的是审美演变,体现的是改革结晶,价值盎然,洋洋大观,独步千古!

三、承前启后的山西隋代碑刻

隋代结束了南北朝数百年的分裂局面，建立了统一政权。国家的统一、民族的融合进一步促进了文化的融合，南北文化交织，精致的技巧与雄健之风跌宕之势结合起来，由此呈现出新的面貌。

在碑碣刻石方面，隋碑融合了北朝的峻整合南朝的绵丽，熔南北于一炉，具有整齐的结构和舒畅的精神，古意渐失，秀蕴始发。其中隋朝承袭了魏晋的余风和六朝的风格，做了一番大加工，变为隋代的楷书。那种篆、隶早已销声匿迹，不复存在了。可以这样说，到了隋朝时期，楷书才算是一种极其规范化的标准书体，成为中国书法界正楷的一种规范，书法艺术得到新的生命。它开创唐朝正书的先河，对唐朝写正楷的一派影响最深，所以隋代的楷书，在中国书法史上是很关键的一种书体。其文字写法多种多样，涌现出一些上承六朝、下启三唐的名作。在各类碑刻中，隋代书法主要成就也表现在楷书上，构成了隋朝石刻书法的主体，其中隋代墓志较多，碑和造像较少。

据考查，现存世的山西隋代碑志约有30余种，其书法历史、文物价值较高的代表作品有：永济《栖岩道场舍利塔碑》，运城《隋梁州刺史陈茂碑》，闻喜《裴鸿碑》，黎城《宝泰寺碑》，阳曲《洛音修寺碑》。墓志有运城《裴子休墓志》《裴武墓志》，太原《斛律彻墓志》《虞弘墓志》《张车骑大将军公墓志》，襄垣《隋故魏郡太守浩府君墓志铭》，长治《陈雄字隽强墓志》，黎城《□彻墓志》，大同《王慈墓志》，壶关《暴永墓志》，沁源《韩贵和墓志》，汾阳《梅渊墓志》，代县《聂氏墓志》等。

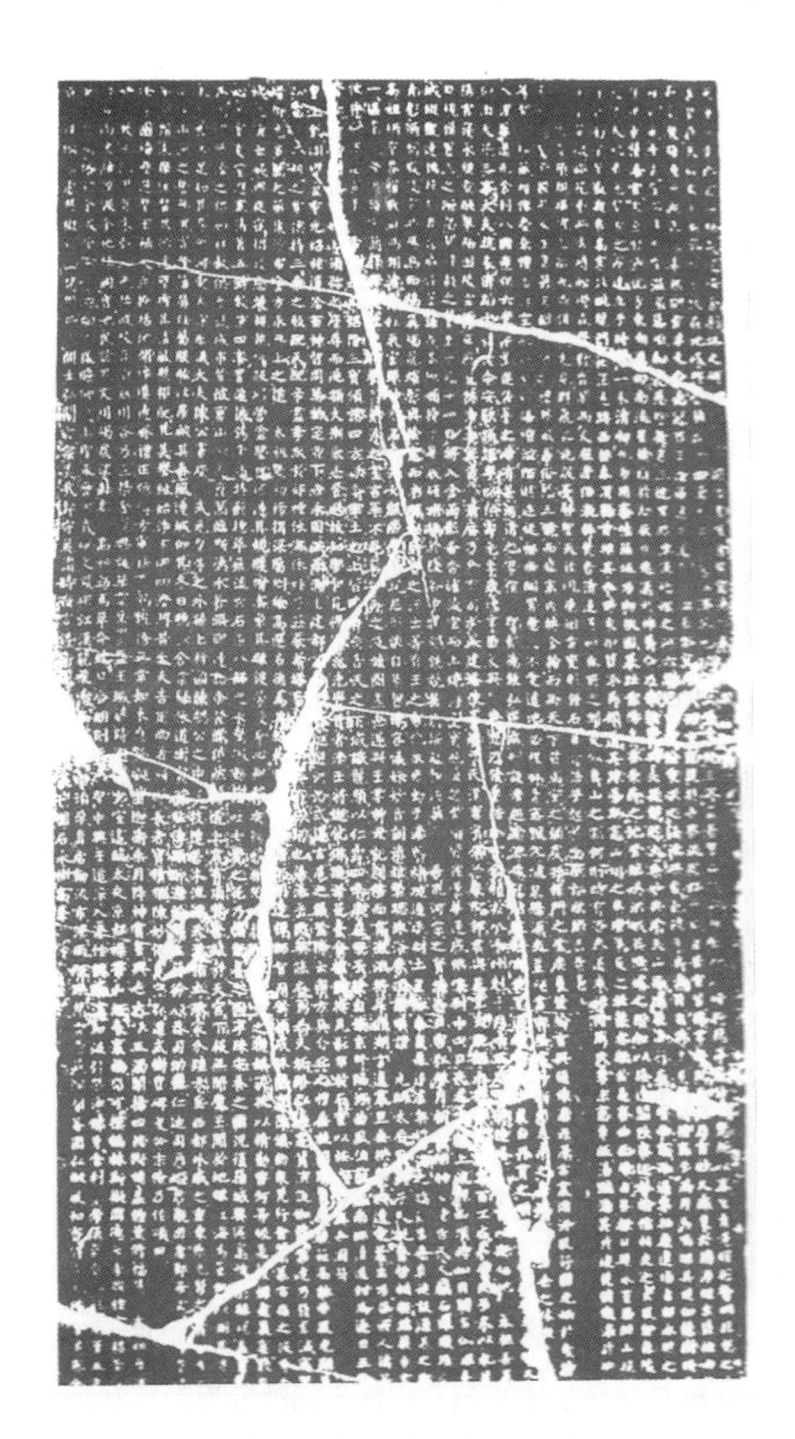

图28 栖岩道场舍利塔碑

栖岩道场舍利塔碑(图28)

全称《大隋河东郡首山栖岩道场舍利塔之碑》。碑原在栖岩寺山门侧建的碑亭内,后移置蒲州城南宝神庙内,新中国成立后移存永济市博物馆至今。

碑额高107厘米,宽115厘米,厚11厘米,篆"大隋河东郡首山栖岩道场舍利塔之碑",四行。碑体、碑座损毁严重,大半埋于地下。原碑石破裂数块,有大裂痕六处。2014年山西省考古研究所的技术人员进行了黏结加固处理。使碑文基本完整,大部分可辨识。因碑石质斑驳,点痕如鱼籽,亦名"鱼籽碑"。身高203厘米,上宽98、下宽113厘米,厚12厘米,有方界格,正书,行35,满行70字,计2400余字。碑文记述杨氏兴建首山栖岩道场与造塔立碑之始末。隋文帝先后"布舍利于八十州",令全国造塔之事。碑之撰者由会稽贺德仁撰写,新、旧《唐书》皆有其传。

栖岩寺位于山西省永济市府城东南12公里的中条山巅,初名灵居寺,隋初易名栖岩寺、栖岩道场,为隋太祖杨忠于北魏孝武帝永熙年间(532-535)建立。杨忠在十八岁时,被掳掠到了江南,一待就是五年,后随北海王元颢回到洛阳,兵败后归尔朱氏,赐爵昌县伯。杨忠历尽艰险,逢凶化吉。他在北魏崇佛重道的影响下,于永熙年间,兴建了栖岩道场。

北周建德三年(574)武帝宇文邕灭法,栖岩寺被毁废。洎隋文帝杨坚受禅,重倡佛道,佛教呈现荣盛的面貌。隋朝国祚虽短,但在政治上实现了自魏晋南北朝分裂以来的大一统局面,当时的社会氛围、隋文帝的统治意象及其父子情节中存在适于佛教发展的客观条件及主观意愿,使栖岩寺盛况与隋代佛教复兴互为表里。隋文帝杨坚一方面秉承先父尊佛遗志，一方面将封建统治者神秘化、合法化，刻意把获得霸业与佛法联系起来，利用佛教作为巩固隋朝政权的手段。仁寿元年（601），文帝首次下诏在全国30个州建立佛舍利塔，栖岩寺即为其一，并在仁寿年间，又三次下诏在全国110个州建造舍利塔，"广建寺塔，广写佛经，广作佛事"。栖岩寺遂成为隋中央政府设立的"四大道场"之一。作为兴佛演法、布道讲经的中心寺庙，栖岩寺佛事频繁，僧俗云集，朝廷的一些重大佛事活动曾在此举行。这里高僧云集，仅唐释道宣《续高僧传》就记载蒲州高僧15位，其中栖岩寺有昙延、道杰、神素、真慧和智通等五人入传。他们披览奥典，开坛讲习，寺宇内外上下和睦，风尘幽静，有隋一代声名远播，丰富了隋代栖岩寺佛教文化和人文历史的内涵，正如此碑所载"听法之侣如林，献供之徒成市"的佛事盛况。史载，隋文帝也常以外国所贡玛瑙施寺为供。唐代佛教文献《法苑珠琳》记载，印度摩揭陀国孔雀王朝的阿育王曾在佛教所及之地建造了8.4万座舍利塔，其中中国共有21座，而山西便有5座，其中之一即为姚秦河东蒲坂塔，原在今永济市栖岩寺舍利塔遗址上。隋"栖岩道场舍利塔碑"记录了隋代这段短暂历史时空栖岩寺的繁盛之貌，为我们了解佛教与佛寺发展，透视隋代佛教复兴态势，提供了可考的历史实物资料。

关于此碑的镌刻年代，碑文无记载，《山西碑碣》考证乃大业四年（608）。隋炀帝次子齐王杨暕获遣，府僚皆被诛责，唯贺德仁以忠谨免罪，出补河东郡司法书佐，因之，断定奉敕立碑，当在大业四年之后不久。另，马衡先生宣统辛亥（1911年）九月六日跋，考证此碑当立于隋仁寿四年（604）十二月，订正清人孙星衍《寰宇访碑录》"仁寿二年"之误。

究竟确切年代,尚待进一步钩沉考证。

　　此碑也无书者姓名,但字体古拙端严,笔致圆润遒劲,虽为楷书,但仍留有隶书的笔意,工稳不苟,法度森严,开"初唐四家"之一虞世南之笔意,具魏碑向唐楷过度的书法风格,给唐代楷书的成熟奠定了基础。

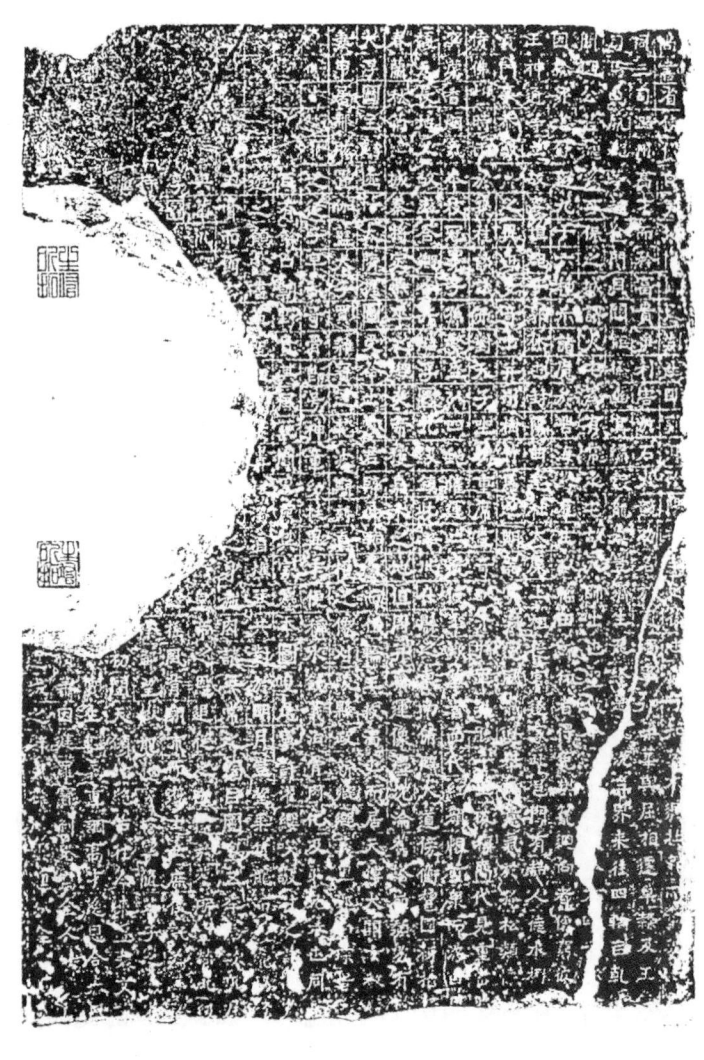

图29　宝泰寺碑

宝泰寺碑(图29)

《宝泰寺碑》镌刻于隋开皇五年(585年)。原立于黎城县城西北4公里古县村,现移入黎城县文博馆城隍庙院内保存。碑首身一石,无座,通高158厘米,宽71厘米,厚20厘米,碑身右上部残缺一块,风化严重。碑首半圆,高61厘米,浮雕双蟠螭拱成半圆形,螭首分垂两侧,中央额面凿华盖式佛龛,浮雕一佛二菩萨;碑身高97厘米,宽71厘米,界格2.7厘米见方,横26格,纵36格。碑文记载重营九级浮土诸事,并记载黎为"炎帝获嘉禾之地"。目前全国发现记载炎帝活动的碑甚多,上党各地也比比皆是,但经考证,百谷山《神农庙碑》和黎城《宝泰寺碑》此两碑为全国记载炎帝活动最早的碑。

碑文字体以正书为主,间杂篆、隶,点划之中带有较浓的隶意,用笔以方笔为主,起势沉劲,行笔健挺,转折处多驻笔重起,方角锐利,显得倔强俊俏,布势注重端方朴拙之美,结字行气敛中而宏外,书风与初唐欧阳询颇多相似,是一通反映文字从魏碑转入唐楷过渡期的代表性碑刻。

图 27-2　徐显秀墓志铭局部

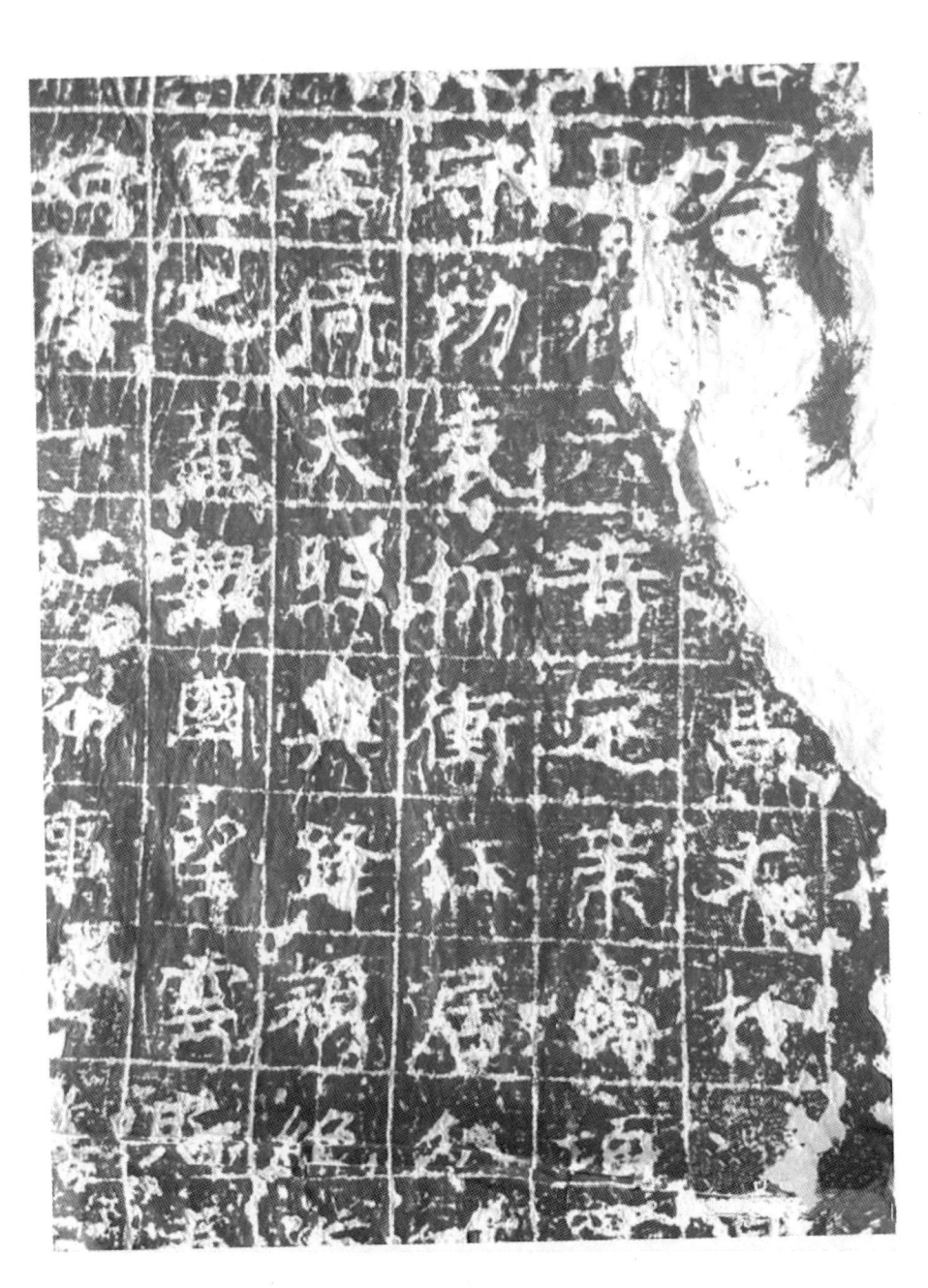

图 30　陈茂碑局部

《陈茂碑》（图30）

全称《大隋上开府梁州使君陈公碑》，立于运城卓里乡陈平庄村外墓地墓冢正南方，无立碑年代。据《金石萃编》载："茂生于北魏永熙三年（534年），薨于隋开皇十四年（594年），即以其年归葬，碑当立于是年。"

碑高195厘米，宽75厘米。文33行，行77字，有界格，楷书。额阳篆"大隋上开府梁州刺史陈公碑"12字。碑详载：陈茂字延茂，猗氏（今临猗县）人，历北周、隋两朝，仕皇家四十余载，累着战功，颇受隋文帝（杨坚）赏识，故文帝为隋国公引茂为幕僚，待遇丰厚。卒后赐葬故里。

此碑无著书撰人名，相传立碑人素崇陈茂，欲以道健笔体显其神韵，碑成后，恐力不从心，故未署名。但该碑书法工整，用笔精劲，峻拔健丽，字划结构，挺拔严谨，气势轩昂，可为楷书立则。此碑一立，远近人士慕名拓帖，后世书法家临摹仿学，风行朝野。宋代欧阳修的《集古录》云："陈茂碑不著撰书人姓氏，而字画精劲可喜。"清金石学家叶昌炽《语石》云："楷书精妙，不减欧虞。曩时，沈子培比部得一通，藏之枕秘。"杨震方《碑帖叙录》二云："笔法方正后劲，足与欧阳询抗手。"1979年，国家文物局公布此碑为全国书法艺术参考名碑之一。

该碑距今1400多年，因常年置于旷野，任由岁月的风雨剥蚀、漫漶着，碑的上截剥泐过甚，几无完字，下截之存字亦不过百余，甚为遗憾。

图 31　斛律彻墓志

斛律彻墓志（图31）

该墓位于今山西省太原市小井峪乡沙沟村西，保存基本完整，出土遗物数量可观。墓主为隋右车骑将军、崇国公斛律彻，下葬于隋开皇十七年（597）。

斛律彻（563-595），原名锺，字智通，朔州狄那人，北齐假黄钺、使持节、都督朔定冀并瀛青齐沧幽肆晋汾十二州诸军事、相国、太尉公、录尚书、朔州刺史。斛律彻家世显赫，曾祖为北齐左丞相、酋长、咸阳忠武王斛律金，祖父系太傅、左丞相、第一领民酋长、咸阳王斛律光。金与光，皆为北齐名将，《北齐书》《北史》有传。父为驸马都尉、特进、开府仪同三司、西兖梁东兖三州刺史、太子太保斛律武都。武平三年（572），斛律光、斛律武都被杀，斛律彻因年仅数岁免于一死。北周建德六年九月（577），斛律彻拜官为使持节、仪同大将军，承袭了祖父斛律光的爵位崇国公，封邑五千户。隋朝建立后，斛律彻官位不变，开皇十年（590），再次拜官为使持节、仪同大将军，加右车骑将军。开皇十一年（592），再度封为崇国公。开皇十五年十一月廿日（595）在大兴城去世，虚岁三十三。开皇十七年岁次丁巳八月巳朔十七日辛酉（597）安葬于并城北面十里。

1980年，《斛律彻墓志》在太原市西南沙沟村出土。盖作盝顶形，镌"故崇国公墓志"六字。志与盖大小相若，长58厘米，宽57厘米，厚13厘米，行24，满行25字，共567字。书法楷隶兼揉，工整拙朴，魏书韵味较浓。此墓的发现，对确定斛律金的葬地有一定的参考。墓志中称斛律彻为斛律武都之子，而《北齐书》和《北史》记载斛律锺是斛律光的小儿子，罗新和叶炜认为这与《北齐书》所记载的"光有四子"相矛盾，斛律锺"周朝袭封崇国公,隋开皇中,卒于车骑将军"的经历与斛律彻墓志中的生平极其相似,且"袭封崇国公"者不可能同时有两人,而斛律彻字智通,锺的反切恰为智通,所以两者可能为一人。隋朝因杨忠而讳"忠"音字,斛律锺因此改名斛律彻也是有可能的,所以《北齐书·斛律光传》记"光小子锺"误。这样,斛律锺并非斛律光之子,"光有四子"也就没有问题了。

北齐时期,晋阳号称"霸府",是堪比邺城的政治中心。与"霸府"的地位相呼应,太原及附近地区出土的北齐墓葬达数十座,其中不乏娄睿墓、徐显秀墓等重要发现。与之相对的,该地区出土隋墓数量急剧减少,太原目前经报道的纪年隋墓仅斛律彻墓与虞弘墓两座,这显然不应被简单归因于考古发掘的偶然性。北齐覆灭以后晋阳地位的下降是该现象产生的大背景,而北周武帝"移并州军人四万户于关中"之举,可能与太原隋墓数量稀少直接相关。

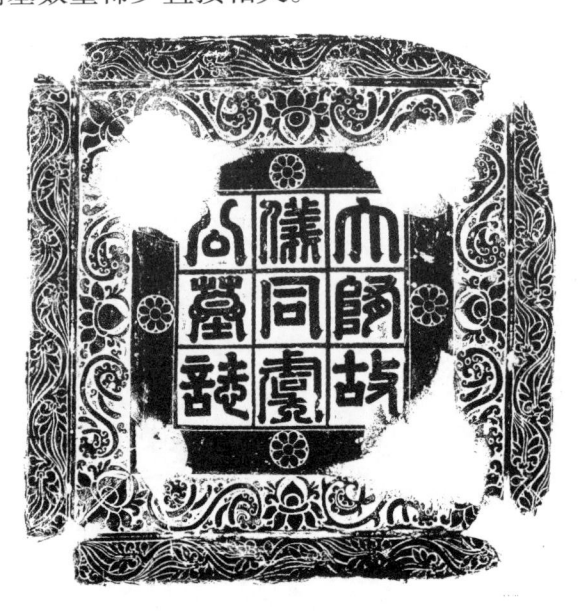

图 32-1　虞弘墓盖

第三章 山西古代各时期碑刻分述

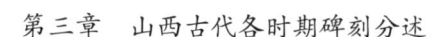

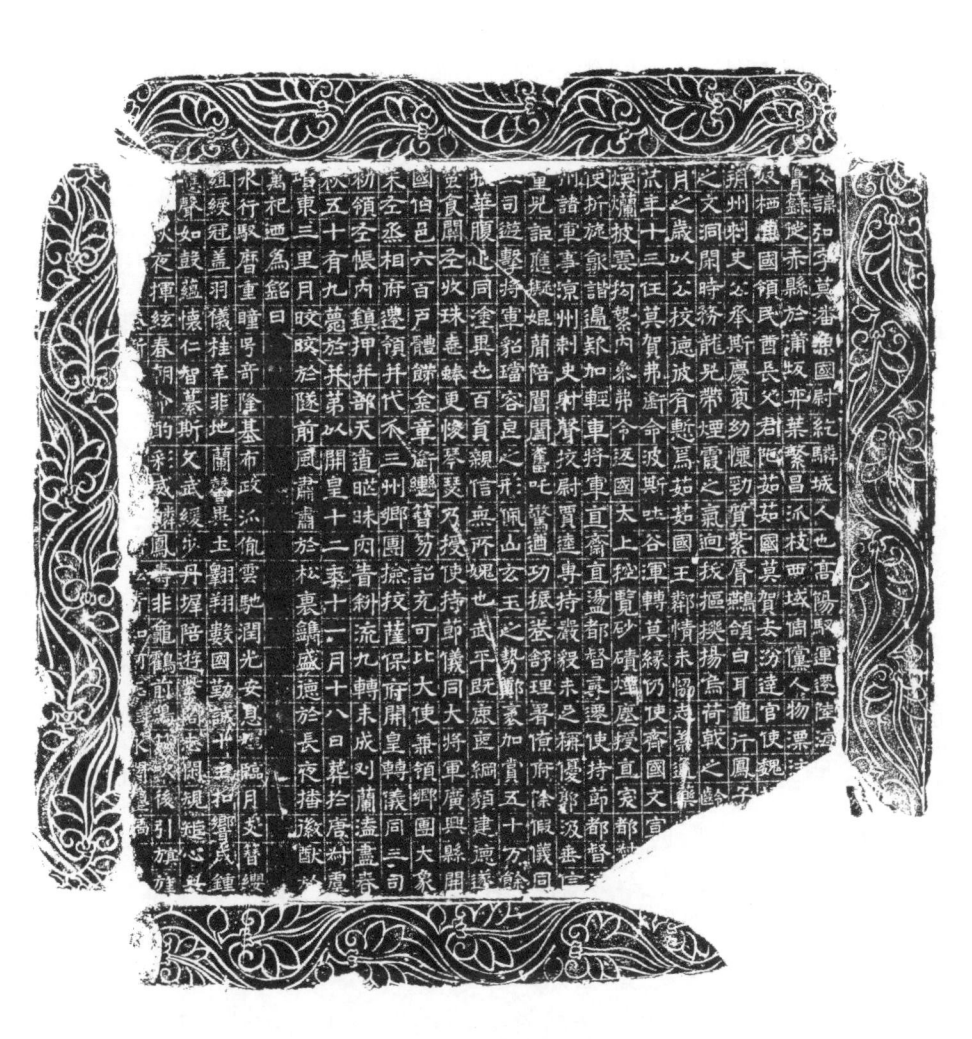

图 32-2 虞弘墓志

虞弘墓志(图32)

1999年,山西省太原市王郭村出土了一座隋代古墓,墓中石椁上面刻满了精美的浮雕。令人惊奇的是,这些浮雕所刻画的人物形象高鼻深目,发型奇特,身着圆领长袍,一派中亚、西亚气象,充满了异域风情。在围屏下面,考古人员发现墓志一方。墓志呈正方形,长宽约为73厘米,除了右下角缺失外,还存有625个字。墓志记载,墓主人名叫虞弘,是鱼国人。于是,一个消失上千年的波斯宗教,一个典籍中没有记载的国度,一个湮没在历史长河中的中亚古老民族,渐渐揭开了它神秘的面纱。

虞弘13岁代表国家出使波斯、吐谷浑等国,具有协调与沟通国与国之间政治、经济、文化交往的才干,是粟特人中优秀的外交家,久居晋阳。在此期间,他除进行商贸活动和管理粟特人聚落之外,还在北齐、北周、隋朝为官司职,历任直突都督、轻车将军、凉州刺史、仪同大将等,"翱翔数国,勤诚十主"。墓志中记载虞弘生前曾任职检校萨保府。萨保原是粟特胡人商队首领的称呼,应该由粟特商业贵族担任。粟特人进入中原后,形成多个聚落,萨保也就成为一个粟特聚落的大首领。后来,中原政府为了管理和控制粟特聚落,就将萨保列入中央政府,成为政府任命的一个官职。

墓志上还介绍了虞弘的故乡及简历。对于石椁人物形象,专家们认为是伊朗高原上的高加索人种,接近印度—地中海种群,这一种群主要分布于伊朗高原等地。而关于虞弘的故乡"鱼国",学者们有不同的看法。墓志称"鱼国",而敦煌曲子词曲牌有《鱼美人》,即后来的《虞美人》,以歌鱼国美人得名。颇疑鱼国本中亚一部落名称,为虞弘一族所出。虞弘一族可能为柔然所役使,辗转入魏,以部落号为氏姓,故自称姓鱼或虞。

墓志书刻精细,系先在石面上用细线阴刻出纵横排列的小方格,然后再在格内书写阴刻。墓志在用字方面也自有特点,从全篇看,前半部为志文,基本为隶书;后半部为铭文,为楷书。隶书模仿汉隶,其中有许多字带有篆字笔意;楷书为标准的楷书,典雅庄重。

太原出土的隋代虞弘墓被评为1999年中国十大考古发现之一。

四、辉煌灿烂的山西唐代碑刻

唐代是我国封建社会鼎盛繁荣的时期,国力强盛、文化发达,经济文化空前繁荣。唐代是中国古代碑刻的全盛期,这一时期的碑刻也呈现出空前繁荣的局面。唐代取消了禁止立碑的禁令,不仅皇帝、朝廷大规模地立碑,民间也盛行立碑,他们追怀往古、彰显当代,昭示未来,或者歌功、颂德、铭人、记,无不体现在超越往古、雄视百代的形形色色的碑刻之中,碑刻成为那个时代的文化景观,也成为令人关注的"现象"。

萌生于先秦时代的"竖石"碑,逐步演进,到唐代进入了完全成熟阶段,形制已基本定型。唐代碑刻首次将撰写人、篆额人、碑文书丹、刊石人、刻石人,作为一种固定的体例形式镌刻在石碑上,碑首、碑身、碑座三分的格局已经成为定制,而且各个部分的造型也有了一定模式。在唐代以前,碑身、碑额绝大多数是连在一起的整块石板。唐代开始,碑身与碑额分离,碑额是用另一块石板压在碑身上,碑座在唐代也十分高大,通常系一大石乌龟。三者有机结合,体现着唐人儒、道、释三教合流的文化思想和相信生命轮回的灵魂观念,对于后世影响深远。唐人碑刻观念的深化,促进了树碑之风的盛行,唐代碑刻因此也兴旺发展,走向制度化。

山西境内唐代的丰碑巨碣分布广阔,造像、墓志、经幢等石刻不可胜数。其原因主要表现在三方面:一是受到了以皇帝为代表的最高封建统治及达官显贵们的前所未有过的高度重视和大力提倡,与魏晋帝王多次禁碑不同,唐代皇帝不仅没有实行禁碑的政策,反而鼓励了碑刻的发展,新的碑刻品类蔚为大观,御制碑刻兴起。如太原李世民《晋祠铭》,浮山唐玄宗《大唐龙角山庆唐观纪圣铭》《玄宗御书裴光庭碑敕》等。二是唐代碑文的内容多以颂美铭功为要,篇幅宏大、辞藻优美、气势恢宏、刚健有力,呈现出泱泱大国的气象,也体现着文人深感生逢其时的文化心理。自太宗皇帝起,往往将撰写碑文当作一项政治任务和礼遇,而文人也将撰碑当作一项殊荣,其为文多从时代政治背景写起,通过时代生活赞颂明君圣主、贤臣良将的文治武功。语多夸饰,行文铺陈排比,气势磅礴、场景浩大,充满着对时代的歌颂,如,运城的《灵庆公盐池碑》描写祥瑞之景,写灵异之事,写浩大繁华之事,歌颂盛世伟业,铺陈排比,雄浑大气、豪壮刚健、充满着开拓进取昂扬奋发的时代精神,寄托着文人的想象力和浪漫的精神追求。三是书法的兴盛,使得碑刻不仅内容广博深厚,而且在书写形式上更为考究,增强了碑刻的艺术价值。这时期碑志书家辈出,流派众多,风格多样,楷、隶、行、草、篆诸体无所不包,书体品类五彩缤纷，从而使碑文化的发展在这一时期达到了我国历史上空前绝后的鼎盛期。

山西重要的唐代碑刻，主要有运城《薛楚玉神道碑》《河东盐池灵庆公神祠颂并序》《泛舟禅师塔铭并序》，浮山《大唐龙角山庆唐观纪圣铭》《龙角山庆唐观大圣祖元元皇帝金箓斋颂并序碑》，闻喜《故益州总管司马裴镜民碑》《裴光庭碑敕》《裴光庭碑》《苏昱德政碑》《移置唐兴寺碑》，芮城《中条山靖院道堂铭》《王颜神道碑》，绛州《碧落碑》，绛县《赠太尉裴行俭墓道碑》，介休《大唐汾州抱腹寺碑》《法兴寺碑》，交城《石壁寺铁弥勒佛像颂》，平遥《大唐故制授洺州司马上柱国马君之碑》，孝义《唐朝上轻车都尉梁君才之铭》，汾阳《郭君碑》、阳泉《封白鸡山记》，平定《妒神颂碑》，榆次《李光进碑》《李光颜碑》，寿阳《神福山寺灵迹记碑》，长治《李抱真德政碑》《刘公元和碑》（未刻完），长子《古慈寺郑王石记》《大唐潞州长子县白鹤观之碑》，泽州《青莲寺慧远法师遗迹记》《碧落寺皇甫曙诗二首》《城隍信士碑》《青莲寺碑碣之所记》《硖石山青莲寺上方院铭记并序》，壶关《佛教造像座铭文》，黎城《唐故处士王君之碣》，平顺《天台庵唐碑》《明慧大师铭记》等。山西比较著名的书家有：薛稷（蒲州汾阴）、裴行俭（绛州闻喜），田琦（雁门）、王维和王缙兄弟（太原）、柳宗元（河东）、裴潾（河东）、卢知猷（蒲州）、薛曜（蒲州汾阴）等人。

（一）御碑兴起

唐代帝王大多爱好书法，自高祖李渊就喜好临池，太宗李世民不仅武功韬略超群，文采出众，并且酷嗜书法，尤其对王羲之书法所表现出浓烈的兴趣。他"尝以金帛购求王羲之书迹，天下争赍古书诣阙以献"；他亲自为房玄龄撰的《晋书》作《王羲之传》。唐太宗不仅自己酷爱王羲之书法，而且让自己的儿孙们也都学习王羲之书法。其后的武则天、唐中宗、睿宗、玄宗等几世皇帝，都不仅钟情书法，而且对写碑书丹也极为爱好和重视。正因为唐代帝王重碑蔚然成风，故而唐代涌现出许多或由皇帝亲自撰文，或有皇帝亲自书丹，或撰文、书丹都出自皇帝，或皇帝降旨敕建的御碑，从而唐代出现了前所未有的御碑勃兴、繁茂的局面。

目前，山西境内最有名气的两通唐代御制碑，一通是位于太原市南郊的晋祠内保存的唐太宗李世民《晋祠之铭并序》，它首开以行书、"飞白"入碑之先河，也成为中国碑文化发展史上的创举；另一通是位于浮山龙角山庆唐观内的唐玄宗李隆基《大唐龙角山庆唐观纪圣铭》，其汉隶八分体书飘逸潇洒，结体紧俏，点画之间自有异趣，实为唐代隶书杰作。

图 32-3　虞弘墓志局部

图 33-1 晋祠之铭并序

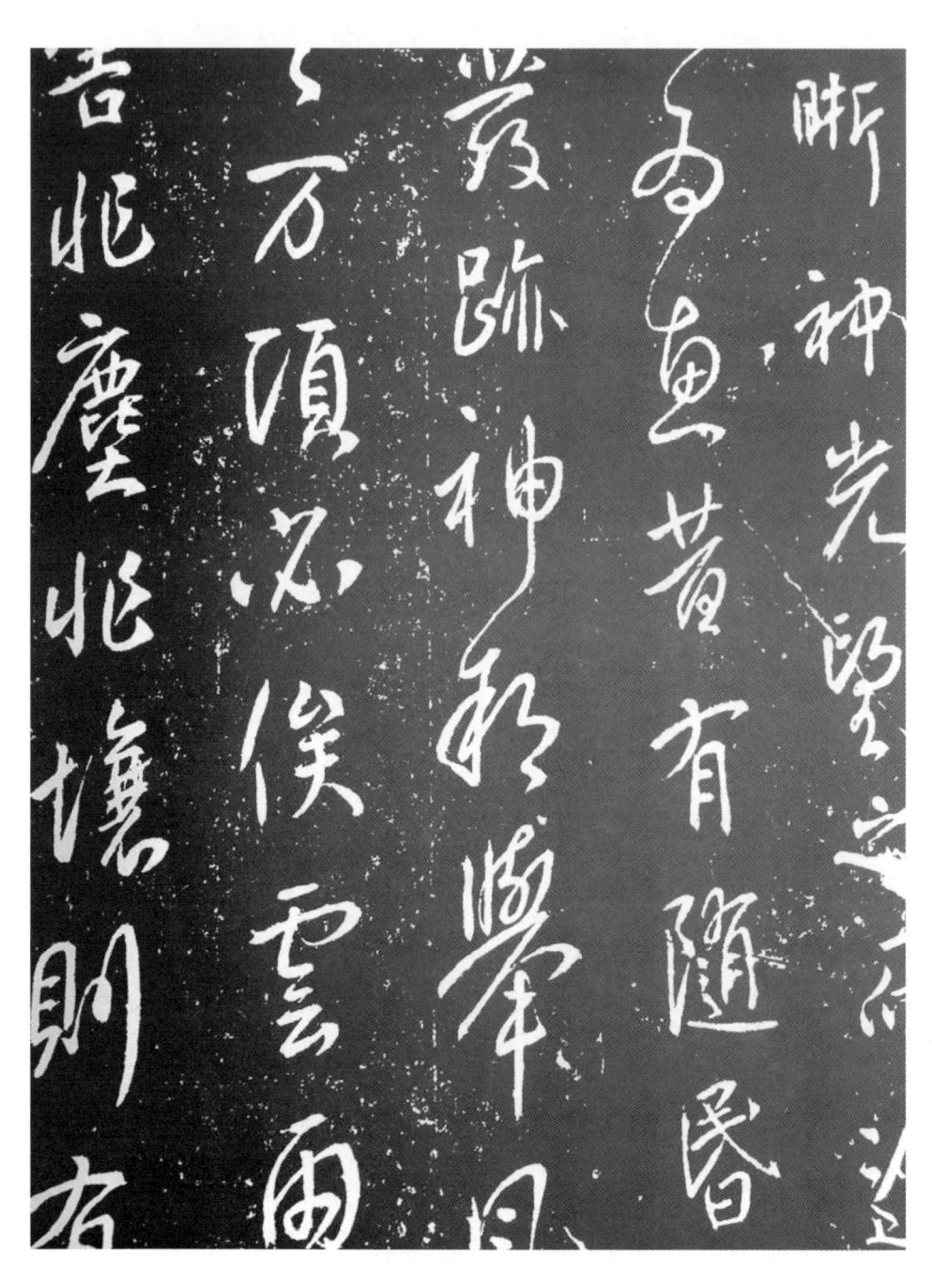

图 33-2　晋祠之铭并序局部

晋祠之铭并序（图33）

《晋祠之铭并序》，碑高195厘米，宽120厘米，厚27厘米。方座，螭首，额书飞白体"贞观廿年正月廿六日"九字。立于晋祠贞观宝翰亭内。唐太宗李世民撰文并书。碑文28行，碑题、铭、序共1203字。碑阴有长孙无忌等七大臣的署名。

晋祠位于山西省太原市西南25公里悬瓮山下晋水发源处，公元前11世纪，周成王封其幼弟叔虞于唐国，虞子燮即位后乃以晋水名国号为晋。后世建祠奉祀姬虞，始名为唐叔虞祠，东魏改称晋祠。隋末唐高祖李渊起兵反隋时，曾经祷祀于此，祈求天神保佑。

贞观十九年（645年）唐太宗东征高丽失败后归晋养病，于深冬十二月，驻跸于晋阳行宫。这日大雪漫天，李世民饮酒赏雪，触景生情，感慨万千，他自思从18岁随父起兵，如今贵为天子，便联想起"发迹神祠"的故事，想起保佑他取得天下的唐叔虞在天之灵。于是在贞观二十年正月二十六日，率领文武大臣到晋祠立碑祭祀，李世民亲撰铭文，以报神恩，写下这篇千古不朽的经典之作，也留下了这通代表他晚年政治思想主张和绝妙书法的千古名碑。此后，李世民身体日衰，三年后与世长辞。

《晋祠之铭并序》为一篇政论文。此碑的铭文、序文实际上是唐太宗对自己一生生平和思想的总结，是对历史的回顾和反思。以政论和抒情相结合，一方面通过歌颂宗周政治和唐叔虞的建国史迹以达到宣扬李唐王朝文治武功，以期巩固唐皇室政权；另一方面也答谢了叔虞神灵保佑李氏王朝"龙兴太原，实祷祠下，以一戎衣成帝业"的冥冥之功。它既是一篇封禅之作，又是一篇对当年李渊祷于祠下的还愿之作。

碑文最为精彩的是序文的中间四段,情景交融,字句精美,富于意境。作为太原公子,李世民的最初政治活动就在晋阳,所以他对晋祠有特殊的感情。碑文中有"碧雾紫烟,郁古今之色;玄霜降雪,皎冬夏之光"。生动形象地把晋祠风光呈现在读者面前。在碑文中唐太宗将山水人格化,以极为优美动人的文笔,对晋祠所在的悬瓮山和晋水尽情地描绘和赞颂,唐太宗对悬瓮山和晋水的赞美,实际上表达了他对帝王应具有什么样的品格的自我追求,是他"仁智"兴邦、"唯贤是辅""唯德是依"治国思想的具体反映。此碑也是研究唐太宗思想的有价值的文献资料。

李世民(599—649)是唐朝第二位皇帝,我国历史上一位杰出的帝王,他不仅把我国封建社会推向鼎盛时期,而且身体力行倡导书法。他是我国历史上的王书第一崇拜者,其酷爱王羲之的书法几乎到了如痴如醉的程度。他曾命内府多方搜购王羲之书迹。据韦述《叙书录》所记,当时收集到王的书迹,真、行书二百九十纸,草书二千纸,皆装成卷凡百多卷,并各钤上"贞观"之印。但他最喜爱的、号称"天下第一墨迹"的《兰亭序》,经多方搜罗未得,一直耿耿于怀。直到后来获悉藏于王羲之七世孙智永弟子辩才处,派监察御史萧翼假扮成文士前去才取得,自此宝爱终生。其间曾命褚遂良等名书家多次临摹,还亲撰《晋书·王羲之传》,谓其书法"尽善尽美","古今第一"。据传,他临终时曾命太子李治把《兰亭序》真迹作为陪葬品。

此碑为唐太宗晚年所书,为其学王书的得意之作。由于李世民雅爱王羲之墨宝,数十年潜心摹学王书,因此颇得王书之笔法。我们从碑中可以看出,其用笔劲挺秀丽,笔画结实爽利,书法浑然天成,毫无做作之态,而结字、运笔、行气都颇似《怀仁集圣教序》。全篇四十个"之"字无一雷同,颇具王体特色。后世认为是仅次于《兰亭序》的行书杰作,是唐太宗书法艺术的代表作品,以其极高的文化艺术价值受到历代文人墨客的仰慕和赞叹。清杨宾《大瓢偶记》谓:"今观此碑,绝以笔力为主,不知分间布白为何事,而雄厚浑成,自无一笔失度。"清王佑《晋祠铭》作诗赞曰:"平生书法王右军,鸾翔凤翥龙蛇绕。一时学士满瀛洲,虞褚欧柳都拜倒。"清钱泳《书学》称:"以行书而书碑者,始于唐太宗《晋祠铭》,李北海继之。"清钱大昕认为:"书法与怀仁《圣教序》极相似,盖其心摹手追乎右军者深矣。"

《晋祠铭》和《温泉铭》是李世民临摹王羲之墨宝最得意的两篇力作,只可惜《温泉铭》早已佚失,只留拓片流传于海外,故《晋祠铭》碑尤为珍贵,其书法遒劲有力,神气浑沦,变化多端。

自《晋祠铭》后,以行书写碑成为一种风气。

(二)书体品类五彩缤纷

唐代书碑勒石蔚成风气,从初唐、中唐到晚唐经久不衰。在这样的氛围中,大批书法名碑如雨后春笋层出不穷。唐代碑刻,具备了各体书法,楷、行、隶、篆、草五体书法俱全。太宗李世民首先用行书写碑,开一代风气。武则天效法唐太宗书《晋祠之铭并序》,操笔书丹于石,以飞白书题额,以草书写碑文,首开草书入碑之先河。

唐玄宗李隆基提倡隶书,他自己写得一手优美的汉隶,在他的影响之下,开元、天宝年间,出了许多隶书名家,如蔡有邻、韩择木、史维则等。他们的隶书,有新的变化,后世称为"唐隶",同时,也有人在恢复魏隶,不过唐碑书法的正宗还是楷书。从魏晋南北朝以来,汉隶逐渐演变成楷书,楷书的字形结构,统一于唐代,所以在书法史上有秦篆、汉隶、唐楷之称,这是中国文字书法演变的三个重要阶段。我们从唐代石碑的字迹上,可以看出各种笔法的渊源。

1、楷书名碑

魏晋以后,随着朝代的更迭与兴盛,楷书进入了一个面目纷呈的阶段。唐代诸书家将魏碑中质朴的风格保留下来,同时又以南派钟繇、王羲之为典型,经过一番融合,优雅而秀美的楷书就成熟了。在山西唐代碑刻中,数量最多的是楷书碑刻,其艺术成就很高,对后世影响也是非常之大。著名的楷书作品有:闻喜《故益州总管司马裴镜民碑》《苏昱德政碑》,运城《薛楚玉神道碑》《河东盐池灵庆公神祠颂并序》《泛舟禅师塔铭并序》,汾阳《郭君碑》,长治《刘公元和未刻完碑》《大唐潞州长子县白鹤观之碑》《法兴寺碑》,晋城《净信寺碑》《青莲寺慧远法师遗迹记》《城隍信士碑》《青莲寺碑碣之所记》,榆次《李光颜碑》《神福山寺灵迹记碑》等,其中尤以《裴镜民碑》为楷书典范,由唐初名噪一时的书法家殷令名书丹,笔法精妙。

图 34-1 裴镜民碑局部

第三章　山西古代各时期碑刻分述

图 34-2　裴镜民碑

裴镜民碑(图34)

全称《隋故益州总管府司马裴君碑铭并序》，唐太宗贞观十六年（637）十月，裴熙勖立。此碑与《裴鸿碑》原在凤凰原上裴氏家族墓地，清乾隆中，移至裴柏村裴晋公祠内。碑文由史学家李百药撰（曾撰《北齐书》），殷令名书丹。正文楷书二十七行，每行五十二字。内容系纪颂因作战牺牲的裴镜民的功德。

裴镜民，字君倩，河东郡闻喜县（今山西闻喜）人。裴镜民初仕即为北周大将军，入隋为兵部侍郎，又为西南道行台兵部侍郎，兼益州总管府司马。隋开皇十六年（公元596），益州的西南夷作乱，裴镜民领军征讨，由于援军未到，陷于危局，于三月十九日被敌军俘虏杀害。

纵观此碑书法，内敛挺秀，刚柔兼备，融欧、虞之笔意于一体，凝远处似虞世南，峭健处似欧阳询，兼有两家之胜，虽无欧之险严，而有欧之清润，既兼虞之平静，又出虞之灵动，自然和谐，庄重温馨。其结体匀粹方正，但无板滞之气，其字重心稳定，行笔自然，无刻意雕饰做作。书者殷令名与其子仲容均以书法知名，笔法精妙，不减欧阳询、虞世南。碑中字体，遒劲多姿，名不虚传，为唐初书法精品。

此碑自欧阳修《集古录》以后，诸家评论都给予极高的评价：宋赵明诚《金石录》谓此碑："笔法精妙不减欧、虞，惜不多见。"清翁方纲《复初斋文集》称此碑："其书诚能具永兴（虞世南）、率更（欧阳询）之秀色也。"清郭尚先在《芳坚馆题跋》曰："殷令名书，开爽峭劲，风力当在褚登善（褚遂良）、王知敬伯仲间。贞观时，欧虞特秀，他家皆为所掩，然如殷令名、郭俨亦终不可埋没也。"清叶昌炽《语石》云："《裴镜民》匀粹秀整，态度安和。"清杨守敬《学书迩言》认为："初唐之碑，虞、欧以外，今

存者以殷令名书《裴镜民碑》为最。"《宝刻类编》称:"字书精妙,不减欧虞,洵非溢美。"清康有为《广艺舟双楫》称:"方润整朗者,当以《裴镜民碑》为第一。是碑笔兼方圆,体极匀整,兼《九成》《皇甫》而一之,而又字画丰满,此为殷令名书,唐书称其不减欧、虞者,当为干禄书,无上上品矣。"又:"唐人深于隋碑,得洞达之意者,有《裴镜民》《灵庆池》二碑,清丰端美,笔画亦完好,当为佳本。《裴镜民》匀粹秀整,态度安和。"清刘鹗称:"此碑字体在虞、欧之间,极可爱惜。"

沙孟海先生在《略论两晋南北朝隋代的书法》一文中谈到真书时,说:"平正和美一路,从二王出来,以智永、丁道护为代表,下开虞世南、殷令名。"他把殷氏书法归为了王系一脉。

从以上评论可以看出诸家都给予《裴》碑极高的溢美之词,不愧为初唐名碑。其书法之精妙,实不逊于唐初的欧阳询、虞世南,尤其是欧阳询的《醴泉铭》及虞世南的《孔子庙堂碑》,都已磨砺翻刻,去真迹甚远,唯有此碑为初唐原刻,亦是殷令名唯一的传世碑版。

殷令名,陈郡(今河南淮阳)人。殷氏还是颜真卿之外家。颜真卿于唐中宗景龙三年(709)出生,三岁时,父亲颜惟贞病殁,母亲携子女投奔舅父殷践猷。殷氏一脉乃陈郡名门,殷践猷伯祖父即是殷令名。颜真卿在少年的学习时期,接收到了来自颜、殷两家的教育与训练,他的书法也应该是直接来源以殷令名一脉的外祖家书风。

图35 郭君碑

郭君碑(图 35)

全称《唐故大将军上柱国郭君碑》，唐乾封二年(667)镌立，现被封存保护在汾阳太符观内。康熙五年，朱彝尊发现于汾阳郭栅村北土岗上，后移至此。由于碑文残缺，郭君其人已无从考证，只知道他跟随唐太宗李世民打过仗，是立过特殊战功的人物。

《郭君碑》书丹卓绝、文采宏丽，书法以楷为主，偶间行书，字体隽秀，章法谨严，而惜于碑文剥泐严重，撰文者、书丹者均未留下姓名。人们普遍认为文、书均出自大家手笔。有人考证此应是唐代大书法家虞世南题写的介绍郭君一生的功德碑。也有人不同意此说，因郭君卒于唐高宗乾封二年(667)，并于是年十一月二十八日，迁葬于大夏乡隐泉之原。当是时也，遍观高宗朝内，工书之人有谁会为唐为帝国完成开国元勋郭君碑的书写呢？其时虞世南(558–638)、欧阳询(557–641)、褚遂良(596–658 或 659)、陆柬之(585–638)均已弃世，薛稷(649–713)年方16岁，钟绍京(659–746)年方八岁，均不会完成如此重要的任务。裴休(791–846)、李邕(678–749)、颜真卿(709–758)均未出世。魏栖梧为玄宗时人。张从申(766–779)更远未出世。所以又有一说，其书法出自唐高宗时任左骁卫郎将，东台详正学士的宋令文之手。宋令文，祖籍汾阳，生平不详，史载他在唐高宗朝的公元 650 年至 683 年，一直担任左骁卫郎将，东台详正学士，并以有勇力、工书法名于世。张怀瓘曰："令文有三绝，曰：书、画、力，尤于书备兼诸体，偏意在草，志欲究能翰简，翩翩甚得书之媚趣。"由宋令文的这段记载，则我们初步推断《郭君碑》可能由宋令文书写，不能说没有理由。一者宋令文任东台详正学士，左骁卫郎将，身有官职，受高宗赏识；二者宋令文祖籍为汾阳人，与郭君既出同乡，又有工书之技艺，乾封二年正值盛年，抑或王行满已经老迈龙钟或者弃世。宋令文曾代表朝廷去吐蕃参加过重大的外交活动，那么也有可能代表朝廷由西安赴汾，参加郭君先贤的梓棺迁葬礼，于是，为郭君碑书丹也就顺理成章了。

观《郭君碑》书法，遒媚流丽，归于小楷的范围，以继承"二王"书风为主，汲取虞世南的圆润遒逸，潇散洒落，极具六朝遗韵，又有欧阳询的程式严格，结体方正，不肥不瘦，容与风流，还有褚遂良的端雅自然，舒展变化。可见作者对二王以降的前辈作家着意临摹，逐步形成自己温秀隽雅、文质炳焕、遒媚流丽的书风，具有很高的书法价值。

2、篆书名碑

篆书始于秦代李斯，到唐代时随着书法艺术和碑文化的繁盛，出现了一个新的高峰，涌现出一批篆书高手和名作。在我省比较著名的两通篆书碑刻，一为新绛县碧落观刻于唐高宗咸亨元年的《碧落碑》，可谓现存唐代篆书的佳作，就连唐中叶被誉为"李斯之后，一人而已"的杰出篆书大家李阳冰，观后都赞叹不已；另一为存于芮城的《中条山靖院道堂铭》，此碑全为小篆体，书法委婉圆转，工力不凡，为唐代篆书碑之珍品。

图 36-1　碧落碑局部

第三章 山西古代各时期碑刻分述

图 36-2 碧落碑

碧落碑（图36）

《碧落碑》亦称《李训等造像记》《李训等为亡父母造大道天尊像》，镌刻于唐高宗总章三年咸亨元年（670），碑原立于绛州（今山西新绛县）龙兴宫（古称"碧落观"），后移至绛州仪门，现置县博物馆保存。此碑系高祖李渊第十一子韩王元嘉的儿子李训、李谊、李譔、李谌兄弟四人为其亡父母建庙时所立，据说是因建庙时见碧落天尊像，故名此碑为《碧落碑》（一说因碑在碧落观而得名）。又因李训等兄弟四人为亡父母造大道天尊像，故而又称《李训等造像记》。碑阳为篆书21行，每行32字。碑未具撰书者名氏，推测应为韩王元嘉三子李譔所撰，因李譔时为通州刺史，别封黄公，好古学，在文坛很有盛名，碑文情挚辞切，子为母写，更合情合理。至于书者，唐李肇、李瑑之以为陈惟玉书。李汉以为黄公撰书，诸说不一，且不论出自何人之手，就其书法，异体别构，字法奇古，行笔精绝，是唐代篆书书法中的一件精美而又风格独特的作品。碑阴有郑永规于唐懿宗咸通十一年（870）所刻的楷书释文。

《碧落碑》是唐碑中的一块古怪奇碑，其630字的篆书碑文，篆法极其古怪，用李斯小篆，参以古籀异体别构，结体诡异，不循规矩，这些字有的源于殷商甲骨，有的源于周朝钟鼎，有的则出自秦刻石鼓文。它笔画细挺，线条圆润，字体狭长，有的笔画、部首仍然保留了大篆字体的象形特征，让人想到日月、云霜、虫鱼等自然界的事物，显得古朴而有意趣。结体大多上紧下松，左右对称、平稳，整篇碑文在布局上整齐严格，又具有丰茂古雅的特征。

该碑还有一个非常独特之处，即使用了三十多个假借字，大大增加了辨识的难度。在《碧落碑》中，多次出现的同一个字，极少有相同写

法,且字字有源有据。而它用小篆笔法书写甲骨文、钟鼎文、石鼓文,这在中国书法史上也是一个创造。在书法艺术上所具有的独特价值,为世人所珍爱。或许正是由于碑文是这样的奇古、精绝,后世便为《碧落碑》蒙上不少神的色彩,一些史志杂书中也记载不少轶闻传说。据《洛中记闻》和《金石录》载,碑文写成,即将刊石之际,恰巧有两位道士前来请求刻之,二人拿到碑文后,便关门封户,闭目静坐,一连三日,昼夜不出,房内半点声音也没有,众人觉得好是奇怪,就一起开门观望,不料房中竟然空空如也,两个道士早已无影无踪,只见一对仙鹤双飞起舞,翩然离去,而碑文竟似鬼斧神工,宛然在目。因事出之奇,文成之妙,自然也就吸引了不少书家名流仰慕而来。李肇的《唐国史补》中记载了这样的故事。据说,自诩为李斯之后的李阳冰见了此碑后,爱慕备至,居然徘徊数日不忍离去,左右琢磨,反复研习,谁知到底也没有学成个样子,惹得他十分恼火,自恨不如,竟愤然以槌击之,羞愧而去。碑上有一块残缺,相传就是李阳冰的槌痕。后人不仅把这个有趣的故事钤镌刻在碑侧,还依照原样重刊了一石,与唐《碧落碑》并列一处,称之为新碑。

当然,这些记载和传闻不免有些过誉,也附会的编造,但《碧落碑》的书法之娴熟,功力之精深,确实是高妙而非凡,对此碑的篆法历代评价还是颇高的。如《广川书跋》说:"篆字奇古,引笔精绝,不类世篆学。"又言:"此碑超出相斯窠臼,笔法已自深稳。"以致"前人论书率叹其妙绝"(《金石录》)。吾丘衍谓其:"字虽多有不合法处,然布置茂美,自有神气。"此碑篆法对宋代徐铉、梦英、郭忠恕,明朝的李东阳等人影响甚大,被视篆书家的金科玉律。

直至清初，顾炎武在《金石文字记》指斥其字多误，近世古器物大量的出土，精篆、籀文越来越多见诸世后，此碑篆书渐被金石家、书家所否定，以为不足为训。但是此碑在历史上产生的重要影响，这一点是不应忽视的，至少可以说，它是我国篆字书法研究的一件珍品。

3、隶书名碑

隶书萌芽于上古，继用于秦，兴于汉，尤其到了东汉，最为发达。隶书将篆书逐渐方正平直化，形成了与篆书线条差别很大的基本笔画，隶书的定型化过程称"隶变"，这是汉字书法发展史上最了不起的伟大变革。至唐初，隶书已近乎衰微，摹学书写者很少，成就平平，远不能和楷书、行书相比拟。然而到了唐代中期，由于唐玄宗特别喜欢隶书，并身体力行，竭力倡导，从而效学风从者日渐增多，乃至一时学隶、书隶成为风尚，逐渐形成了与汉隶不同风格的"唐隶"，涌现出了一大批的隶碑佳作。山西境内的唐代碑刻中，重要的唐隶碑刻有：浮山《大唐龙角山庆唐观纪圣铭》《龙角山庆唐观大圣祖元元皇帝宫金箓斋颂并序碑》，夏县《薛嵩碑》，芮城《王颜神道碑》，闻喜《移置唐兴寺碑》，黎城《王庆墓碣》，介休《大唐汾州抱腹寺碑》等，这些唐隶碑版成为一道亮丽的风景。

图37-1 王庆墓碣局部

第三章　山西古代各时期碑刻分述

图 37-2　王庆墓碣

王庆墓碣(图37)

《王庆墓碣》是长治地区目前发现的唯一一通隶书碑碣。王庆墓碣是唐开元年间王庆与妻张氏合葬的墓表,清光绪年间于山西省黎城县西柏谷村附近出土,知县马汝良闻后立即派人拓之,后被收录于《山右石刻丛编》。新中国成立后,移置县文博馆藏,后又转藏于省博物馆纯阳宫石刻碑廊保存。

此碣形制特殊,为八棱八面幢柱体,幢青石质,幢首已失,莲座。碣身高138厘米,每面上宽17厘米,下宽20厘米,上10厘米处,饰以线刻云纹。莲花座高29厘米,底径70厘米。唐开元十三年(725)立石。

全文占有七个面,第一面上部标题"唐古处士王君之碣"8字与第八面落款"并府北崇福寺沙门邈文并书兼题榜""太原常思恩镌"21字为篆书;正文为隶书,记叙了唐古(故)处士王庆的籍贯、出身、经历、生平始末等,可补正史不载之阙。

墓碣碑文760多字用隶书镌刻,书法渊茂古劲,波磔流利,神似《曹全碑》,但也不乏《礼器碑》的刚劲。沿袭了篆、隶书丹之精美、瘦劲、刚健的笔画,丰腴蕴藉,神清气爽,俊雅风流,在静穆中流溢出一种飞动之感。既体态绰约,风韵翩翩,美妙多姿,清逸洒脱,又端庄沉劲,气骨劲健,平和圆润中蕴藉古厚之气,形成了一种既清新婉丽,又典雅高古的艺术风格,可谓唐碑中之神品,是继承汉代碑刻书法艺术难得的一幢唐碑,其书法艺术之精妙被推为唐隶中的上佳杰作。因出土较晚,碑面笔画较为完整。

光绪二十三年(1897)春,山西巡抚胡聘之对此碣题跋考证,并随即著录于《山右石刻丛编》卷六,其跋中称:"碑文字皆渊茂古劲,得汉

图 38-1　庆唐观纪圣铭之额

图 38-2　庆唐观纪圣铭

人家法，字波磔流利，神似《曹全碑》，在唐碑中，足称神品。以出土较晚，字画极完整，仅泐一字，洵可宝也。"评价极高。

《王庆墓碣》碣面有界格，由此我们知道，墓碣是书丹以后刻于石上的。奏刀者以其高超的技艺真实完整地再现了书丹的本来面目。在行笔中除了有波平、拱的起伏变化外，还有粗细的变化，这样加强了点、画、轻重缓急的节奏感，行笔稳中有力，柔韧而富于变化，字形方整秀丽，高古而又充满逸趣，以极刚之笔写出极柔之意，富有艺术魅力。这种正与奇，柔与刚，静与动本身的对立，显示出完美的统一，体现出深邃的美学意境。

图 38-3 庆唐观纪圣铭局部

庆唐观纪圣铭（图38）

全称《大唐龙角山庆唐观纪圣铭》，镌刻于唐开元十七年(729)九月三日，现存浮山县东南17.5公里的贯里村天圣宫。碑为唐玄宗李隆基御制御书，在长安刻好后运至浮山天圣宫，玄宗亲临安放。

碑青石，身、额通高269厘米，宽103厘米，龟座高73厘米。其额顶圆形，两边浮雕六螭首，正中留有圭形，篆书"龙角山纪圣铭"六个大字，碑身四周及两侧面线刻云纹飞天，生动活泼，缤纷络绎，艺术精绝，极尽飘洒之致。碑座，龟缩颈，怒目挺鼻，纹理清晰，刀法苍劲。据碑阴所载，碑首"御制御书"四字，系左相燕国公张说奉敕书。碑末的年月系翰林工部侍郎吕向奉敕所书。碑阴刻有王公大臣七十五人的姓名，署名众多，也是国内碑铭中罕见的。此碑为庆唐观最早之金石，历经千年的风霜，只是碑近龈顶处，微有剥蚀，总的来说，完好无恙。

碑文有1260余字，详细记述了"庆唐观"的由来，老子之灵应，皇帝之受命等"神事"。碑文还对庆唐观的壮丽祥瑞也做了夸奖，通篇都是感慨的文字。

龙角山，原名羊角山，位于山西省浮山县境内。相传唐高祖武德三年(620)，晋州人吉善行在该山见到老子显圣。老子让吉善行告诉皇帝李渊，他是皇帝的祖先，李氏王朝将长有天下。李渊闻言大喜，于是敕命在该山建老子祠，并改浮山县为神山县，改羊角山为龙角山。吉善行则被封为朝散大夫。从此，李唐王朝确认老子李耳为其圣祖，道教为皇族宗教。至玄宗时，又派内臣高力士将龙角山老子祠予以扩建，并更名为庆唐观。玄宗还亲撰《庆唐观纪圣铭》，并将高祖至睿宗共6位皇帝的御容供奉于观中。唐帝从这里向全国推行尊老为祖、崇道抑佛，以道治国和推崇老学的政策,创造了历史的辉煌。《道德经》从这里传遍天下,不论士庶,"家藏一本",贡举"加《老子》策",从此老学大兴。庆唐观的历史作用和地位,见诸于国史,昭彰于御碑。在当今初中的历史课本中仍载有老子在羊角山显圣授命和李渊认祖建庙于羊角山的故事。

"庆唐观"作为唐皇所建的宗庙,它融根祖文化、道家文化和李唐政体文化为一体,有着丰富的文化蕴涵和显赫的历史地位。可惜后经唐末五代之乱,该观因年久失修而破败不堪。到了宋真宗景德元年(1004),该观都监道士梁志真至京城请求朝廷予以修葺,得到批准。在神山县知县韩望的主持下,修葺了老君殿、三清殿、三皇殿等三大殿。宋仁宗天圣五年(1027),改庆唐观为天圣宫。元大德七年(1303),浮山县大地震,三皇殿崩坠于沟壑。1926年,观中失火,三清殿付之一炬。1948年,为支援解放战争,仅剩的老君殿被拆毁,变成了瓦砾废墟。新中国成立后,龙角山成为一座矿山。昔日的道教圣地,一度销声匿迹。然而这座"大唐龙角山庆唐观纪圣铭"碑却屹立不倒,如有神助。

《庆唐观纪圣铭》碑为唐玄宗李隆基亲笔御书,其文字带有明显波磔特征的"八分书"清秀丰盈、俊朗苍劲,也可以用雍容富贵来形容。唐玄宗不仅是一代君王,同时也是一位书法家。在玄宗的爱好和带动下,盛、中唐以后逐渐形成了写隶书的风气,涌现出了韩择木、史惟则、蔡有邻、李潮四大书杰和徐浩、卢藏用、顾戒奢、梁升卿、白义晊等隶书大家。书法理论界有人认为,隶书发展到唐代便跌到了历史的低谷,隶书创作的群体水平普遍低下,隶书大家的水平也是"前不逮东汉、后不及清代,几无创新可言"。李宗玮先生认为:"纵观李隆基及四大家的隶书,他们共同特点是:饱满丰润,章法整齐,横平竖直,波挑规范,但无生机,徒有庄重之貌,缺乏金石古气。他们在追求整伤的同时,却不自觉地失却了汉隶大气磅礴的气势和自然朴茂的风格。因此,唐隶不足为后世法。"百度"汉隶"的解释是:"东汉碑刻上的隶书,笔势生动,风格多样,而唐人隶书,字多刻板,称为'唐隶',故学写隶书者重视东汉碑刻,把这一时期各种风格的隶书特称为'汉隶',以别于'唐隶'。"由此我们可以看出,隶书发展至唐代,由于玄宗皇帝的喜爱和提倡,巧秀工美的风格和审美取向成了主流。如果拿汉隶与唐隶做比较,就如同一个五大三粗的汉子和优雅清秀的书生,孰高孰低很难评价,各有所爱罢了。

此碑在《山右石刻丛编》卷六有著录,另外《宝刻类编》《金石录跋尾》《寰宇访碑录》《通志金石记》及《道藏》第十九册都有收入。

图39 薛嵩碑局部

《薛嵩碑》（图 39）

全称《唐尚书右仆射昭仪节度使薛公神道碑》（图39），碑刻于大历八年（773）由薛嵩之子薛平立于夏县水头乡大张村薛嵩墓地。螭首龟座。碑头蟠龙浮雕，飞扬灵动，相向两龙间缀以宝珠，蟠龙下篆刻成圭形碑额，其碑头、碑身、碑座三位一体，通高694厘米，身高316厘米，上宽137、下宽160厘米。碑文洋洋一千五百余言碑文由唐礼部尚书文学家、理学家程浩撰写。石碑经千年风雨剥蚀，早已断裂，由铁箍加固。然除个别字无法辨认外，大都清晰可鉴。

薛嵩为薛仁贵之孙，父亲薛楚玉曾经担任范阳节度使，算得上是将门虎子。薛嵩年轻时以臂力骑射闻名，为人豪迈。安史之乱时，投安史叛军，累战有功，被封为邺郡节度使。史朝义兵败，薛嵩以相、卫、洺、邢四州降唐，被封为"昭义节度使"。在大乱之后的重建工作上，薛嵩做出了很大贡献，使昭义镇很快恢复了生气。薛嵩好蹴鞠，后被隐士劝，遂止，并图其形于座右，以时时提醒自己。唐代宗大历八年（773年）卒。

综观碑文书法，其笔势雄强遒劲，自然洒脱；字形饱满精整，圆润秀丽；风格洗练、柔韧而富于变化，神完气足，富有艺术魅力，堪称唐隶之精品。

4、行书名碑

行书是在楷书的基础上，快写之后，上下笔画之间自然连贯而产生的一种书体。行书入碑始于唐太宗李世民，后世帝王均继而为之。在最高统治者的大力提倡下，众多的达官显贵和士人纷纷效而仿之，从而使行书碑刻成为唐代仅次于楷书碑刻的一个品种，数量也是比较多。我省现存比较有名的行书碑刻有：《晋祠铭》《石壁寺铁弥勒佛像颂》《裴光庭碑敕》《裴光庭碑》《李光颜碑》《李光进神道碑》等。

图40 石壁寺铁弥勒像颂局部

石壁寺铁弥勒像颂（图40）

在山西交城石壁山永宁寺里有一通《石壁寺铁弥勒像颂》，全称《大唐太原府交城县石壁寺铁弥勒像颂并序》，此碑刻于唐开元二十九年（741）六月二十四日，宋元祐五年（1090）毁于火，宋政和间重刻，金大定二十六年（1186）时又毁于火，金泰和四年（1204）李元甫再次重刻，清道光末年，碑亭倒塌，碑断为六石。此碑为林谔撰文，苏倇题额，碑文行书23行，行38字。碑文的书者由唐朝房璘之妻高氏所写，为山西境内巾帼书碑的开始。

在中国漫长的封建社会里，书碑之事向来被视为庄重严肃的工作，女性从不许登此"大雅之堂"，古代女性手笔刻于金石者，非常罕见。在晋代时曾出现过著名的女书法家卫铄，为河东安邑（今山西夏县）人，世称"卫夫人"，以擅长隶、楷著称。卫夫人师承钟繇，妙传其法，王羲之少时曾从其学书，也就是说卫夫人是"书圣"的启蒙老师。但至今我们也没看到有卫夫人书碑的记载。而确实历史记载的首开妇女书碑先河的是唐朝一代女皇武则天，她用行草书写了《升仙太子碑》，以此打破了男尊女卑之桎梏，在中国历史上占有特殊地位。武则天之举在当时和对后世都产生深远影响，在唐代即有一些妇女也效仿之，操笔书写碑刻和墓志。

《石壁寺铁弥勒佛像颂》书法简古，字体挺秀，有虞世南的书体风貌，其用笔俊朗圆润，横平竖直，端雅静穆，体势舒坦，布局整齐，昂昂然有大丈夫之气魄，确为一件书法佳作。后世对其评价颇高，马宗霍《书林纪事》卷四：唐房璘妻高氏，有楷书《安公美政碑》、行书《石壁寺铁弥勒像颂》，在太原府交城县，笔画遒丽，不类女子所书。欧阳文忠《集古录》谓：妇人之笔著于金石者，高氏一人而已。清陆增祥《八琼室金石补正》唯其"字画简古笔力遒劲"，评价甚高，堪与卫夫人比美。

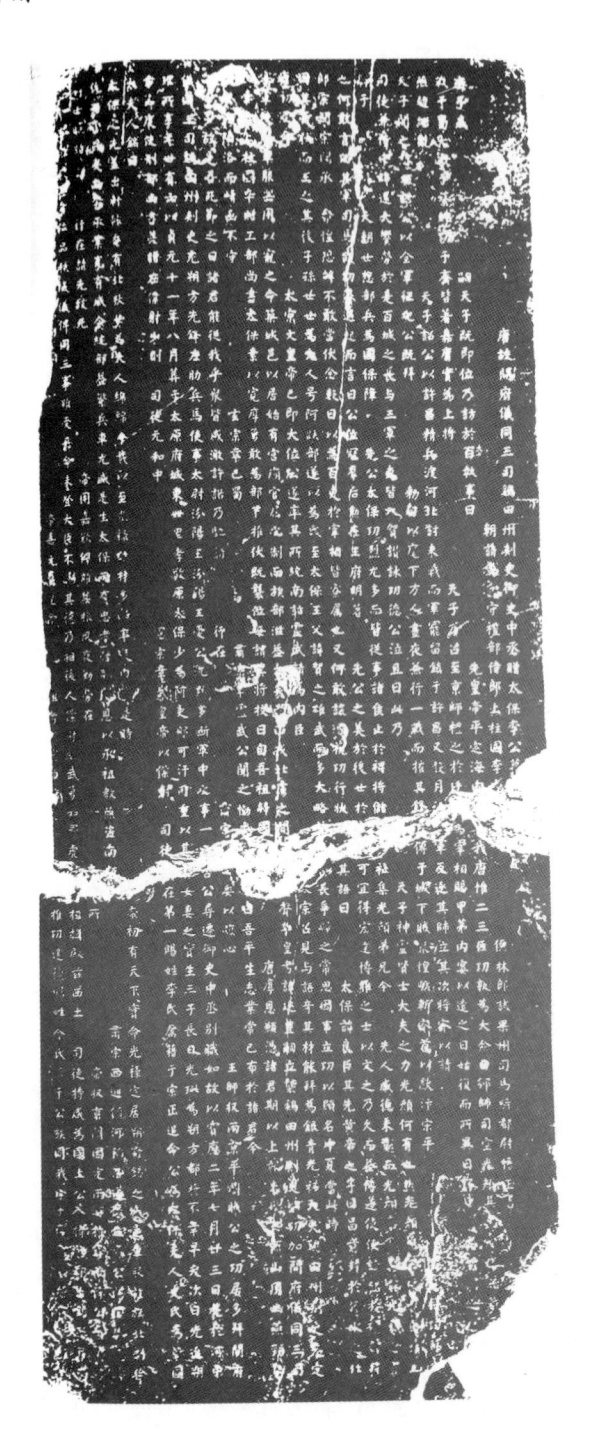

图 41-1 李良臣碑

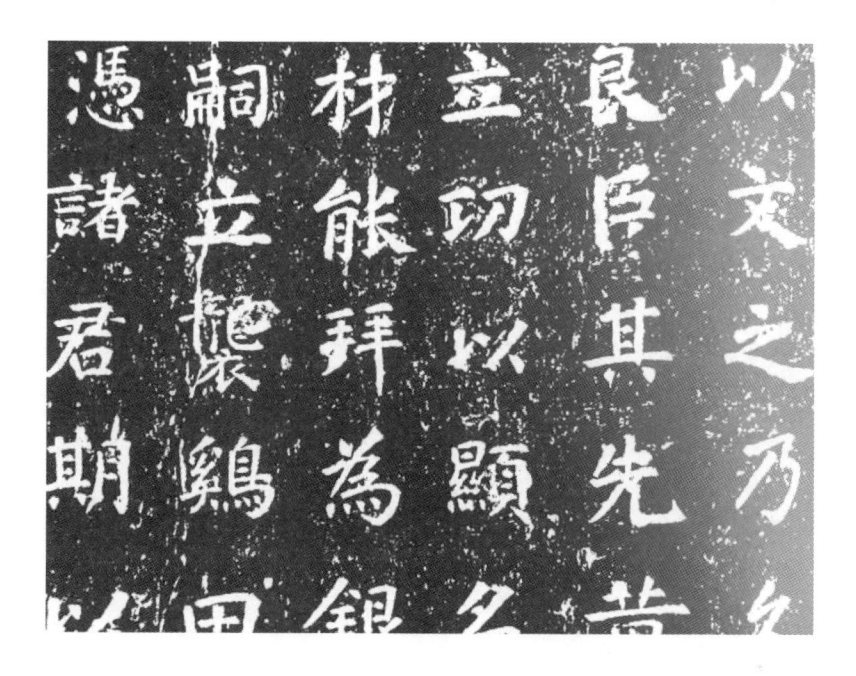

图 41-2 李良臣碑局部

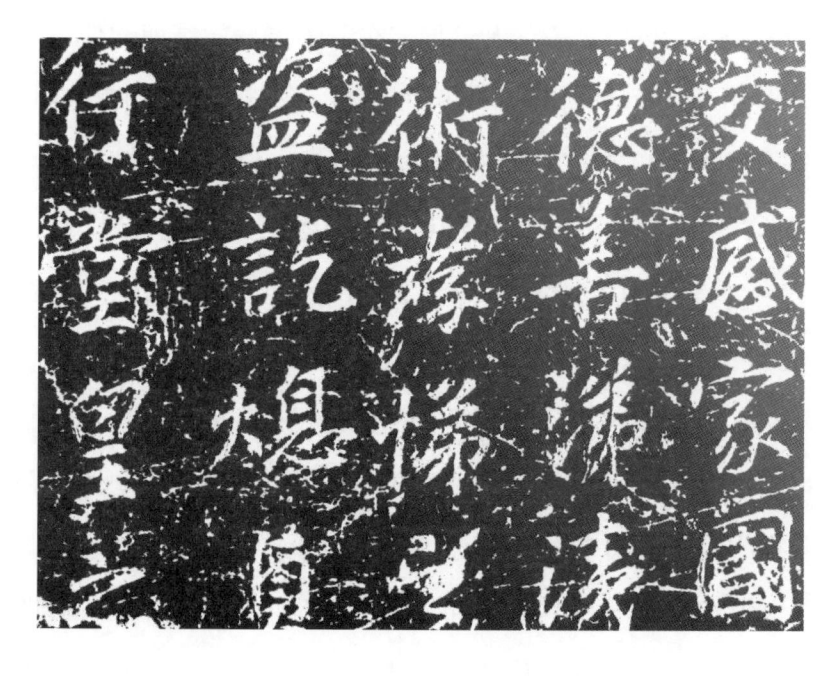

图 41-3 李光进碑局部

145

图 41-3 榆次"三李碑"

功勋卓著的父子"三李碑"（图 41）

三李，即唐太保李良臣（728－763）、节度使李光进（758－815）、太尉李光颜（761－826）父子三人。其墓在晋中市榆次区西北使赵乡榆次变电站南 30 米处。李良臣墓葬居中，光进、光颜两墓分别葬良臣墓东、西 5 米处，人称"三李墓"。三墓均立碑记，称"李氏神道碑"，俗称"三李碑"。此父子三人曾在影响中国历史的重大事件"安史之乱"和平定藩镇割据中，为大唐王朝建立了卓越的功勋，在我国历史巨著《二十四史》中的新、旧唐书中，均记载着他们的功绩。

"三李"原本不姓李，而是唐代的少数民族回纥人，即今天的维吾尔族的祖先。原姓阿跌氏，后被唐代皇帝赐予皇姓。"安史之乱"时，李良臣率部追随唐肃宗李亨平叛，归郭子仪节制。平叛后，李良臣因军功被授御史中丞、开府仪同三司，驻节河中府（今山西永济市），病逝于任上。后被追赐工部尚书加太保衔，赠其妻燕国夫人。是时，其子光进和光颜尚年幼。

《李良臣碑》立于唐长庆二年（822年），碑高366厘米，宽143厘米，碑文25行，行66字，为上柱国李宗闵撰文，果州司马骑都尉杨正书。1973年，其碑被毁。

《李光进碑》为青石质，刻立于唐元和五年（820年），碑通高约350厘米，宽150厘米，厚40厘米。通碑行楷文29行，行68字。由中书门下平章事令狐楚撰文，嗣子季元书。

阿跌（李）良臣逝世后，阿跌（李）光进兄弟俩由其姐夫抚养长大，子承父业，投效从军。李光进在唐德宗讨伐"四镇之乱"时便崭露头角，以后又在唐宪宗平藩中兴时立了大功。唐宪宗十分赏识他，除赐他李姓外，还封他回老家宁夏南部任灵武节度使。李光进回到当时唐王朝的大西北后，严惩盗匪，稳定了边地的政治局势，奖励农耕，发展生产，使武灵"生物滋殖，齐人乐康，利泽四布"。因此，在他57岁逝世时，当地群众"闻丧而哭于野者雷动，会葬而登于垄者星奔"。唐宪宗也十分悲痛，特令千里移灵归葬于山西。

《李光颜碑》刻立于唐开成五年（840年）八月，碑身较"李光进碑"稍窄，高厚相仿。通碑正楷文29行，行60余字。由上柱国李程撰文，监察御史郭虔书。

李光颜成年后，承继父兄之志而更胜之。自唐元和四年（809年）随兄平息王承宗叛乱，被首授洺州（今河北永年县）刺史，在任五年，颇有政绩，遂晋陈州刺史兼忠武军都知兵马使。同年十月即就职检校工部尚书兼忠武军节度使。两年后随兄阿跌（李）光进被赐"国姓"，更名李光颜。此时，割据于今天河南南部的淮西节度使吴元济正式举旗反叛。

唐王朝遂调集重兵围剿,奈何各路人马畏缩不前,相互观望,只有李光颜率军奋勇争先,牵制了吴元济叛军的主力,最终给中国历史上著名的突袭战经典"李愬雪夜入蔡州"造成了完美的前提条件。

虽然我们的中学语文课本《李愬雪夜入蔡州》中没有提及李光颜,但那只是一篇简短的课文而已。真实的历史是,在平定吴元济后,李光颜因功提升忠武节度使兼义成节度使之职。后不久,李光颜又因退吐蕃兵而建功,复加中书门下平章事(丞相待遇)。唐敬宗李湛即位后,历数李光颜之功,晋其官爵为"开府仪同三司、官大司徒、职北京(今太原)留守、太原府尹兼河东节度使"。有唐一朝除未被封王以外,能位列"三公",也算是荣光盛极一时了。他死后,唐文宗施以大敛、厚葬,并将其父李良臣之墓也迁葬于此,重新整修了墓园。这样,"三李碑"历经沧桑被保存了千余年。

"三李碑"是刻立于唐代的原碑,不仅记述了重大的历史事件,而且文字俱佳、书法优美,具有重大的历史和艺术价值。"三李碑"为山西名碑,被确定为榆次区重点文物保护单位。可惜一千多年来,一直置身荒野,无任何防护设施,任凭风雨洗礼。如今,"三李碑"也变成了"二李碑",令人惋惜。

(三)唐代经幢——宗教的纪念建筑

经幢是一种融雕刻艺术与文字为一体的石刻建筑形式,源于古代的旌幡。经幢一般由幢顶、幢身和基座三部分组成,多呈六角或八角形,唐代中后期兴起。它本是佛教徒崇尚佛顶尊胜《陀罗尼经》的产物。

由于唐人认为尊胜幢的威力神效至不可思议的地步，故称之为"宝幢"。《佛顶尊胜陀罗尼经》上说：如果有人能书写此《陀罗尼经》，将它安在高幢上，幢的影子映到人身上，或者风吹幢上的灰尘落在人身上，就能免除他的一切罪业，得到极乐，所以兴建陀罗尼经幢成为一时风尚。不过，由于岁月湮远，有雨侵风蚀自然因素的磨损，更有唐武宗灭佛、后周世宗灭佛政治力量的破坏，以及后代民间的摧残等人为的因素，至今尚存的唐代经幢已经很有限了。

山西保存的唐代经幢以五台山及晋东南为多，如五台山佛光寺的大中十一年(859)经幢，佛光寺唐僖宗乾符四年(877)经幢，五台山广济寺经幢，晋东南晋城崇寿寺经幢，潞城原起寺唐代经幢，长治市郊区南

图42 佛光寺唐代经幢

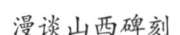

垂村唐贞观十二年(638)经幢,寿阳平舒崇福寺唐神功元年(697)经幢,西崮崇福寺唐开元十年(722)金刚般若波罗蜜经经幢等。

经幢上镌刻的文字主要是佛教密宗的咒文或经文,大多是赞叹《佛顶尊胜陀罗尼经》的威力神效,有的也兼述此经东来的传奇。山西晋城崇寿寺经幢赞文中,涉及五台山和文殊菩萨的灵异事迹,佛陀波利和其译本也被神圣化了。据佛陀波利所译《佛顶尊胜陀罗尼经》载,此咒能除一切罪业等障,破除一切秽恶道之苦。《佛顶尊胜陀罗尼经》云:"持此咒者,悉能除灭百千劫中一切罪业。所生之处,常遇诸佛,乃至获得无上菩提。若有命短,求长寿者,或有病苦,求除愈者,皆当以彼月十五日,洗浴清净着新洁衣。又当受持八戒斋法,然后诵此大陀罗尼,满足千遍,当获安乐,增其寿命。所有病苦,皆得除愈。诸恶业报,悉灭无余。"民间相传,围着石经幢转圈,即能受到感应。崇寿寺之名,概与此有关。

(四)唐代墓志

墓志是碑刻中的一大种类,虽然南北朝时墓志已经很盛行,但与唐代比较起来,其间的差距仍不可以道里计。凶礼作为五礼之一,在唐代士人生活中具有极其重要的地位。从其观念而言唐人普遍相信灵魂的存在,相信安葬与吉凶祸福有所关联。从实际的丧葬行为考察,唐人普遍希望茔葬能使灵魂得到安膺,生者情感也因此得到寄托。加之礼制的约束、社会舆论的影响,丧葬在唐代士人生活中具有极其重要的地位,这成为唐代墓志兴盛的文化基础。

第三章 山西古代各时期碑刻分述

从现有已出土的和文献记载的墓志看,除皇帝和下层贫民外,墓主的身份从王公贵族到平民百姓,无所不包,作者身份上至皇帝、下到布衣,甚至僧道妇女,应有尽有。人死之后撰写一方墓志,成了唐人葬礼不可或缺的一部分,也就是说,稍有身份的人身后,都有一篇墓志在。所以,唐代墓志是唐代石刻中比重最大的一个类型。

山西为唐代文化、经济中心地区,由于李渊起兵于太原等特殊的原因,唐代墓葬的发现和发掘多集中在太原、长治、大同、运城等地。近闻汾阳地区也时有唐代墓葬发现,仅汾阳博物馆就收藏有130余方唐代墓志,说明汾阳也是唐墓比较集中的地区之一。山西唐代墓志著名的有:太原《龙润及妻何氏墓志》《龙澄墓志》《龙义及妻游氏墓志》《口珩墓志》《龙敏墓志》《王运墓志》《乔言墓志》《龙寿墓志》《赵澄墓志》《尹恪墓志》《赫连仁及妻杜氏墓志》《王胡墓志》《侯感墓志》《张文墓志》《董师墓志》《傅君墓志》《温神智墓志》《云感墓志》《要志墓志》《龙□墓志》《石德墓志》《王晖墓志》《周玄珞墓志》《张奉璋墓志》《张文绪及妻王氏长子张涓墓志》《张君妻陈氏墓志》《吴君墓志》《段希墓志》《张嘉庆墓志》《桑金墓志》《张嘉宾墓志》《王承偓墓志》《舍利石铁墓志》《赵奉忠墓志》《王宾墓志》《王秀诚墓志》《翟严墓志》《仆固义墓志》《郭庆先墓志》《左政墓志》等;大同《梁秀墓志》《尹嘉宾墓志》《李仙及夫人墓志》《常崇俊墓志》《李海清墓志》《武青墓志》《李像恩墓志》《夫人薛氏墓志》《崔峤墓志》《李公墓志》《王液墓志》《李公夫人安氏墓志》《张山岸墓志》《李英华墓志》《杜绾墓志》《武言墓志》《曹洽墓志》《刘良信墓志》《尹旺墓志》《李审妻殷氏墓志》《张行本墓志》《赵礼墓志》《苏承悦墓志铭》;汾阳《曹君墓志》《任君墓志》《杨君墓志》《唐故师都督上骑都尉郭君墓志》《唐故处士任君墓志铭并序》《张君墓志》《大周曹王府录事宋君墓志铭》《大周故李君墓志》《大唐故将军王果帐内穆军志并序》《唐故马君墓志并序》《靳府君墓志》《大唐宋府君墓志铭并序》；长治地区《暴贤墓志》《刘亮墓志》《申屠诚墓志》，黎城《杨玉墓志》《冯璋及妻元氏合祔墓志》，长子《陈领墓志》，沁县《张亮及妻李氏合祔墓志》，襄垣《韩昂墓志》《连简及妻张氏合□墓志》，屯留《雍福墓志》，潞城《申屠宝及妻李氏合祔墓志》《王行及妻牛氏合祔墓志》，高平《唐故李君墓铭并序》《唐故毕府君夫人赵氏墓志铭并序》《大唐故岳岭军副使王府君墓志铭并序》《唐故高士董君墓志并序》，忻州《陈平及妻乐氏合祔墓志》，左权《大唐乐平郡张君墓志铭并序》、平定《唐德州司户夫妇合葬墓志》《唐故处士张君墓志铭并序》，河津《薛岳墓志》《刘文墓志》，闻喜《裴皓墓志》等等。

（五）唐碑风格特色及书法艺术

从中国碑刻发展史的角度来看，唐代碑刻在形制上起着承前启后的作用，唐碑雕饰之华丽，造型之壮美，在唐以前是没有的，后世之碑基本上是对唐碑的沿袭，没有再发生过什么重大演变，可以说唐碑是中国碑刻形制的代表。

唐代碑刻最大的特点是名家辈出，名碑云集。由于唐代帝王诸如太宗、高宗、睿宗、玄宗、肃宗、宣宗及窦后、武后和诸王等爱好书法的提倡，上行下效，使书法艺术在唐代形成了空前鼎盛的局面，先后涌现出了欧阳询、虞世南、褚遂良、薛稷、孙过庭、张旭、怀素、颜真卿、柳公

权等许多著名的大书法家。

唐碑品类齐全，各体具备，不仅典型的碑完全走向成熟，其他碑刻品类如墓志、石经造像等，都得到了较大的发展，特别是墓志，其造型和雕刻艺术比以前更为富丽美观。

随着碑文化的繁荣兴盛和人们对立碑的高度重视，到唐代时，对碑的使用形成了一定的等级规定。朝廷已设有专负责营建选石的制碑机构。唐《裴光庭碑》就有"奉敕检校树碑使"的记录，这一监督选石之吏，就是专为帝王祠宗的官阶显赫之士挑选碑石的。

碑刻发展到唐代，形制已经成熟。碑首再也看不到碑穿的痕迹，早期的晕纹逐渐演化为盘绕的螭龙，显得雄浑而有气魄。碑身也比以前更为讲究，许多唐碑的碑阴或碑侧刻有精美的花纹图案。碑座不再像汉碑那样采用简单的长方形石块，而是改为雕刻精良的巨型石龟，这样的碑座叫"龟趺"。"龟趺"的使用更增添了碑刻的神圣气势。唐代大部分碑石都十分高大，装饰雍容华丽，反映了唐碑的制作与艺术水平已经达到相当的高度。

总之，有唐一代，文人始终有着一种盛世强族下大国之民的情怀，其功名心重，社会责任感强，生命个性和文化心理更趋舒展张扬。碑文内容以颂美铭功为要，其碑刻文化呈现华美大气的审美风尚和时代精神。唐代碑体高大庄严，造型壮美，雕饰华丽，碑志书法多样，唐碑以文、书俱佳，装饰华丽而弥显珍贵。碑在唐代已完全发展成熟，不论形制、撰书、雕刻、使用等各方面均已形成规范。

五、散怀舒意的山西宋代碑刻

自从宋代兴起金石之学以来,碑刻愈益受到人们的关注与重视。山西境内宋代碑刻不少,但是,除一些重要的碑刻,具有较高史料、艺术、书法价值外,普遍碑刻无论从其内容、形制和书法等方面都较平平。从体制、字体、形式都沿袭前代已定的规模,与隋唐的碑志区别不大,基本上没有大的变化,无任何突破,可以说只不过是隋唐的余绪而已。

南北宋先后享祚共408年,比唐代长130年,但其传世的书法名碑数量却远远少于唐代,相形逊色。这大约有三个原因:一是由于宋代最高统治者大力提倡帖学所致。在古代,特别是唐代,刻石立碑除为了祭祀、记事、纪功、颂德、纪念等目的外,在很大程度上是为了保存书法,使之能传播久远。然而,碑刻一般都立于古庙荒丘、旷野山林,不要说去亲眼观摩,即使要想得到一张好的拓片也很不容易,人们要学习其书法还是很大的不方便。再则碑刻不可避免地要遭受风雨剥蚀、雷电轰击和地震、洪水的摧残,很不利于将其书法久远保存下去。宋朝建立后,热忱钟爱书法艺术的宋太宗赵匡义,为便于保存和传习前贤书法名迹,于淳化三年(992)下诏将内府所珍藏各代名家手迹刊刻成《淳化阁帖》,颁赐给宠信的文武大臣。《淳化阁帖》的问世,是一件划时代的创举,它使一向深藏皇家秘阁,仅为少数帝王、达官贵族、翰林学士所能观览的历代名家手迹公之于世,引起了极大的轰动。由于刻帖较真实地再现了名家手迹，便于人们学习名家书法，因此《淳化阁法帖》刊印后，获得各方士民的欢迎，竞相仿效，竭力搜求前贤书品，刻板印帖，广为流传，从而在全国上下造成了一个以法帖为唯一范本的学习书法的风气。帖学风靡朝野，致使原先由碑刻所提供的书法范本，几乎完全被刻帖所取代，从而使碑刻少有人问津，遭到冷落，以传播书法艺术为主要功能的书法碑刻的兴盛和繁荣，也就失去了基础，不可避免地要逐渐走向衰微。二是在宋代，书法艺术由唐代的尚法、整饰、平整森严之书风，演变为尚意，讲求散怀舒意，崇尚优美抒情的书风。而这种注重风神天姿的书法，与唐代那种注重法度谨严的书法不同，比较难于入碑，相对来讲，要通过碑来加以表现难度是较大的，因此在一定程度上也就制约了碑刻的发展。三是由于北宋时期，"党祸"十分猖獗，许多著名文人学士都深受其害，诸如仅"元祐党籍"被列入"党人"黑名单而刊碑公诸全国的就有300余人，苏轼、黄庭坚、秦观等大批著名文人学士、书法家都在其中，对于这些人往往又因而累及其书，使他们本来就写得不多的碑遭到毁坏。

宋代有成就的书法家虽不像唐代那样众多，但也不乏其人，如"北宋四大家"蔡襄、苏轼、黄庭坚、米芾等，对后世也颇有影响。在山西晋南地区也保存有一些较为重要的宋代碑刻。如：万荣宋真宗赵恒的《汾阴二圣配飨铭》、永济黄庭坚的《伯夷叔齐墓碑》、夏县司马光祖茔苏轼的《杏花碑》及运城宋徽宗的《大观圣作之碑》等。

图 43-1　萧墙碑

图 43-2 萧墙碑之额

图 43-3 萧墙碑局部

萧墙碑（图43）

在山西万荣县汾阴后土祠内，有一通宋真宗赵恒皇帝来后土祠祭祀时留下的石碑——《汾阴二圣配飨铭》（萧墙碑）（图43）。据说这是宋真宗的亲笔书写。碑文内容主要有二，一为记述他继承前代帝王郊祀后土的先例，应汾阴官吏绅民的呼请，亲率朝官祀后土的必要性与过程。二是彰显他的父亲宋太宗赵光义与祖父宋太祖赵匡胤的德高望重，应配飨天地，将二圣配飨于后土祠，备受后代祭祀，这也表现出真宗皇帝忠孝双全的道德观。

这通《汾阳二圣配飨铭》大碑，被人们冠为"四绝碑"。即：皇帝宋真宗亲自撰文、亲自书丹为一绝；为父皇、祖皇彰功隆德，配飨于中华始祖后土圣母之祠内，世世代代接受臣民尊拜，此为二绝；《汾阴二圣配飨铭》乃是五通大碑串联在一体，碑首在中碑之上，仍是宋真宗亲书篆体碑名，碑高252厘米，五碑总宽714厘米，碑之高大，在帝碑中尚属罕见，此为三绝；大碑碑文共为1365个字，正文62行，石刻单字将近10厘米见方，文之长、字之大，在帝碑中实为冠首，出类拔萃，此为四绝。

就是这样一通绝世之碑，也曾是险遭厄运。据荣河村樊晋宝先生考察，《汾阴二圣配飨铭》原立于汾阴后土祠内，清顺治年间，黄河水决，后土祠被淹没，此碑遂移置在旧时荣河县城检察院。1931年，黄河水流东浸，荣河县城被淹，碑也随之被淹没。1940年，已淤于河滩泥沙之中，外露一米多高。1951年荣河建扎花厂时，准备取碑做石料，荣河县文教科长卫奋之知情后，马上写信给山西省教育厅厅长崔斗宸，省政府发文，予以制止。1960年省府拨款，才把这通《汾阴二圣配飨铭》移置于现在的后土祠内，并建牌坊保护起来。

汾阴后土祠，是一处最古老的祭祀后土（地母）的祠庙，后土圣母是中华最古之祖，土地最尊之神。西汉宣帝、元鼎、成帝、哀帝和东汉光武帝，相继来此祭祀不下十次。唐明皇先后三次巡幸，并将后土祠加以扩建，其规模壮丽，同于王居，号奉祇宫。

北宋大中祥符三年（1010），在河中知府和朝中文武百官的请求下，宋真宗同意在次年春到河东祭祀后土。当年，派兵士5000人修筑通往后土祠的道路，责成有关官员制订祭祀的礼仪程序，并对后土祠进行了大规模的维修和扩建，行宫祠庙，缔构一新，并在后土祠内新塑了后土圣母像。经过整修扩建的后土祠，庄严宏巨，当时号称"海内祠庙之冠"。

宋真宗在大中祥符四年（1011），从京城出发，率文武百官到河东祭祀后土，二月底到达奉祇宫，辛酉凌晨赴祭，祭礼之后，改奉祇宫为太宁宫，增殿堂、设圣像，赏赐群臣。其礼仪十分隆重，史称"跨越百王之典礼"，此应是帝王祀后土最后一次、最大规模的盛举。当时，在祭祀后土时，宋真宗在黄河岸边看到"荣光溢河"，即祥瑞之光出于后土祠旁的黄河中，便下令改宝鼎县为荣河县，用以纪念（荣河县的名称一直沿用到1954年）。在祭祀活动结束后，宋真宗又亲自在后土祠旁边的穆青殿款宴乡绅臣僚，给老百姓馈赠锦衣酒食，并在后土祠立了五通大碑，即我们今天看到的《汾阴二圣配飨铭》。

正是由于后土祠巨大的历史文化价值，1996年，国务院确定万荣后土祠为全国重点文物保护单位，因而此碑亦为中国古代名碑之一而威震世界。

另外，人们通常把宋真宗在汾阴后土祠所立的这五通大碑即《汾阴二圣配飨铭》，称之为"萧墙碑"，其原因是因为这五通碑，曾在宝鼎旧城的泰山庙前面做过照壁。

图44　伯夷叔齐庙记

伯夷叔齐庙记(图44)

此碑刻于北宋哲宗元祐六年(1091),立于河东蒲坂雷首之阳(今永济长旺村)。碑首半圆形,额身一石,高250厘米,宽100厘米。额篆"伯夷叔齐庙记"6字,两侧线刻牡丹图案,碑文由黄庭坚书,凡15行,每行40字,共550字。文记黄庭坚以孔子、孟子、司马迁、庄周、韩愈等人历史记载,追溯伯夷叔齐的事迹。

此碑系黄庭坚中年时的作品,是黄庭坚为数不多的正楷书迹的代表作。此碑一异前人以瘦铁之笔写篆书的惯例,而以铁线篆和北魏笔法书写楷书,独创一格,极具特色。其字态、笔态完全师法隋代名碑《龙藏寺碑》,而其笔画比《龙藏寺碑》更加轻盈瘦细,首创楷书中轻健瘦挺的一种书派。其用笔方笔多于圆笔,直竖的落笔、右上角转顿之笔以及钩捺之笔均属北魏方笔法,横长及点撇等笔乃宗魏晋的圆笔法,时露钟王俊逸之笔。全碑字体,以瘦铁之笔为骨,以北魏碑为貌,铁画银钩,方挺瘦劲,气魄古雅,意度精严,丰姿绰约,别具风神。

明赵崡《石墨镌华》在评此碑时说:"余始谓黄书倾侧,尽变唐法;又得此碑,而不觉失席也。碑乃黄书,而无一笔类《狄梁公碑》者,法全出褚登善《圣教序》,瘦劲绝人,策拂钩磔,几无遗恨。"

《山右石刻丛编》有著录,并见于《山西通志·金石记》等书。过去捶拓甚众,中华书局有影印本。此碑确系一通名碑,可惜在20世纪60年代初,被当地无知者,打碎作了烧石灰的原料。

图 45-1　大观圣作之碑

大观圣作之碑(图45)

《大观圣作之碑》亦称《大观碑》，又名《御制八行八刑条例》，是宋徽宗大观二年(1108年)立于宫学、太学、辟雍和各郡县的圣旨碑。大观元年(1107年)三月，宋徽宗下诏建立"八行取士科"，同年九月二十八日，资政殿学士兼侍读臣郑居中"奏乞以御笔八行诏旨摹刻于石，立于宫学，次及太学、辟雍、天下郡邑"。获准后敕令于大观二年(1108年)八月二十九日礼部尚书兼侍讲郑久中以所赐御笔刻石。碑文由书学博士李时雍仿徽宗瘦金体书丹。因由皇帝撰文并书写，因此称"圣作之碑"。

大观圣旨碑当时在全国共立多少通已不得而知，现存世的有河北赵县、河南新乡、泰安岱庙碑林、陕西兴平县文庙、河北平乡文庙、西安碑林等。据《山右金石记》载，在山西襄垣、繁峙、盂县还有三种，均缺泐已甚。在今运城河东博物馆内保存的这通《大观碑》，尽管现已被玻璃罩保护起来，但也是字迹不全，不可率读。

《大观碑》双龙碑额，高126厘米，额的上部及碑两侧刻有"二龙戏珠"和花草组成的图案，碑额"大观圣作之碑"六字为权相蔡京所题。碑体高大，碑身高275厘米，宽120厘米，厚46厘米。碑文四周阴文浅刻二方连续卷龙缠枝牡丹图案纹饰，刻工精细，刀法娴熟。碑文正文20行，说明3行，落款4行，满行71字，共1267字，现已残缺62字。龟趺座。

《大观圣作之碑》是一块反映北宋教育制度和教育内容的碑刻。当时，诏书颁行全国，各州、府、县奉诏立碑于学宫(文庙)。此碑书写的内容是北宋末年宋徽宗颁布的诏书，即以"八行、八刑"取士。碑为建立"八行取士科"而立，这在我国的教育史和科举史上，都是很有价值的文献。

"八行取士科"是为培养和选拔人才而出台的政策,也是为惩治和处分有劣迹者所制定的条款。徽宗的诏书说:人才是在良好的社会风尚与和谐的道德环境中培养和选拔出来的。古代有六条标准,违反这些标准就以不孝敬长上、不友爱兄弟等罪名严加处罚,所以现在制定"八行"和"八刑"颁布到学校,作为选拔人才的标准和奖惩的条例。"八行"是"士有善父母为孝,善兄弟为悌,善内亲为睦,善外亲为姻,信于朋友为任,仁于州里为恤,知君臣之义为忠,达义利之分为和"。具备"八行"者,由下而上层层推荐,直到州一级分为三等,其中"孝""悌""忠""和"为上等,"睦""姻"为中等,"任""恤"为下等。这些人可入太学,享受免试,直到被任命为官吏。反"八行"者为"八刑",各以不同罪名加以处罚。总之,这是教育制度的一种改革措施。"八行取士"的内容,体现了古代士人处世为人的人伦思想道德,有些内容对当今社会仍有着积极意义。

《大观碑》更重要的还有其书法价值。宋徽宗赵佶是历史上有名的昏庸、奢侈、怯懦的皇帝,但他能书善画,在艺术上造诣很深。他非常重视晋唐以来的墨迹,曾汇集所藏前人书札刻《大观帖》传世。他学习历代书法,融会贯通,楷书学习薛稷、薛曜、黄庭坚,书体瘦硬挺拔,纤细秀劲,自创一家,自号"瘦金书"。《大观圣作碑》即是其"瘦金体"的代表作,因其书迹,尤其是碑刻存世颇少,故较为珍贵。

由徽宗创立的"瘦金体",在诸多书法流派中独具一格,笔道瘦细有弹性,运笔挺劲犀利,具有秀美洒脱的风骨。瘦金体书全用中锋,瘦劲挺拔,似铁画银钩,刚健俊逸。横画收笔带钩,竖画收笔带点,撇如匕

首,捺如刀锋,过渡性的连笔则如游丝飞空,整体感觉剑拔弩张,斩钉截铁,体现出运笔的力度并具有行书的舒畅风貌。因这块碑是用宋徽宗赵佶"瘦金书体"所书,因此极具艺术价值。

图 45-2 大观圣作之碑碑额

图 46-1　杏花碑

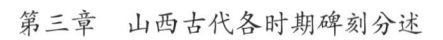

图 46-2 杏花碑之额

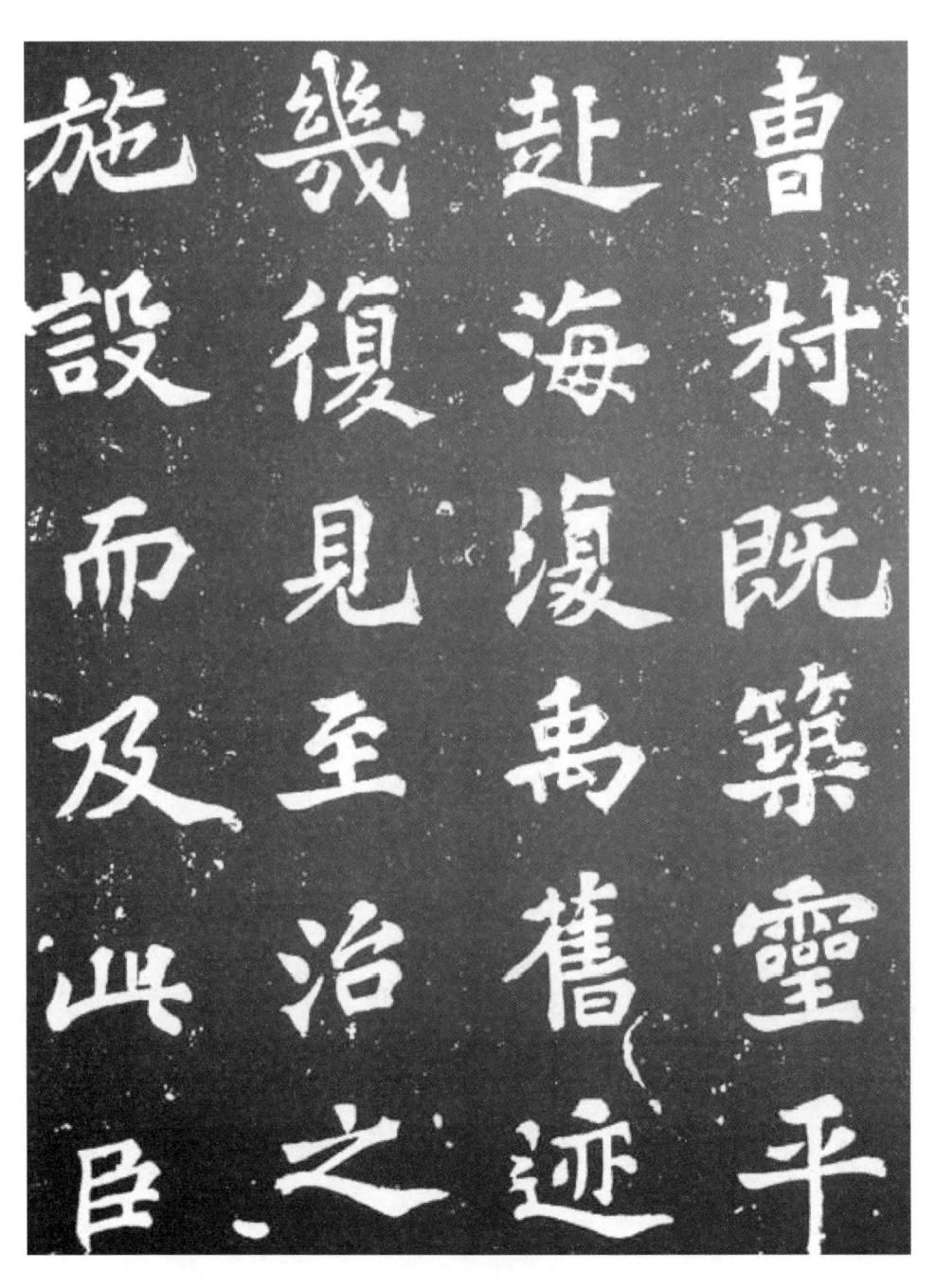

图 46-3　杏花碑局部

杏花碑（图 46）

在司马温公祠里就有两通极珍贵的神碑：一为"鱼子碑"，一为"杏花碑"。

"鱼子碑"是司马炫墓碑。司马炫为司马光的祖父，系司马光之父司马池于1036年立。碑通高220厘米，宽81厘米，厚约25厘米。碑额篆题"大宋故司马府君墓碑"9个字，侧边雕刻花纹。碑文23行，每行64个字。此碑石质极罕见珍贵，通体鱼卵状圆点密布，属鱼卵化石。史书上有"鱼化龙"之传，其寓意是，此石属生命之石，龙气之尊，指其父功德弥天，天地灵气都集中于此。从司马光之子司马康辈起算，时有23人在外为官，故鱼子碑可谓扬威司马家族之光神碑。

"杏花碑"即"司马温公墓神道碑"，也称"忠精粹德之碑"。

碑文主要记述了司马光的家世和一生的功绩。由于历代对司马光评价各异，这幢碑也祸福相交，饱尝了历史的风霜。

元祐元年（1086），司马光逝世，终年六十八岁。太皇太后听到消息后，和哲宗亲自去吊唁，追赠司马光为太师、温国公，谥号"文正"。约在1088年，也就是司马光逝世后的第二年，为彰显其功德，哲宗皇帝篆额"忠精粹德之碑"六个字，钦令大学士苏轼撰文并书丹碑文，玉册官臣王蟠奉旨摹刻，因此"司马温公神道碑"又名"忠精粹德之碑"。

1094年，也就是司马光逝世8年后，章惇、蔡京等人诬陷司马光，哲宗皇帝听信其言，命令将他所定、所题，苏轼撰文并书丹的温公神道碑碎为四段，碑文上的字也被凿毁，深埋地下。因碑额御篆，碑座甚巨而幸存。司马光墓地成了一片废墟，无限凄凉。

金皇统八年（1148），适新任夏县县令王庭直（今安徽寿县人，政绩可观），拜谒司马温公祠，见废墟处长一杏花树，高丈余，树冠如伞，枝繁叶茂，视为奇观。联想前事，他想此或为神道碑显灵，就命人掘挖，得断碑4段于泥土中。之后王县令将断碑仍依原拓片文字重新篆刻，连同额、跋共6石立之，故名叫"杏花碑"。

这通神碑，是承载着历史演变的见证。碑文书法被历代书法家奉为"神品"，乃苏轼五十三岁所作。娴熟的雕刻技术，也是出于一代名家之高手。碑额之大，碑身之高，碑座之巨，碑石之珍贵，珠联璧合，相得益彰，一派雄风浩气李苦禅大师跋以评之："苏楷书当以此帖为第一。"

六、山西元代碑刻

由于在宋代刊印《淳化阁帖》所掀起和形成的倡帖轻碑之风元代依然盛行，故大多书家都热心于书翰札帖，除赵孟頫外，留迹于碑刻者为数甚少。再加上元代享祚较短，自元世祖忽必烈至元八年（1271年）定号元起，至元惠宗至正二十八年（1368年）朱元璋攻入大都推翻元朝统治，前后仅历时98年。故尽管整个元代留存于世的各类碑刻数量并不算少，但其中具有重要书法艺术价值的传世书法名碑，却为数甚少。元代碑刻，当以才华横溢、有元一代书法公认的领袖赵孟頫为杰出代表。在山西临汾翼城博物馆藏有程钜夫撰、赵孟頫书的《裕公和尚道行碑》，此碑字体清秀，笔力雄健，结构谨严。另外，在稷山马村青龙寺还矗立一通四面碑《平阳郡公姚天福碑》。

据考，山西目前所存元代碑碣达上百通，分布于全省境内，其中具

第三章　山西古代各时期碑刻分述

有较高历史、文学、书法等价值的主要有：稷山《平阳郡公姚天福碑》，翼城《裕公和尚道行碑》《大德十一年圣旨碑》，临汾《重修明应王庙碑》《重修明应王殿之碑》《冲和真人道行之碑并序》《大元国故宣差平阳路诸色人匠达鲁花赤苏君墓志铭》《大元敕赐重建尧帝庙碑铭并序》《圣旨田宅之记》《兴修上官河水利记》，乡宁《重修晋荀大夫庙碑铭》，运城《解盐司新修盐池神庙碑》《重修泰山庙碑记》《新作孔子庙记》《敕封广济惠康王之碑》《敕封永泽资宝王之碑》《大元敕赐重修盐池神庙碑》，芮城《创建玄逸观碑》，夏县《忽失口神道碑》《创修长生观碑》《忠清粹德之碑》，闻喜《重修庙学碑》，万荣《秋风辞》，永济《元封二贤诏碑》《披云道院圣旨碑》《重修段干木祠堂碑》，晋城青莲寺《重修法藏之记》，沁水窦庄佛庙《新修佛堂碑》、土沃乡圣王行宫庙《修建圣王行宫碑》、嘉峰村《县尹常公兴修水利碑》，平顺《重修九天圣母庙记》、《大铎白衣堂碣文》《重修妙轮院并胜果院田庄之记》《敕赐天台山惠日禅院》，长治县《神农庙碑记》、长治市《前上党县达鲁花赤忽都帖木儿德政记》，长子《唐虞庙重修记》，太原《玄通弘教披云真人（即宋德方）碑》，阳曲《敕赐不二禅院净公戒师之铭》，大同《海云舍利塔》，原平《慈云和尚创建弥陀院记》，繁峙《殷珍墓碑》《创建官水磨记》等。

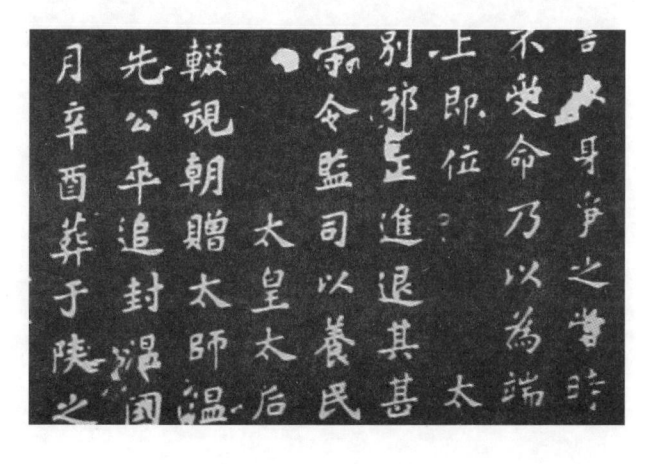

图 46-4　杏花碑局部

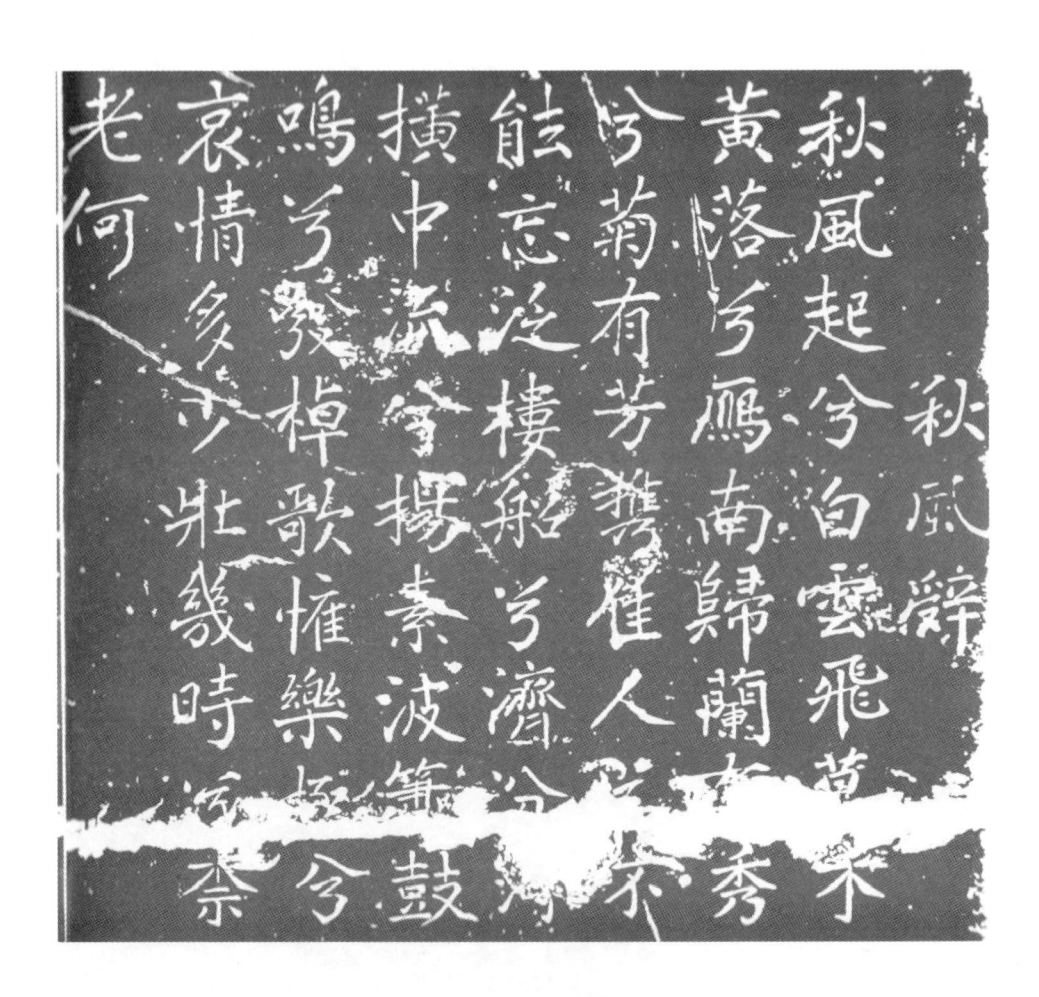

图 47　秋风辞

秋风辞(图 47)

秋风楼位于万荣县城西南 40 公里处的宝鼎乡庙前村北黄河岸边的后土庙内,因楼上存放汉武帝《秋风辞》碑而得名。

汉武帝曾五次巡幸河东。元鼎四年(公元前 113 年)秋季,武帝在汾河舟中欢宴群臣,慷慨高歌,写下了《秋风辞》。《秋风辞》不见于元代之前的典籍记载,人们只是口口相传,到元代时才出现在后土祠中的一块石碑上。当时,人们还专门为这块石碑建了一个亭子,称为"秋风亭",到明朝时扩建为"秋风楼"。

楼上三层存有元大德年间董若冲所书《秋风辞》刻石:"秋风起兮白云飞,草木黄落兮雁南归。兰有秀兮菊有芳,怀佳人兮不能忘。泛楼船兮济汾河,横中流兮扬素波。箫鼓鸣兮发棹歌,欢乐极兮哀情多。少壮几时兮奈老何!"辞的开头是以汾水汇入黄河映进眼帘的景物起兴,汹涌澎湃,草木凋零,雁阵南归,眼前能看到秋风掀起白色美丽的波涛,耳边可听到箫鼓和鸣的声音,还隐隐约约传来船夫扳船用劲时发出的号子声。汉武帝高兴到了极点,乐极生悲,感叹人生短暂,惧怕老之将至。两千年来,诗家这个永恒的主题,由汉武帝起了个头,真可谓一领风骚千余年!

《秋风辞》在我国文学史上占有重要的地位,其文学价值很高。此刻石有二,均置于万荣后土祠秋风楼内。清代王轩所篆的《秋风辞》置于二层,三层为元至元八年(1273)三月初五日的刻石,石为横幅,高 58 厘米,宽 73 厘米,辞 9 行,行 9 字,跋文 8 行,行 10 字。石已破裂,用木架固定,左上角阙。无论元代或清刻所刻《秋风辞》其书法俱佳,均可谓我省名碑。

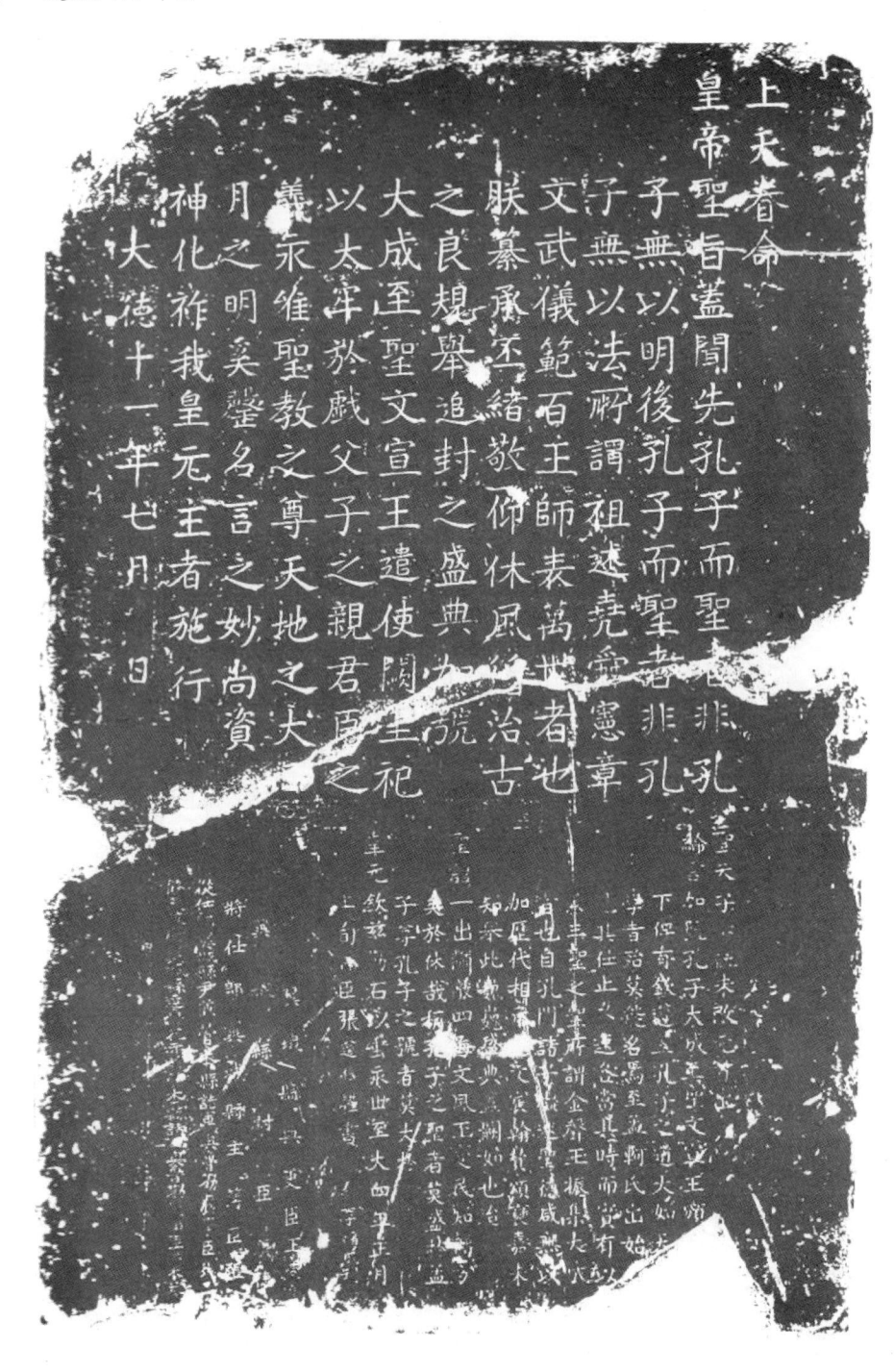

图 48-1　大德十一年圣旨碑

大德十一年圣旨碑(图48)

全称《加封孔子为大成至圣文宣王诏书碑》,元大德十一年(1307)7月镌刻。碑现存临汾翼城县文化馆。碑为长方形,高120厘米,宽76.5厘米。中有横断裂纹,分上下两栏,上栏为皇帝圣旨,下栏记勒石事由。张遵信书丹。楷书,字体秀美,笔笔有力,字字规范,布局疏朗,颇耐欣赏。

据考,元成宗铁穆耳卒于大德十一年(1308)正月,元武宗于当年五月即位,次年改元,碑文所刻的加封孔子为大成至圣文宣王诏书,系元武宗所下。

在山东曲阜孔庙十三碑亭也有一通大德十一年(1308)镌刻此圣旨碑文的石碑。曲阜碑为龙首龟趺,高403厘米,碑额题刻汉文和八思巴文两种文字,碑身也同样刻有用汉文、八思巴文两种文字书写的碑文,两种文字逐字对刻。

此碑对于研究孔子和儒学在元代的地位、作用和影响具有重要价值。

图48-2 大德十一年圣旨碑局部

图49-1 裕公和尚道行碑

图 49-2　裕公和尚道行碑局部

裕公和尚道行碑（图 49）

全称《大元晋宁路翼城县金仙寺住持弘辩兴教大师裕公和尚道行碑》，位于山西省临汾市翼城城内石牌坊东 200 米处。元延祐七年（1320）春季，由住持僧智恩、智真、智信等立石。

据碑侧题记和民国《翼城县志》记载，此碑原立于旧城同颖坊金仙寺内，寺毁后，明万历元年（1573），邑人太守杨纬志，移置其于后土圣母庙内。1938 年，圣母庙被日军焚毁，独此碑幸存。1992 年山西省文物局新建了六角碑亭、围墙和大门，加以妥善保护。该碑现存县博物馆。《山西通志·金石记》《山右石刻丛编》《翼城县志》均对此碑全文刊载。

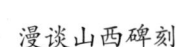

碑身高 255 厘米，宽 115 厘米，厚 033 厘米。周刻忍冬花边，因年久日晒、雨淋、火焚，致使碑身裂纹较多，下部有数字漫漶难识。碑文系楷书，间有行书，字径寸余，共 22 行，满行 54 字，共 1014 字。文记裕公和尚出家为僧五十二年的始末，由元代书画大师赵孟頫撰书并篆刻碑文，为当今稀世珍品。

裕公，稷山县人，俗姓郝，法名广裕。九岁从显公和尚出家，二十九岁得法于云寿和尚，三十一岁起，先后为圣寿寺、华严院、十方仁寿寺、金仙寺、胜因寺主持，兴废创新、宏广佛法。他敏慧勤奋，造诣精深，说法融会贯通，曾赴陕州、闻喜讲经，备受欢迎。朝廷设"资戒大会"裕公和尚登坛讲经，深符圣意，元世祖忽必烈特赐袈裟，予以表彰。大德十一年（1307 年）圆寂于金仙寺，享年 72 岁。一生以广佛为务，授徒 70 余人，名播四方。

碑文撰书者赵孟頫是元代书画家，官拜翰林学士承旨、荣禄大夫、知制诰兼修国史。5 岁开始临池，以"二王"为楷模，博采魏、晋、唐、宋诸家之长，形成了潇洒自如、雍容华贵、笔法圆润、字形秀丽而法度严谨的"赵体"，与欧阳询、颜真卿、柳公权并列，在元、明、清书坛上有着深远的影响。

赵晚年笃信佛教，善以笔砚作佛事，他撰、写、篆的碑版达 80 余通，见于《山右石刻丛编》者，有《中条孙氏先茔碑》《梁天翔碑》《牛氏墓碑》《追封吉天英碑》及此碑。而《裕公和尚道行碑》的书篆，属其晚年的得意之作，其书写中常参以李邕笔意，楷中带行，矫健多姿，用笔放纵开张，毫无姿媚之态，点画精妙而使转灵活，既严谨又洒脱，是赵氏书法中不可多得的佳作。

第三章　山西古代各时期碑刻分述

图50　姚天福神道碑

姚天福神道碑(图50)

全称"大元故通奉大夫参知政事大兴府尹赠正奉大夫河南江北等处行中书省参知政事护军追封平阳郡公谥忠肃姚公神道碑并序",是元初名臣姚天福的墓碑。石碑原矗立在稷山县城西北路村乡姚天福祖茔,1984年10月移置稷山县马村青龙寺院内。

全碑为青石质,螭首龟趺,碑通高达500厘米,重达10吨。其碑额高150厘米、宽154厘米、厚60厘米,上雕二龙盘顶,栩栩如生,中间有虞集亲笔书写的篆体"大元故通奉大夫、参知政事、大兴府尹、赠正奉大夫、河南江北等处行中书省参知政事、护军、追封平阳郡公、谥忠肃姚公神道碑";碑座雕饰为一头正卧的赑屃,长260厘米、宽146厘米、高86厘米,其头部高扬,两眼圆睁,露出锋利的牙齿,尾部卷曲,非常雄伟。碑身高280厘米、宽145厘米、厚50厘米,四面刻文,正背面各31行,满行70字,全文长达5042字,这在全国都十分罕见。碑文末尾未署书写者姓名,据传是赵孟頫所写,有待进一步考证。

姚天福,字君祥,绛州稷山南阳里(今稷山南阳村)人。生于金正大六年(1229年),卒于元大德六年(1302年),享年73岁。历元世祖、元成祖两朝,做过监察御史、提刑按察史、刑部尚书、平阳、真定路总管,最后官至中书省参知政事、大都路总管兼大兴府尹和本路诸军奥鲁总管。

姚天福自持严谨,胸怀坦荡,一身正气,两袖清风,虽官高位显,仍处置若素,阿合马抄起家时,仅得脱粟米7升。他为官刚正不阿,蔑视强暴,明察秋毫,体恤民情,终生反腐败不懈。多少年来,姚天福被人们称作"铁面御史"。元世祖忽必烈将他比做唐朝的魏徵,赐予他"巴二思"（蒙语猛虎之意）的称号。

姚天福的一生，清正廉明、忠君爱民、执法如山、铁面无私，被称为元朝的包公。时人评论他："骨鲠有为，始终不易其操者，公当第一。"他在职期间催强惩恶，冒死不辞；开仓赈济，解民困苦。他在元朝初年国家刚刚统一、百废待兴的时候，全力维护国家纲宪，严肃法制，强化吏治，在加强政权建设，维护社会安定，恢复生产、农业发展、兴修水利等方面都建立了不可磨灭的功勋。姚天福去世31年后，即元统元年（1333）三月，元惠宗为追思他的丰功伟绩，在他家乡稷山县路村庄其祖茔树立了高大的"神道碑"。其神道碑，在当时的社会中产生了重要的影响和教育作用，即使在600多年后的今天，仍对我们有莫大的勉励与鞭策。

姚天福神道碑，由元朝著名文学家、书法家虞集受诏命，应姚公之子姚侃之求撰书，记述了姚天福的生平事迹。其文流畅飘逸，书法端庄遒劲，雕工绚丽精湛，为难得的金石作品。其撰书者虞集，于有元一代，不仅文章学问冠冕一时，而且是继赵孟頫之后，主张复古思潮，力推魏晋古法的一名重要书家。其清劲雅正的书法风格突出于元中期书坛，是元中期奎章阁书家的重要代表。后人称其书"篆、隶得汉人笔意，行、楷直抵晋唐"，"古隶为当代第一"。仅就此碑而言，其书法结体严禁，运笔自如，劲俏而显活泼，游弋而不失法度。其行书尤为潇洒、隽秀，被誉为"雄剑倚天、长虹驾海"。

姚天福神道碑，是一通集史学、文学和书法艺术价值于一身的三晋名碑，是山西现存元代名碑之最，2002年被定为国家一级文物。

七、山西明代碑刻

山西明代的碑刻较为盛行，记述内容也比较丰富，数量甚多。尽管此时碑刻品种数量都众多，形制也很壮观，内容也有时代气息，但无突出的、新的创造，其书法艺术也远远逊色于前代和同时代以保存、传播书法艺术为主要目的的碑刻。主要原因是，由于帖学极盛，以保存、传播书法艺术为主要功能的书法碑刻大为式微。然而，由于具有两千多年悠久历史的碑文化的影响已渗透于社会各个领域，因此除书法碑刻之外的其他碑刻，依然还保持着一定程度的繁茂。特别是随着中国社会手工业、商业的发展和资本主义萌芽的出现，经济类碑刻开始在明代悄然兴起，有关水利、农业、交通、军事、社会治安、工商会馆沿革历史、工商业发展情况等方面的碑刻数量都有所增加，还出现了长城碑、线刻图画及题名碑等新的品类。

山西境内的明代碑刻大多出自民间普通庶民百姓和下层文人之手，所述内容涉及社会的各个领域，充分反映了明代的社会经济、风俗、制度等方面的情况。如反映水利的《绛县重导带溪水记》《洪洞察院定北霍渠水利碑记》《平阳府重修平水泉上官河记》《张长公行水记》《新改双益河碑》，农贸方面的《曲沃县均田记》；交通军事方面的《平顺虹梯关铭刻石》《灵丘万历二年阅边碑》《朔州明长城碑记》；教育义行方面的《运城仝氏尚义输粮记》《河东书院藏书楼记》《永济夷齐论》《运城重修育才馆碑记》；律令规约《朔州禁例十二条卧碑》《五台山卷案碑》《五台山各寺免粮碑记》《黎城按晋训廉谨刑约言碑》；地震灾害方面的《稷山地震碑》《武乡世宗祭焦龙之神碑》；反映官绅的《夏县司马故里坊牌记》《夏县忠清粹德之碑》《武乡魏光绪墓碑》；反映寺观、民间信仰方面的《明太祖霍山大明诏旨碑》《洪洞建文元年御祭中镇文》《屯留县重修三峻山神庙记》《榆次重修城隍显祐伯祠记》《平陆重建傅相庙记》《长子重修灵湫庙记》《代县赵杲观修复碑》《洪洞邑侯刘公校正北霍渠祭祀记》《修平阳府城碑》《尧庙重新记》《重修帝尧陵寝碑记》《增修净土寺记》《运城重修池神庙记》；佛教方面的《重修佛光寺补塑罗汉碑》《太原重修芳林寺之记》《五台行实碑》《沁源圣寿寺碑》《广胜寺建塔僧达连生平碣》《重修圆照寺碑记》《敕建五台山大塔院寺碑记》《临济二十七代孙玉峰和尚法嗣西竺上人传衣记》《明英宗皇帝勅谕护持山西五台山显通寺》《明神宗敕谕山西五台山》；诗词歌赋方面《蒋昺诗刻石》《王溱谒司马光祠墓诗刻》《康海四季六言诗石刻》《饯饮海光楼赠诗》《黄华山居诗四首》《青莲漫游偶题》《宋岳与裴内山共饮青莲寺留题十韵碑》《稷山孙倌草书碑》《王国光游青莲寺诗》《许维新游青莲寺留题》《路纲游广胜寺诗二首》《文徵明虎山桥诗碑》《文徵明太湖诗诗碑》《文徵明宿碧照轩诗碑》《傅淑训丁末夏日》《薛一印和旧八景韵刻石》《薛一印新题高粱八景刻石》；题名画像方面的左权《新修十八盘并天井郊城堡图碑》《闻喜孔子司寇像碑》《夏县司马光像赞刻石》《夏县薛瑄像赞刻石》《五台显通寺龙虎二碑》《河东盐池之图》《平陆商中兴贤相傅公版筑处题名碑》《长治千手观音造像碑》《解州独占鳌头刻石》《绛县绛侯封邑题名碑》等等。这些碑刻为研究明代社会提供了宝贵的第一手资料，具有较高的历史价值。

本节主要谈一下我省明代较为特殊的品类：御旨碑、长城碑、摩崖巨字及线刻图画碑。

（一）帝王御旨碑

与唐宋帝王，特别是唐代帝王相比，明代帝王御撰御书的碑刻数量较少。在山西境内存世的明代碑刻中，帝王所撰所书碑刻有明太祖朱元璋的《霍山大明诏旨碑》及《建文元年御祭中镇文》碑；在五台山还保存有《明英宗皇帝勅谕护持山西五台山显通寺》《明神宗敕谕山西五台山》等。

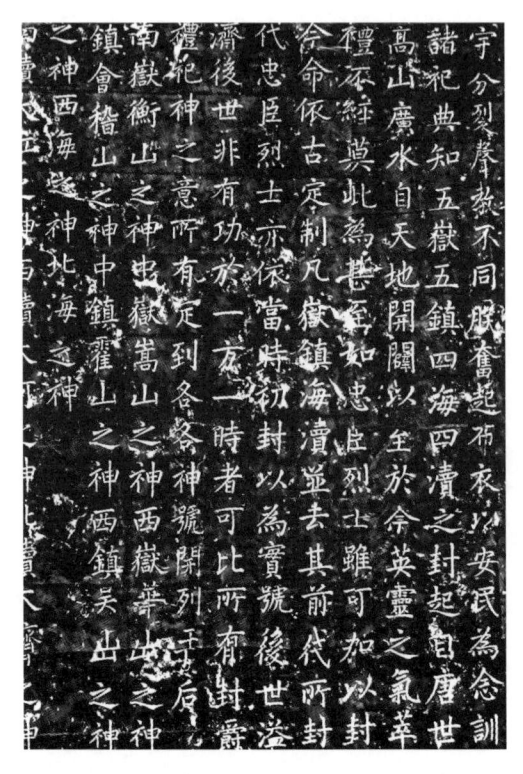

图 51　霍山大明诏旨碑局部

霍山大明诏旨碑（图51）

碑镌刻于明太祖洪武三年（1370）。现存洪洞兴唐寺乡中镇庙遗址。螭首龟趺，通高600厘米，碑首高浮雕龙纹图案，中额题"大明诏旨"四篆书。

碑文为明太祖朱元璋诏封五岳五镇及河海诸神的诏旨。朱元璋为诏定简化天下诸神神号，颁布了"大明诏旨"，并在国家最重要的祠庙前镌石立碑，昭告天下。《大明诏旨》碑可以说是"诏定岳镇海渎神号"碑，宣扬的是朱元璋不同于前代统治者的祭神主张。

碑文记叙：元朝末年天下大乱，作为一介平民的朱元璋，顺应民意平定天下。他认为应当以"礼教"治理天下。查考诸祀典籍记载，"五岳、五镇、四海、四渎"的封位赐爵祭祀开始于唐代，自此之后每个朝代对其崇名美号，有过之而无不及。朱元璋对此则有不同的认识。他认为"岳镇海渎"是"高山广水"，"英灵之气，萃而为神"对其祭祀应以山水本名称其神。在祭祀中，除了高山广水以外，还要对历代的忠臣烈士、各府州县的城隍庙神进行祭祀。此外，他着重提出了对孔老夫子的恭敬祭祀。同时也指出，天下无功于生民的神祠一律不予祭祀。朱元璋这种不同于前人的祭神主张，意在推陈出新，超越前人。

明朝洪武三年（1370），明太祖朱元璋去其前代封号，以五岳、五镇、四海、四渎山水本名称神。其五岳为：泰山为东岳，华山为西岳，衡山为南岳，恒山为北岳，嵩山为中岳。五镇的称谓是"东镇沂山之神、西镇吴山之神、南镇会稽山之神、北镇医巫闾山之神、中镇霍山之神"。四渎即江、河、淮、济。江者长江，河者黄河，淮者淮河，济者济水。

对于"岳镇海渎"的祭祀，可追溯至远古先民的原始崇拜，远古的时候，岳、镇祭祀曾经是古人心目中最为重要的事情。"五岳"为"天"的代表，是仁德和尊严的象征；"五镇"是"地"的标志，是国土和统治的化身。岳、镇成为皇(王)权和国家社稷的象征。十九世纪末在河南安阳发现了殷墟甲骨卜辞，近百年来这些甲骨文字研究的结果，史学家们确认起码在3500年前人们对大山的祭祀不但十分频繁，而且具有了某种规律。而从各种文献记载和考古发现看，霍山甚至包括整个太岳山脉，都是当时祭祀活动最为集中的一个区域。

霍山内原有中镇庙，隋开皇十四年(594)建，《隋书》《礼仪》志载，十四年"就山立祠"。旧志载为"唐高祖破宋老生处，于此建庙以祀"，当为重建。从历代帝王对其封号足以看出对高山广水祭祀的重视程度，唐封"应圣公"，宋封"应灵王"，元称为"崇德应灵王"，明改为"霍山之神"，朱元璋在他即位的第三年以圣旨的形式诏封为"中镇霍山之神"。据考，明朝的历代皇帝均恭敬地遵循了朱元璋的祭神主张，相沿不废。《明史》载，每年的春秋两季均有祭祀活动。到了清朝对霍山的祭祀并没有就此而止，据道光版《赵城县志》记载：康熙分别于二十七年十二月、三十五年正月、四十二年四月和五十八年三月，四次遣官致祭中镇庙，均有祭文。在康熙四十二年(1703)清圣祖康熙皇帝西巡至霍，御书了"秀峙中区"，以示对霍山的尊崇之意。

中国人自古相信山、川、湖、海皆有神明。其中最重要的所谓五岳，五镇，四渎，四海之神皆由国家祭祀，以求天下太平。中镇庙就是国家专祀中镇霍山之神的祠庙。这些行为真实记录了一个个历史片断，因而成为我们解读和还原历史的珍贵资料。今天，能够如此完整保存的"大明诏旨"碑已经为数不多了。

碑文工整遒劲，书法端重坚凝，气度十足。

第三章　山西古代各时期碑刻分述

图52　建文元年御祭中镇寺

建文元年御祭中镇寺（图52）

碑为明惠帝建文元年（1399年）镌刊。现存洪洞兴唐寺乡中镇庙。高45厘米，宽65厘米厚14厘米。

碑为建文皇帝即位，遣官祭中镇霍山之神所立。传曰："霍山神者，苍帝之中子也，生于天灵之纪，著雍赤雷若之岁。封冀，总领海内名山，璜寰以象其德。"中镇庙就是明代皇帝专祀中镇霍山之神的祠庙。自明太祖朱元璋始，每位皇帝继位均遣官去霍山祭中镇之神。据中镇庙所立的御祭碑文中，有明洪武十三年（1380）八月御祭中镇文；建文元年（1399）二月御祭中镇文；景泰六年（1455）六月御祭中镇文；成化十三年（1477）五月御祭中镇文；弘治六年（1493）四月御祭中镇文；正德元年（1506）四月御祭中镇文；正德六年（1511）十月御祭中镇文等等。此碑文本身并无特异之处，但在全国所有御祭碑中，"建文"年号目前只此一见，故尤为珍贵。

1398年明太祖朱元璋去世，皇太孙朱允汶即位，年号建文。建文元年（1399年），燕王朱棣起兵北平，以"清君侧"为由，打出了"奉天靖难"的旗号，将自己的军队称为"靖难军"。四年（1402年），取建文帝而代之，是为成祖。成祖下令毁掉建文帝在位期间一切痕迹，故天下以建文年号所立之碑消失殆尽，更不用说以建文帝名义所立之碑了。

明末清初著名学者朱彝尊，在他所著《曝书亭金石文字跋尾》一书中，指出该碑的历史价值："山右霍山庙碑，建文元年正月壬午，祗祭上帝于南郊，二月癸亥，鸿胪寺序班周敖、国子监生袁纲，奉命以香币牲醴祭告中镇。勒其文于碑，嵌庙西壁上。盖自燕师靖难之后，四年之政事悉行革除，旧典遗文去之唯恐不尽。乃普天之下，尚留此一片石存人间。世之君子,有志于补修惠宗实录者,辞虽不多,所宜大书特书、布在方策者也。"

该碑在20世纪六十年代的文物普查时尚在,1967年中镇庙被拆后遗失,直至2009年复又出土。失而复得的古碑更令我们要格外珍惜,加以保护为是!

(二)明长城碑

在山西灵丘境内峻岭河谷之上,遗存完好的砖砌空心敌楼遗存数量非常多。这种带有茨字编号的牌匾,经实地考察已发现到了二十一号台。据山西省长城资源调查队提供的信息,在繁峙县茨沟营西北的灵丘境内有座敌楼"茨字三十七号",已知为茨字最大号数的敌台。在茨字一号、十二、十三、十九号台都立有阅边碑。如《灵丘万历二年阅边碑》,明万历二年(1574)镌刻。

碑原立于内长城"茨字十三号台",主要记述明万历二年(1574),兵部右侍郎汪道昆等人,阅视蓟辽保定边务至此所立的阅边情况。

据华夏子《明长城考实》记载,长城从木佛台西南过海拔1525米高的铁角山向西进入下关乡潘铺村。在村南(《明长城考实》记载为村北)3华里的一条曲折蜿蜒的山沟里,有三座砖砌空心敌楼,分别坐落在呈三角形的三个山梁上。东侧敌楼为茨字十一号,西侧敌楼为茨字十二号,北侧敌楼为茨字十三号。三座敌楼上部均为自然损坏,多为雷击所致。现有一方门匾及两通阅边石碑被潘铺村民捡回存放在院内。石匾风化较为严重,但可辨认"茨字拾贰号台"。十二号台阅边碑为万历四年（1576年）春所立，碑面风化严重，除右侧部分文字可辨外，其余已模糊不清。十三号台的阅边碑为万历二年（1574年）所立，碑体完整，字迹较清晰。碑文中记载的阅边人员有：兵部右侍郎兼都察院右佥都御史汪道昆、总督蓟辽保定等处军务兼理粮饷都察院右都御史兼兵部右侍郎刘应节、都察院右佥都御史富平孙丕扬、巡按直隶监察御史屯留暴孟奇、山西提刑按察使副使安丘辛应干等。

这些阅边碑为研究明代长城历史文化、地域文化，提供了宝贵的实物资料。

图 53-1 长城碑记局部

第三章　山西古代各时期碑刻分述

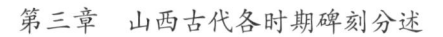

图 53-2　长城碑记

《长城碑记》(图53)

石碑镌刻于万历三年(1575)九月。1972年出土于朔县石湖岭村东北银盘山长城墩台附近,出土时距地表仅10厘米。石碑现存该地,保存完好。

石碑上端成弧形,下端留有榫头,作为插入碑座之用。通高62厘米,宽42厘米,厚12厘米。碑首横刻二大字"碑记",下竖刻11行,碑文共115字。

碑文记录了明万历年间增修长城的翔实情况。明代为了防御外族的侵扰,在旧有长城的基础上,动用大量的人力物力,增筑和改建万里长城。在山西境内就有八百五十多公里,并多用砖石包砌。从《碑记》中,我们可以了解到当时的许多情况。《碑记》记述的这段长城,是在旧有长城的基础上,"外面石砌""加高七尺"。可以看出,明朝长城的结构多用条石和砖包砌。修筑用了多长时间已无从查考,但"修工旗军"有"一千五百七十九名",部筑的长城只有"八十三丈"长,可以想见工程的艰巨程度。另外,《碑记》还说明当时修筑长城分段明确,要求严格,工程竣工后须经验收,从而保证了工程质量。

《碑记》上记述的这段长城,现在石砌大部分拆除,土墙已成颓垣,但和附近阳方口以西留存的长城相比,规格还是相近的。明代修长城碑的发现,为我们研究山西明代长城的修筑情况,提供了宝贵的数据,有着重要的意义。

（三）摩崖碑

明代留下了一些摩崖巨字，而出现我国古代最大的摩崖巨字，却是在五岳之首的恒山，即"恒宗"摩崖巨字（图54）。恒山位于山西浑源塞北高原，其主峰高度海拔2017米，就其形势险要和高度，堪称五岳之冠。恒山南临全晋，北控朔方，山势雄峻，地形险要，是帝王巡守疆土、封神祭天、显示武功的地方。相传四千多年前舜帝巡狩四方，至此见山势雄险遂封为"北岳"，在明代誉为"峙中华之坊表，巩神京之翊卫"的"塞北第一名山"。在恒山大字湾中刻有许多历代名人题刻，尤为令人瞩目的是在大字湾光平如削的石壁上，凿刻着巨大的"恒宗"二字，字高约23.5米，宽约13.5米，是明代、也是我国现存的古代最大摩崖字。字体苍古有力，雄浑遒劲，悬于空中，势若巨匾，顶天立地，气

图54　恒宗

势磅礴，极为壮观。字迹系按名家手书忠实放大，极富神韵。据考，"恒宗"二字凿刻于明宪宗成化年间，虽已历经500多年风雨剥蚀，但至今字体完好，笔画清晰，风采气势不亚当年。

（四）线刻图画及题名碑

在山西境内，线刻图画及题名刻石遍及各地，不可计数。透过这些画面可以让我们更直观地感受到彼时彼地的地理风貌、人文景观、民情风俗、社会制度、封建礼仪等，使我们可以从历史人文的角度，钩稽当初立碑设碣的意义与典故，为我们研究了解其地域文化、人文历史提供了宝贵资料。

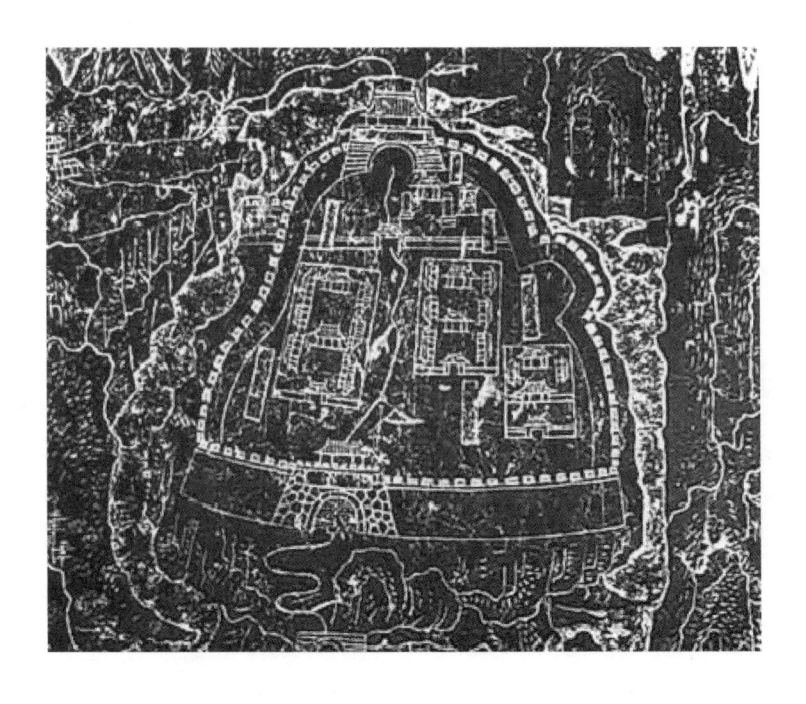

图55-1　左权新修十八盘并天井郊城堡图局部

第三章　山西古代各时期碑刻分述

图 55-2　左权新修十八盘并天井郊城堡图

左权新修十八盘并天井郊城堡图(图55)

此碑为明洪武二十年(1387)前后勒石。原立于左权县羊角乡盘垴村黄泽关,2010由县文管所迁至左权文庙大殿的前沿下。碑面完好,惜碑座遗失。

碑高141厘米,宽71厘米,厚23厘米。碑上方自右至左楷书"新修十八盘并天井郊城堡图"。碑面为正面俯瞰图,清晰可见的盘山路,涓涓的流水,不规则的城墙,在崇山峻岭的环绕下,一座城堡坐落于腹地。其透视角度准确,绘技精巧。石匠王自强刻石。

此碑虽无镌刊时间,据黄泽关所立明万历三十四年《重修武安王庙工竣记碑》所载:"缘自我太祖高皇帝藩封恭王入晋,钦命行军大司马高巍火暖崇岗,林石焚爆,开山凿路,上筑堡寨,内设巡检司。"此事当在洪武二十年前后。当时朱元璋为加强中央集权制,曾下令在全国丈量土地并绘制图形,在此基础上实行里甲制和关津制。关津制规定,在全国"冲要去处",分设巡检司盘查行人。

左权县羊角乡黄泽关十八盘为山西通往河北的关隘要冲。为此,在那里专门修建了一座内城堡,设置了巡检司,并有相当规模的兵力马队常年驻守。从碑上我们可以清楚地看到天井郊城堡及由城堡向南迂回曲折的盘山小道,以及通过黄泽关两道关门的图像,具有真实感。

《堡图碑》,是目前发现的全国唯一一通内城堡图石碑。它完整地刻有黄泽关堡的地理、地形,详细描绘了黄泽关关堡及关门和关道的位置、格局,是长城沿线唯一记载关、堡布局的石碑,对考证明代关隘防守有着重要的意义,具有很高的历史和研究价值。

《孔子像》碑建于明朝嘉靖四年(1525年)冬,原置于闻喜县城文庙大成,殿内左壁,现存大成殿正中壁间。保存完好。

第三章　山西古代各时期碑刻分述

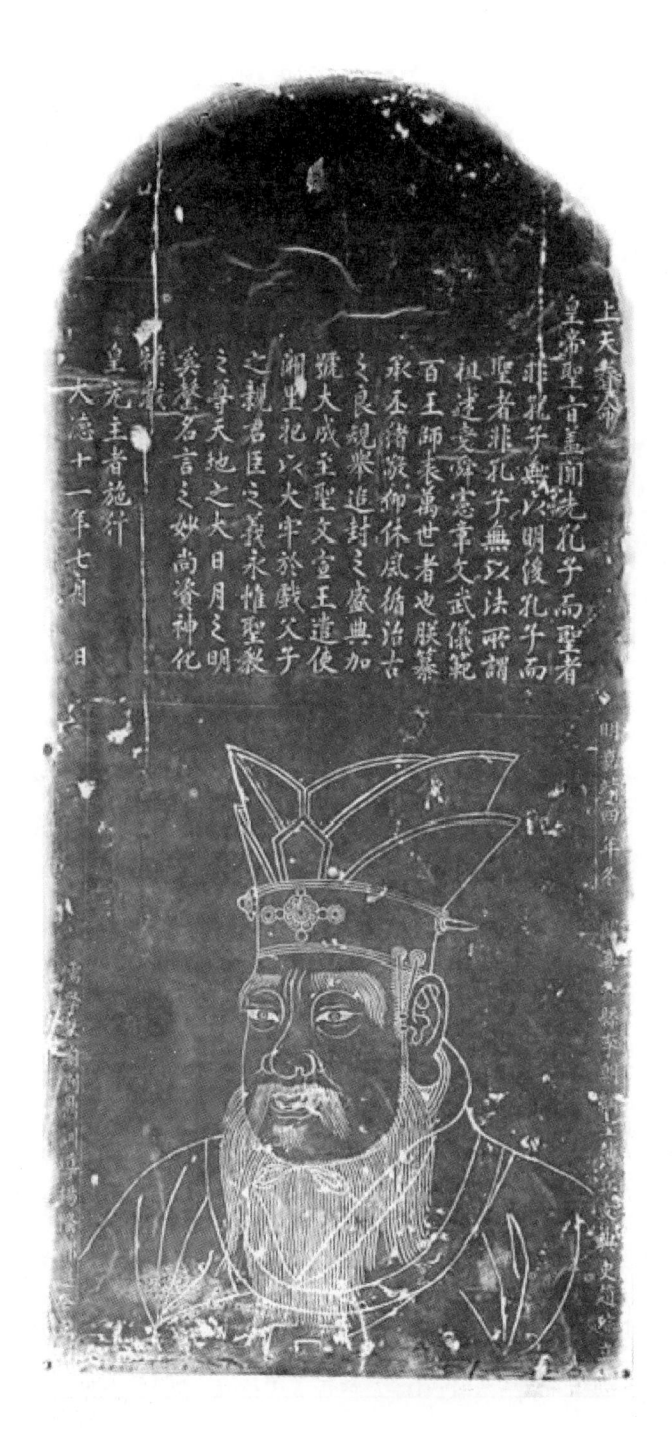

图 56-1　孔子司寇像碑

图 56-2　孔子司寇像碑局部

孔子司寇像碑(图 56)

青石质。碑高 133 厘米，宽 65 厘米，厚不详。碑座高 30 厘米，宽 65 厘米。碑文 16 行，行字多为 10 个，排列整齐，笔迹工整，每字间架结构疏密适度，清新秀颀，久观不衰。碑的下半部刻一孔子头像，线条精细，胡须眉毛历历可数。孔子面容端庄，神态自若。像右书："明嘉靖四年冬闻喜知县李朝纲主簿丘文典史赵宋立。"像左下书："儒学教谕刘鼎，训导杨隆、郄选仝立。"

碑文旨在阐明孔子的思想、言论是治国安邦的良策，是制订法度的依据，是指导王公文武行动的准则，因之圣上加号为"大成至圣文宣王"，并"祀以太牢"，让孔子之道与日月同辉，与天地共存。

司寇是中国古代官名，西周始置，位次于三公，与六卿相当，与司马、司空、司士、司徒并称五官，掌管刑狱、纠察等事。各诸侯国亦置此官，职掌同周，楚、陈等国称司寇。后世也用作刑部尚书的别称。据《左传》和铜器铭文所记，春秋时，周王室和鲁、宋、晋、齐、郑、卫、虞等国都置有司寇之官，其职责是驱捕盗贼和据法诛戮大臣等等。

鲁定公十四年，孔丘任鲁国大司寇。他对于治理国家曾经有一句很有名的话："道之以政，齐之以刑，民免而无耻；道之以德，齐之以礼，有耻且格。"（《论语·为政》）就是说，如果对民众用政策去引导他，然后用刑法去整顿他，虽然能够使他们暂时幸免罪过，但是他们还是没有羞耻之心。若用道德去引导，用礼节去整治，人们就"有耻且格"，他们不但会有羞耻之心，而且还会自觉走上正路。在他做司寇的时候，他的一些做法，对中国几千年的法律制度产生了重大的影响。

自汉代起，人们为了表达对孔子的崇敬，开始不断地塑造孔子的形象，或图之于壁，或镂之于木，或刻之于石，或画之于纸帛，到明代中期产生了反映孔子生平事迹的《圣迹图》。此图关系着儒家思想的传承以及中华民族文化的命脉，对后世有着巨大的启示与影响作用。

图 57-1　河东盐池之图

河东盐池之图（图57）

石碑刻于明神宗万历二十五年（1597年）。青石质，呈长方形，长170厘米，宽103厘米。原置运城盐池北畔卧龙岗池神庙，1970年，该石刻被存放到盐湖区博物馆收藏，保存完好。

《河东盐池之图》绘制之起因，是由于巡盐御史吴楷闻之盐生于黑河，他不"任耳"而"任目"，亲往观看，见到了盐丁采盐之苦，有感于"歌咏难述"，便绘制图形，刻镌于石，以传后世。图中描绘了运城盐池的自然景观：山色苍茫，林木葱茏，芦草繁茂，水波荡漾，秀丽壮观，展示了明代盐池潞盐生产的真实场景，形象地记录了盐丁捞采的史实，画面中人物形象栩栩如生，十分感人。

河东盐池，旧称"盐贩之泽"，因其属于古解州之地，所以又叫"解池"。该盐池位于黄河中游北干流以东的晋南盆地，北有峨眉岭，南有中条山，西临黄河水，东望太行山。它是我国最为古老而闻名久远的盐池，形成于5亿年前的新生纪（第三纪）第四代（由于当地发生地层沉陷运动所致），具有四千多年的开发利用历史，即早在上古的尧、舜时代，人们就已经取食解池之盐了。

《河东盐池之图》是运城盐池最为完整翔实的图画。图中收录了有关盐池的地理位置、重要地理环境、建筑群落、盐政设施及黑河边盐丁捞采潞盐的画面；图左有河东巡盐御史吴楷撰写的《南岸采盐图说》；图的上部，为逶迤的中条山脉，崇山峻岭，峰峦叠嶂，甚为壮丽。山下是星罗棋布的村落，刻有蚩尤村、小李村、大李村、迎姚村、盐池镇巡检司、张村、关圣故里常平村、蚕坊等；图的下部，北面的禁墙内，刻有关王庙、池神庙、海光楼、歌薰楼、巡池公署、野狐泉等建筑群；图的西北方刻有人众数十簇拥肩舆直趋黑河。这当是记载巡盐御史吴楷到盐池南岸察看黑河生盐的情景。"肩者、持者、拽者、导者"前呼后拥,颇为势派。最精彩的部分当属图的下部生产的场面:众多的盐丁,手持各色工具,或戽水,或搧花,或捞采,或扫集,或挑担,或对坐小歇,神态各异,呈现一派繁忙的景象。散布在盐畦上的料台(盐堆)便是他们辛勤劳动的成果。我们看到在辛勤操劳者的盐丁中间,有一些盐务官吏,有的坐于盐畦边观看,有的站在一旁督促,有的骑马巡视,无疑这些都是对盐丁的生活活动进行监视。在盐畦外的马道上,还有一支手持兵械策马奔驰的骑队,这应该是巡逻护盐缉私的官兵。

《河东盐池之图》是山西运城盐池的一幅历史图画,把明代运城盐池的生产方式,管理模式作了形象的记录。我们从中可以窥视到盐丁在盐官监视下辛苦操劳的场面,它是对明代盐丁服役情况的生动写照。画面图文并茂,形象生动,写意逼真,表现出了很高的绘图镌刻水平,再现了运城盐池的历史和风貌,为我们研究明代运城盐池情况提供了十分珍贵的实物史料。

图 57-2　河东盐池之图局部

第三章 山西古代各时期碑刻分述

商中興賢相傅公版築處

萬曆二十六年六月吉日

兵巡道副使關中王國䄂

图 58-1 商中兴贤相傅公版筑处题名碑

商中兴贤相傅公版筑处题名碑(图58)

此碑青石质,竖式,圆额。高174厘米,宽73厘米,厚19厘米。上款刻立碑时间;中间刻"商中兴贤相傅公版筑处",楷书,下款刻立石人职衔与姓名。刻于明万历二十六年(1598年)六月。现置于平陆县傅岩祠(或庙)。与此碑同存的还有:金大定二十六年(1186)《傅岩》题名碑,明万历四年(1576年)《傅说故里》题名碑等碑刻十余通,保存完好。

傅公即傅说,是商武丁中兴时的一位贤相。《孟子·告子下》:"傅说举于版筑之间。"也就是说,傅说是从筑墙的工匠里面举用的。

傅说,约生于公元前1350年,卒年不详。殷商时虞(平陆县)人,著名贤相。他天资聪明、生性慧敏,善于思考,懂得了许多人间哲理,所以成为奴隶群中的佼佼者。在修筑被洪水冲毁的道路时,他使用了一种"版筑法",就是以两块木板相夹,中间填满泥土,用杵筑(捣)紧,筑毕拆去木板木柱,即成一堵墙。这一方法,在三千多年后的北方,仍被广泛用于筑墙、垒坝、修护地堰。然而在当时,确实是一个了不起的重大发明创造。就在傅说带领奴隶来版筑的时候,殷王武丁恰好微服,到民间访贤求士路过这里,观其行,听其言,从盘古开天辟地,到尧舜"禅让"王位,从成汤灭掉夏桀,到盘庚迁都至殷,从胥靡生活,到朝政治理,对应改革的现实,傅说谈笑风生,头头是道。武丁激动地喊出:"吾心上的贤人,今见是矣!"

武丁欲图殷商中兴,必须不拘一格选贤取士。他排除种种干扰,利用当时人们"信神"的心理,巧妙地以"梦得傅说"之法,选取了傅说。

第三章　山西古代各时期碑刻分述

《史记·殷本纪》中说:"武丁夜梦得圣人,名曰说,以梦所见视群臣百吏,皆非也,于是乃使百工营求之野,得说于傅岩中。"

傅说任宰相后,与武丁朝夕陪伴,讨论国事,共同治理天下。傅说还写有《说命三篇》,上篇记"命相之辞",中篇记为"相进戒之辞",下篇记"论学之辞"。他指出,"惟木从绳则正,后从谏则圣","惟厥攸居,政事惟醇,黩于祭祀,时谓弗钦。"对武丁的学习,他提出:"王人求多闻,时惟建事,学于古训乃有获,事不师古,以克永世,匪说攸闻。"傅说辅佐武丁系统地实施了"治乱罚恶,畏天保民,选贤取士,辅治开化"等政治主张。武丁接受劝谏,励精图治,因而使政治有所清明,国内秩序井然,政治经济、边防安全、文化教育繁荣发达,天下人丁兴旺,境内安定,国力增强,使不少边远小国前来归附。

图 58-2 商中兴贤相傅公版筑处题名碑

为了使说的功绩名垂后世,武丁就把傅岩这个地名作为他的姓,所以,后人将说称为傅说,并在他劳作的地方刻石纪念。平陆县尚保存有傅说当年版筑遗址、傅说庙、傅说墓等,供游人凭吊,抚今思古。

图 59　绛侯封邑刻石

绛侯封邑（图59）

此碑青石质，呈竖式，圆首，高215厘米，宽78厘米。上款题"明崇祯壬申"五字，下款题"明中州范志完题"七字，均为行书。中间刻"绛侯封邑"四字，隶书。刊刻于明崇祯壬午（1642）。原矗立于绛县旧衙门的前面，由于整修道路，现移至县博物馆内。现保存完好。

据《元和郡县志》载："绛周勃邑，今号绛邑故城。旧志县西二十里有绛侯封邑，今为勃村，有遗址。"又"汉绛侯墓在县西勃村"。据上所述，可知今勃村一带就是周勃当年的封地。

《史记·绛侯周勃世家》说，周勃是织蚕箔（即芦席）出身的著名将领。自年轻时即跟随刘邦从沛县起兵反秦，直到开国后抗击匈奴，平息诸侯王叛乱。他在刘邦的指挥下，率领部队转战各地，曾平定代郡、雁门、云中等地，斩叛将陈豨于当城，军功卓著。在带兵行阵中，他总是身先士卒，带头冲锋陷阵，攻战城邑，夺取作战要地，为西汉王朝的建立和巩固，做出了突出的贡献。刘邦分封列侯时，把绛县八千一百八十户赠给他作为食邑，封他为"绛侯"。文帝即位后，赏赐有功之臣，任周勃为右丞相，赐黄金五千斤，食邑增加到一万户。周勃担心功高盖主，欲退隐政界，辞职返封邑绛县。不久丞相陈平去世，文帝又将老臣的周勃召来，复任丞相，拯救危局。十个月后，在政局趋于稳定、文帝分散诸侯于各自封地的情形下，周勃再一次辞相，回到封地绛县。在这里，他与当地居民团结友爱，和睦相处，还除暴安良，扶危济贫，深得民望。周勃的儿子周亚夫，也是西汉名将，文帝刘恒很器重他，称之为"细柳将军"，以功袭父封爵。

在封建社会里，皇帝为了表彰功臣，论功行赏，赏赐爵位，及食邑，使他们的爵位世代相传,这就是分封制。他始于西周,当时分为公、侯、伯、子、男五等之爵。秦始皇设郡县,废封建,汉初又兼而采之。为了纪念周勃封邑,城东门上题有"绛侯封邑"的石刻门楣。《绛侯封邑》刻石,是封建王朝分封制度的实物佐证,它对于研究西汉时期的政治、地理和绛县的历史地位,有着一定的参考价值。

八、山西清代碑刻

清代山西的碑刻,无论数量或内容都蔚为可观,种类繁多,涉及的面非常广泛。有历代名人神道碑、功德碑、墓表、墓志;有历代帝王御制圣旨、诏书、朝廷牒文碑;有创建、重修、增修庙宇、衙署、寺观记事碑;有记载政治、经济、文化、宗教、军事、水利、田亩、教育、格言、生产、生活、地震、灾荒、宗氏家族、乡规民约以及自然风景等方面的记事碑,可谓无所不有,无所不包。所刻载的人物,上至中华民族先祖、先哲圣贤、帝王将相、英雄豪杰、才子佳人,下至寒儒布衣、山野白丁、江湖隐客、市井小民,涉及每一个社会阶层。

(一)碑学复兴时的清代碑文

宋元明三朝大行其道的帖学,在清初依然极为盛行。然而,到清代乾嘉时期,情况发生了很大的变化,被冷落了近千年之久的"碑学"重新得到提倡并复兴,出现了自唐以后从未有过的兴盛局面。在炽盛的崇尚、倡行碑学的风气的影响和推动下,在清代中、晚期的二百多年里，涌现出了一大批书法碑刻，特别是师法北碑而取得很高成就的书法大家，产生了大量书法佳作。不过，需要指出的是，清代倡行碑学，主要也只是侧重于在书法上以北碑为书法范本，学习北碑的书法艺术，并没有像唐代那样盛行书丹刻石。因此。尽管清代被称为"书道中兴"的时代，颇有建树、卓有成就的书法大家很多，但其勒石上碑的却为数并不太多。相对而言，尽管清代碑刻的复兴远未达到唐代那样的繁盛，但是在碑学勃兴的推动下，清代的碑刻还是要较之明代大为繁茂，不论是书法碑刻还是非书法碑刻，数量都要多得多，尤其是御制碑、记载重大政治、历史事件的碑刻及经济碑刻和线刻图画碑，数量有较多的增加。山西省涌现了一批著名的书法大家，如：傅山、张穆、祁寯藻等等，他们的优秀书法佳作众多。据考，我省现存世的清代著名碑碣主要有：《曲沃设牛马市于官地碑记》《临猗重修周逸民猗顿氏墓记》《平阳府建霍渠分水铁栅记》《长治麻市碑记》《平定青海告成太学碑》《重建壶关县大安桥碑记》《代县重修靖边楼记》《灵石晋省地舆全图碑》《侯马义学条目》《运城兴贤会义学碑记》《重修受川书院记》《重修寿阳县城碑记》《寿阳蓝公教织歌》《寿阳方山碑亭记》《侯马义学碑记》《闻喜以里书银抵新进生公堂礼记碑》《稷山药王庙孙真人碑记》《黎城按晋训廉谨刑约言碑》《壶关禁赌博碑》《长治维风厉俗碑》《曲沃禁宰畊牛碑》《平陆大清碑记》《平陆灾年后掩藏暴骨记》《闻喜闲事碑》《高平纪异示儆约言》《运城悲灾荒歌》《杜村灾情碑》《运城丁丑大荒记》《沁州谕祭吴琠神道碑》《道光赐恤祁墳上谕碑》《平定张石州墓碑》《寿阳祁氏支祠记》《闻喜裴氏世系源流考》《祁寯藻墓志》《嘉庆诰命碑》《傅山书郭泰碑》《夏县忠清粹德之碑》《闻喜平淮西碑》《长子重修炎帝神农庙碑记》《浮山重修天圣宫碑记》《曲沃重修台骀庙碑》《稷山改建关帝庙碑》《新修城隍庙碑记》《寿阳县文昌庙记》《寿阳重修清虚寺碑记》《丹枫阁记》《平定重修涌云楼记》《傅山五峰山草书诗碑》《张穆书翁方纲诗碣》《祁寯藻书程子四箴碣》《祁寯藻书子史粹言碑》《河东盐池之图》《康熙帝御书秀峙中区题名碑》《壶关大安桥题名碑》《解州关夫子像赞刻石》《解州关夫子像赞刻石》等等，另外在五台山保存有大量的御制碑刻。

（二）门类繁多的各类碑刻及其代表作

清代山西碑刻的内容极为广泛，无论数量或内容都蔚为可观，上自朝廷大政，下至风土民情，自然的、社会的，官方的、民间的，无所不有，无所不包。概括地说，可以分作政治军事、行政管理、农工商业、教育科举、宗教祭祀、水利科技、城乡建设、环境人口、交通桥梁、文学艺术、名贤人物、名胜古迹、社会习俗、灾祸祥瑞等。碑刻类型有竖立在地表的碑碣，有刻在山石上的摩崖，有埋入墓室中的墓志，还有刻在石块上的碑帖。碑刻有大有小，数量上万方，石料多就地而取，种类繁多。按其内容可以分为十二类。即帝王碑、功德碑、农田水利、经济碑、律令碑、宗教、民俗碑、教育碑、地震、灾荒碑、药方碑、线刻图画碑、题名碑、名人书法碑、法书帖刻等。

1、五台山帝王御碑

清代帝王所留下的御撰御书碑刻比明代多，其中尤以康熙皇帝、乾隆皇帝为最，在历代帝王中名列前茅。需要特别提出的是，五台山作为我国四大佛教圣地之一,帝王御碑很多,有敕赐碑、诰封碑、圣旨碑、敕建碑等,一般体量都很大,选材上要求较高,这是山西五台山历史文化的重要组成部分。

五台山是我国最著名的佛教圣地之一,其悠久的建寺历史及宏大的建筑规模居我国四大佛教名山之首。自从东晋佛教传入五台山以来,在北魏时期五台山被公认为文殊菩萨的道场。文殊为三世佛母,亦是诸佛之师,在佛教信仰中地位极尊。五台山正是因了文殊道场的缘由,才成为汉、藏、满、蒙古各民族尊奉,为海内外知名的佛教圣地。

历朝历代皇帝、皇后、亲王、贝勒、皇亲国戚上五台山朝拜者或遣使礼五台山者,不计其数,从未间断,而第一个亲临五台山的帝王,是北魏的孝文帝。孝文帝之后,隋炀帝、宋太宗、元英宗、清圣祖、清高宗等都曾驾幸五台山,由于其受到历代封建帝王的宠遇,以至于五台山香火繁盛,余绪不绝,成为中国佛教四大名山中最受皇帝青睐的名山,从而成就了五台山在佛教圣地中的突出地位。翻开五台山各大寺的"庙史",第一页几乎全是"敕建"二字,在重要的寺庙里留有许多雕琢精美、雍容华贵的御制碑刻。

"五台山御制碑"是指皇帝专门给五台山寺庙写的碑文,有皇帝给五台山下的圣旨,有皇帝游五台山时即兴咏的诗词,五台山刻石作为留念。这些御制碑刻基本为明清两代的皇帝所撰。因明清两代帝王大多崇佛,尤其清代从传说顺治帝出家五台山,到康熙、雍正、乾隆、嘉庆一次次地朝拜文殊圣地五台山,给五台山的佛教文化带来了一个较长时间的繁荣昌盛,留下了大量的墨宝诗篇。康熙皇帝五次上五台山,赐梵文藏经、题匾、勒碑、修葺寺庙、赠送渗金菩萨像、做各种法会、赐金银等不计其数,留下墨宝诗文很多,勒碑十余通。乾隆皇帝先后六度朝礼五台山,多次赐诗题额,制碑泐石,御书宸翰,仅乾隆十四年春,就有御制五台山碑文八篇,其中较著名的是菩萨顶的两通汉白玉四棱碑,用满、汉、蒙、藏四种文字精雕细刻雕,成了五台山独特的人文景观。嘉庆皇帝也撰有《五台赞碑文》《清凉山记》等。

这些御制碑文,是帝王礼谒五台山的"纪实",它们都明确反映了帝王尊崇和扶持藏传佛教,意在统一蒙藏民族思想、维护封建统治的政治用心。而五台山作为汉藏共存的文殊圣境,对蒙藏人民有着巨大的吸引力,因而统治者将五台山作为联结和管理西藏的政教纽带,以此促进民族团结和国家统一。正是由于清政府认识到了五台山的特殊地位,并给予积极的支持,才促使藏传佛教在五台山兴盛至极。这些碑碣为研究五台山佛教史、研究历代帝王与佛教关系具有一定的历史作用,是珍贵的历史史料。

图60-1 御制五台山显通寺碑局部

第三章　山西古代各时期碑刻分述

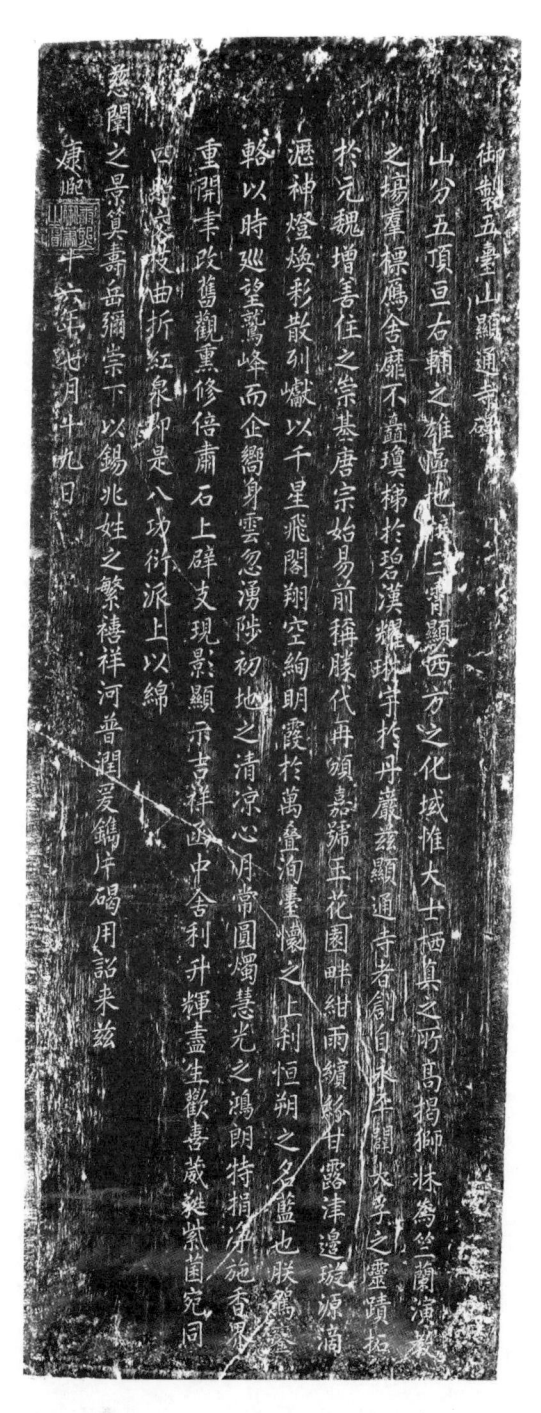

图 60-2　御制五台山显通寺碑

御制五台山显通寺碑(图60)

碑镌刻于康熙四十六年(1707年),清康熙皇帝撰。立于五台山显通寺大文殊殿前左面的木质六角亭内。碑为汉白玉质。碑额高浮雕二螭首盘绕,正中方形平面上刻有篆体"御勅碑文"四字,字径12厘米。碑额高115厘米,宽120厘米,厚42厘米。碑身周边浮雕龙珠图,高244厘米,宽108厘米,厚32厘米。碑座长方体,四面皆浮雕云龙翻腾图,座高82厘米,宽139厘米,厚79厘米。碑文10行,满行36字,字径约4厘米。

此碑是清康熙皇帝玄烨于康熙四十六年(1707)七月十九日为五台山显通寺题写的碑文。通过碑文我们知道,该寺创建于东汉永平十一年(68),名大孚灵鹫寺。说是天竺僧人摩腾、竺法兰礼清凉山,看见今菩萨顶寺庙坐落之山酷似印度的灵鹫山,遂将此山命名为灵鹫峰。在灵鹫峰下建寺,寺以山名,称灵鹫寺。加了"大孚"二字,是宏信的意思。

考史,东汉永平年间,佛教尚未传入五台山。佛教是在东晋初年传入五台山的,显通寺是北魏孝文帝时创建的寺庙之一,叫大孚图寺。唐代,由于该寺僧人对《大方广佛华严经》颇有研究,在全国很有影响,女皇武则天敕命改为"大华严寺"。宋代真宗皇帝礼五台山,又改华严寺为花园寺。

显通寺碑记载:"宋真宗驾幸,见寺前百亩杂花,遂建大花园寺。"元代,又改称善住院。《清凉山志》记载:"元世祖至元二年(1265),造经一藏敕送台山善住院,令僧披阅,为福邦民,十二佛刹皆为葺新。"佛经有《大宝广博楼阁善住秘密陀罗尼经》。略称《善住秘密经》,善住院即取此意。明代前期,改称大吉祥显通寺。

值得一提的是,在这通碑的右面,也盖有一座同样的碑亭,只是亭内所立碑文无字。传说盖碑亭的地方,原是两个圆形的水池,池里的水清澈如镜。不远处的菩萨顶端端正正坐落在灵鹫峰下,好像一条英武的龙,昂着头高卧在那里。一座牌楼似龙头,两根幡杆似龙角,一百零八层台阶从牌楼上延伸下来,正似龙吐出了舌头。每日午牌时分,太阳照到这两个池上,那菩萨顶的木牌楼两侧就会出现两个圆形的光环,好似龙的双眼。康熙巡游到此看到这个景象,越看越怕,难道这是出真龙天子的地方?于是命人把这两个水池填平,上面再立两通石碑压住。康熙皇帝写了一篇即现今立在左面的这通碑文,而右边的石碑空下了,因为没人敢写碑文与皇上的碑文相对称。于是,在显通寺留下了无字碑。

乾隆是清朝历世皇帝中留下碑刻最多的一位皇帝,也是自古至今留下碑刻最多的一位皇帝。因为乾隆帝在位时间长达 61 年,且又再当了 4 年太上皇,故他一生所留下的碑刻非常之多。乾隆御碑的书法多为典型的"馆阁体",而"馆阁体"在书法家眼里乃是"俗书",由于其所书之碑特多,故而以至有"乾隆俗书满天下"之说。

乾隆皇帝的一生,特别是在其统治的前期和中期,在文治武功上都卓有成就,他天赋甚高,颇有文韬武略,且又十分爱好诗词和书法,极好附庸风雅,到处巡游赏景,时常兴致勃发挥毫题诗、题字。山西境内的乾隆御撰御书碑刻,基本上都是他登临五台山时所留下的诗词、书法艺术碑刻。

至靈鷲峰文殊寺即事成句

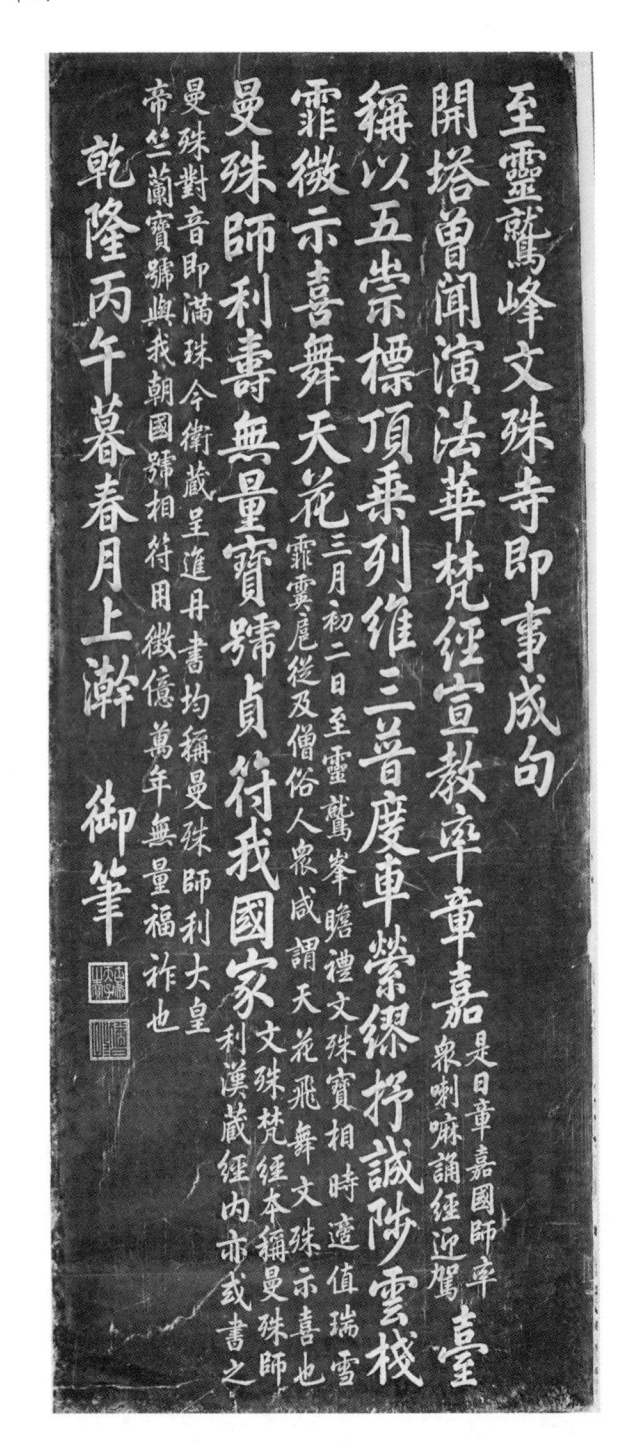

開塔曾聞演法華梵經宣教率章嘉 是日章嘉國師率眾喇嘛誦經迎駕
稱以五崇標頂乘列維三菩度車縈繆抒誠陟雲棧
霏微示喜舞天花 三月初二日至靈鷲峯瞻禮文殊寶相時適值瑞雪霏雲庭徑及僧俗人眾咸謂天花飛舞文殊示喜也
曼殊師利壽無量寶騠貞符我國家 利漢藏經內亦或書之文殊梵經本稱曼殊師
曼殊對音即滿珠今衛藏呈進丹書均稱曼殊師利大皇帝竺蘭寶騠興我朝國騠相符用徵億萬年無量福祚也

乾隆丙午暮春月上澣 御筆

图61 至灵鹫峰文殊寺即事成句诗碑

至灵鹫峰文殊寺即事成句诗碑(图61)

此碑镌刻于乾隆五十一年(1786年),立于五台山菩萨顶后院六角亭内,碑周设栅栏保护,汉白玉质四棱蛟龙碑,碑额高浮雕盘绕交错的青龙,额高128厘米,宽130厘米,厚130厘米,碑身高251厘米,宽116厘米,厚116厘米,碑座两层,高106厘米,上层宽141厘米,厚132厘米;高5厘米,底层宽155厘米,厚155厘米。碑文以汉、满、蒙、藏四种文字分列四面镌刻着乾隆皇帝御书七言律诗,首题"至灵鹫峰文殊寺即事成句"。

碑文主要是记述乾隆皇帝第五次抵五台山文殊寺的感受和情怀。乾隆五十一年(1786)春,其时江南已柳绿桃红,五台山上却春雪飘飘。在通往台怀的山路上,一支八旗军打着旗幡、罗伞、回避牌、豹尾枪、刀、金瓜等侍卫武器,文武百官骑着马簇拥着一顶黄色轿子,列队向五台山挺进,这是乾隆第五次巡台。那一天是农历三月初二,点点瑞雪在阶前飞舞,随从及僧俗人等都说天花飞舞,似文殊显示,一时帝心甚悦,即兴创作七律一首。乾隆冒着霏霏春雪,踏着萦回缭绕的小道,登上菩萨顶,瞻谒文殊菩萨法相。三世章嘉国师早已率领众喇嘛诵经迎驾。乾隆一边饮僧人为其精心烹制的雪水茶,一边聆听国师讲《妙法莲花经》,共祝大清江山巩固、帝祚久昌。至今菩萨顶的四棱碑上,还记载着曾经的繁华旧梦,引人浮想联翩。

乾隆即兴所创作的七律,诗中附和佛教传说,赞颂五台山五座主峰,上居文殊化身,歌颂初开五台山道场,演说《妙法莲花经》,认为佛经中声闻、缘觉、菩萨"三乘"理论互相联系,鼎足而立,都是度化众生的车乘,祝愿文殊万寿无疆,永远保佑大清帝国吉祥昌盛,抒发了这位

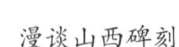

君主扶持佛教,怀柔各族,特别是蒙藏族,借以巩固政权的治国思想。

曼殊,梵音,"文殊"之意。其"曼殊"读音与"曼珠"相近,"曼珠"读音又与"满族"读音更相近。这是清朝统治者有意与文殊套近乎,意即文殊就代表满族。菩萨顶叫文殊院,故清朝皇帝对菩萨顶便情有独钟。康熙、乾隆、嘉庆等朝台,多住于该寺。

这通汉白玉四棱碑,是乾隆皇帝着伊桑阿按照热河石幢的式样大小,绘图进呈,御定地址后雕刻塑造的。四棱碑上的御书,笔法流畅,字体圆润,结构丰满,雄健潇洒。石刻的横、撇、竖、捺亦无不挥洒俊逸,细致入微,实为很宝贵的艺术珍品。

2、歌功颂德的名贤功德碑

山西历史上名人辈出,有政绩的官吏和有声望的社会贤达比比皆是。其中声名显赫的达官贵人,造福一方的儒学循吏,隐居的硕儒,怀才不遇的贤达,也有名不见经传的平民百姓,如乡村的风水先生、画师、工匠、戏子,只要对一方水土做过有益善举,有功于民,泽被苍生者,无论官绅士庶,必然为后人感念,并被人们用朴实的语言记录下来,诉诸文字,铭刻于石,树立碑记,用以崇德报功。如《夏县元寓贤归张二公墓碑》《郭宝臣德行碑》等,留下了古今先贤的事迹。《平淮西碑》《以里书银抵新进生公堂礼记碑》《蓝公教织歌》记录着今古官员的治绩。《忠清粹德之碑》《祁寯藻墓志》《康熙谕祭吴琠神道碑》《祁墳上谕碑》《张石州墓碑》,以及民国七年(1918年)为纪念战国时期的著名政治家和军事改革家赵武灵王的《重建赵武灵王墓碑》等等,都是其中的佼佼者。这些碑刻为深入研究这些历史名人提供了第一手的资料。

唐平淮西碑

元和十二年彰義軍行軍司馬御史中丞韓愈撰文

天以唐克肖其德聖子神孫繼承于千萬年敬戒不息全付所覆四海九州罔有內外畔去臣高祖太宗既除既治高宗中睿休養生息至於元宗受報收功極熾而豐物眾地大蘖芽其間蕭宗代宗德祖順考以勤以容大恩適去根芽不薅相臣將臣文恬武嬉習熟見聞以為當然睿宗文武皇帝既受羣臣朝乃考圖數貢曰嗚呼天既全付予平蜀家令傯次在于江東又明年平江東又明年平澤潞遂定易定致魏博貝衛澶相無不從志皇帝曰不可究武予其少息九年蔡將死蔡人立其子元濟以請不許遂燒舞陽犯葉襄城以動東都放兵四劫皇帝歷問於朝一二臣外皆曰蔡帥之不庭於今五十年傳三姓四將其樹本堅兵利卒頑不與他等因撫而任之庶其在此不然犧牲玉帛以事隣敵邦無怨言兵不擾境予焉敢唱聲萬口和附許為一談牢不可破皇帝曰惟天惟祖宗所以付任予維是河東魏博郇陽三軍之在行者汝皆將之光顏汝為陳許帥維是

图62-1 平淮西碑局部

平淮西碑(图62)

碑立于清咸丰元年(1851)。由四石组成。碑身高254厘米,每石宽92厘米,通宽368厘米。文48行,行28字,碑文1505字,楷书。碑文为唐代文学家韩愈撰文。书者为清咸丰年间光禄大夫、体仁阁大学士、军机大臣祁寯藻,现置于闻喜县裴氏故里的裴氏碑馆内,保存完好。

《平淮西碑》写的是唐宪宗元和十二年(817)平定淮西(今河南省东南部)藩镇吴元济的战事。平叛时,著名文人韩愈随大军前往战场观战。叛乱平息后唐宪宗亲诏韩愈撰写了一篇平淮西的文章,歌颂这次平叛大捷,主要记述了裴度的功绩。《平淮西碑》整篇文章气势如虹,如大江出峡,古人赞之为"下笔烟飞云动,落纸鸾回凤惊"。勒碑之时,国人视为奇文争相诵之。桐城派大家张裕钊赞为"此文自秦后,殆无能为之者……殆欲度越盛汉,与周人并席矣。"唐诗人李商隐、大文豪苏东坡都有诗作大加赞颂。

这篇文章早先刻石立碑于蔡州,现在的这通《平淮西碑》立在裴柏村的裴氏碑廊里。

关于这通"平淮西碑",有一段曲折的历史故事:当时,唐宪宗皇室姻亲李愬是平叛大军的先锋,他对韩愈高度平价裴度不满,认为攻打蔡州的头功应当归于他们这支部队,便写了御状,让其妻唐安公主交给唐宪宗。唐宪宗明知裴度平淮西功不可没,但为扬李家后人功名,他硬是下令将韩愈撰写的"平淮西碑"砸了,还把碑石上的文字全部磨掉,然后命一个叫段文昌的官吏重新写了平淮西的经过。

唐朝灭亡后,历史延续到宋代。宋朝的蔡州知府陈王向决心

第三章　山西古代各时期碑刻分述

纠正历史的冤案。他认为，韩愈写的平淮西碑文符合历史真实，而且文采飞扬，便将韩文重刻。可惜，这块碑已不存世，只在史料中有记载。

《平淮西碑》第三次树立起来，已经到了清代咸丰元年。道光三十年(1850年)，光禄大夫、体仁阁大学士、军机大臣寿阳祁寯藻与同僚谒裴晋公祠，对裴氏家族深感敬佩，看不见"平淮西碑"，深感遗憾。他希望裴氏后裔重立"平淮西碑"。于是裴氏后人便找出韩愈写的碑文，次年，裴氏后裔自曲沃赴京都，请求他书写韩碑，勒石祠中，以垂永久。这就是裴柏村裴晋公祠内《平淮西碑》的由来。

观《平淮西碑》，四石相连，字体厚重端平，典雅壮丽，祁寯藻用了碑石中少见的大楷，集颜、欧、柳、赵为一体，字大如拳，运笔流畅，苍劲有力，气势磅礴，可谓字如其人，观者无不惊叹叫绝。祁寯藻是清代道光咸丰时一位十分正直的宰臣。他雅好书法，出颜柳，入山谷（黄庭坚），达到了"大书深刻"之境界。

碑集裴度的业绩、韩愈的文章、祁寯藻的书，三杰之名，树兹典范，谓为"三绝"。

图62-2　平淮西碑局部

图 63-1　祁寯藻书蓝公教织歌

图 63-2　祁寯藻书蓝公教织歌局部

图 63-3　祁寯藻书蓝公教织歌局部

祁寯藻书蓝公教织歌（图63）

碑镌于清咸丰六年（1856年），嵌于寿阳县城蓝公祠墙壁间，现存原址。高75厘米，宽194厘米。文31行，满行13字。跋6行，满行22字。祁寯藻撰书，邑人宋保泰镌刻。

《蓝公教织歌》为新乐府诗。是祁寯藻为歌颂明中叶寿阳知县蓝尚质教习寿阳之民纺织御寒的事迹而撰写的长歌。长歌读毕，心为之动，不唯蓝公当年筚路蓝缕，呕心沥血，历时数载，教从来不懂植棉与纺织的寿阳人学会这两大技艺，从此一邑之人不再冬无御寒之衣。全诗以叙事为主，兼用比兴，自然质朴，不事雕饰，朗朗上口，可歌可吟，为祁诗乐府中的上乘之作。

据跋文可知，祁寯藻于道光中刊行的《马首农言》中，记"织事"一条，曾录寿阳县志有关明知县蓝尚质教织一事。记县中父老熟悉织事，亦能谈及教织之事，但却大都不知知县蓝公之名。祁氏认为应将蓝公"表而出之，尸而祝之"，以为饮水思源也。之后，他得见张所赋手记之蓝公教织详细情况，深知邑令教织的德泽绵长，堪称地方官之楷模。因而建议县中为蓝公建立专祠，清咸丰六年，祁寯藻捐资为寿阳新建"蓝公祠"，撰书《蓝公教织歌》，书写《蓝公教织记》，同期还书刻申公教织诗。

在长歌中作者也表达出了有关天下官员该如何做官的呼号与教诲，令人肃然起敬。读碑文，思其人，蓝知县"为官一任，造福一方"，深感在他的身上凝聚了许多至今令人深思和寻绎的优秀品质。正由于蓝知县投入巨授技术，引导人们男耕女织，寿阳县不出三年，"翕然皆纺织之户矣。士庶人等，感公之德，狱讼一空，治行为当时之最"。蓝知县因地制宜，找到当地人民贫困结症，积极引导寿阳百姓从事纺织业，努力解决衣食之忧。纺织技术引导人民走上致富之路，减少了民间刑事犯罪现象，使社会治安由此大为好转，以正压邪，淳化社会风气，使人们乐享太平。时至今日，这对于我国新时期时代的为政为官者，仍具有诸多启迪和教育意义。

《蓝公教织歌》《蓝公教织记》并载于光绪《寿阳县志》。民国年间，潘沟村苏怀玉先生曾据碑拓将《蓝公教织记》与《蓝公教织歌》复制成木刻板，此后流传于世者多为木刻板拓制。亦时见有早年间的碑拓片，多为馆藏资料或为私人珍藏。

《蓝公教织歌》《蓝公教织记》，书体为行楷式，是祁寯藻这一独特书艺的代表之作,其笔意深厚,自成一格,整篇给人一种安详潇洒、从容自然之态,表现出温文尔雅的儒相气度。在普及书法、传承国学的今天,尤为适合楷书爱好者仿影临习,是初入门径、临摹欣赏的绝好范本。

3、农田水利、经济

水利兴农的引水灌溉事务碑,多见称颂渠首劳绩或褒扬捐赀修渠筑桥之功德者。也有不少是记载围绕水事之纷争的处置经过,如《平阳府建霍泉分水铁栅辞》等碑,记载了洪洞、赵城二县因霍渠水利纠纷及历年分水的具体事宜,具备跨越时代的恒久影响力。

经商致富的碑记虽然较少,却表现出一种胼手胝足,垦殖拓土的向上精神,临猗《重修周逸民猗顿氏墓记》是这类碑记的代表。它表彰了猗顿奔走天涯,寻求致富,驻郇瑕之地,以畜牧育桑,开发拓垦,辛苦备尝,兼营盐化的事迹。猗顿致富后,为国立功,为民立德,为己立言。

随着手工业、商业、民间行会帮会的发展和作坊主、工场主之间矛盾冲突的加剧,清代的经济碑刻,特别是关于经济方面的规章、禁令等内容的碑刻大量增多,成为清代碑刻中的一个重要组成部分,其中许多碑刻对于研究清代经济、社会情况和资本主义萌芽的情况具有重要价值。如:《曲沃设牛马市于官地碑记》《临猗重修周逸民猗顿氏墓记》《平阳府建霍渠分水铁栅辞》《长治麻市碑记》等等。

图 64　平阳府建霍泉分水铁栅辞

第三章 山西古代各时期碑刻分述

平阳府建霍泉分水铁栅辞（图64）

青石质。螭首，中间篆书"建霍渠分水铁栅辞"八字。首高72厘米，宽85厘米，厚27厘米。碑身高165厘米，宽77厘米，厚24厘米。碑文楷书，24行，满行70字。首题"署平阳府，为创立渠制勒石垂久利民息讼一劳永逸事"。原任赵城县知县江承勤书丹。赵城县知县王极昭篆额。署理平阳府事本府清军总捕兼理车辆监法同知加一级记录二次刘登庸立。碑阴刻分水铁栅图。

石碑镌刻于清雍正四年丙午（1726）。现存洪洞县广腾寺霍泉分水处碑亭内，保存完好。

碑文主要记载了洪、赵两县历年分水情况。这也是平阳府决定在霍泉分水处建立三七分水铁栅的官方文书。

由碑文记记可知，历史上洪、赵二县因水纠纷，争斗不断，宋开宝年间（968-976），由于南渠"地势洼下，水流湍急"，北渠"地势平坦，水流纤徐"，分水之数不确，洪、赵二县便起了争端，哄斗不已，官方很难平息。遂想出一法：在南渠口安装了一块长六尺九寸，宽三尺、厚三寸的"限水石"（门限石），以控制南渠之水"水流有程，不致急泻"。同时，在北渠内南岸、南渠之西口立"拦水柱"（逼水石）一根，高二尺，宽一尺，以解决"北渠直注，水性顺流，南渠折注，水激流缓"的矛盾，"障水西注，令入南渠，使无缓急不均之弊"。这二石设立后，争水的风波暂时得到平息。到了明隆庆二年（1568），南、北二渠因数百年流水的冲刷，"限水石"和"逼水石"也被水冲掉了。于是"民争复起"，"终无安岁"。官方只好重建限水、逼水二石，并立碑为记，即《察院定北霍渠水利碑记》。将两渠口广狭尺寸及"限水石""逼水石"的位置，明文记刻于碑上,以供两县人民考察。至清雍正二年(1724),因"限水""逼水"二石久坏,再起争端。官方"遂遵古制复立二石在案"。开始,清政府的宪台大人先委派绛州知府万国宣前去查勘,并要万知府通过宣布"宪谕",来说服械斗的双方。老百姓听了"宪谕"后,暂时稳定了几天,但"案墨未干,洪民将门限一石击碎",又产生了械斗的苗头。赵城县令江承勋怕赵城百姓知道后大动干戈,自己急忙连夜"复置"了一块。谁知洪洞有人又将新石击碎。这下把赵城百姓惹怒了,也把"逼水石"拔了出来。两县矛盾再次激化,官司打到平阳府。这一次,清政府派平阳知府刘登庸前去制止武斗。刘登庸汲取历次处理争水纠纷的教训,接受任务后,先到南、北二渠上作了一些调查,认为:问题的要害是两县百姓"彼此怀私逞强"。但他也感到:"古制立二渠以分水,恐未尽善也。"于是,刘登庸在一篇报告中写道:南、北二渠"广狭虽有尺寸,而两渠界限不分,则水数仍无定准。南渠虽立限石于渠底,而北渠仍无;则浅深仍无相等。立拦石以障水,湍急之势、润下之性,未必涓滴不淆。且六尺、二尺石,既小而易于弃置、碎烂、毁败,不能垂久"。由此,他得出结谕:如果依照古制,"民之争讼终无已时"。针对这些弊病,刘登庸提出了一种新办法:在渠口上留一丈许的地方,仿照栅门之样,"铸铁柱十一根,分为十洞,洪三赵七,则广狭有准矣。铁柱上下横贯铁梁,使十一柱相连为一,则水底如画,平衡不爽矣。栅之西面,自南至北,第四根铁柱界以石墙,约长数丈,迤逦斜下,使南渠之口,不致水势陡断。两渠彼此顺流。且升栅使高,令水下如建瓴,则缓急疾徐亦无不相同矣"。刘登庸的这个设立分水栅的办法,上报清政府后,宪台大人批示曰:"设立水栅,永杜争端,甚为允协。"不久,便施工修建,"秋七

月起工,四年丙午春告竣"。

我们今天看到的分水亭下的栅栏,基本上保持着当年的样子。水栅建立后,在广胜寺立碑一幢,"刻文碑面,勒图碑阴,使久可考"。

图 65-1 重修周逸民猗顿氏墓记局部

图 65-2　重修周逸民猗顿氏墓记

重修周逸民猗顿氏墓记(图65)

此碑青石质。圆额,高 197 厘米,宽 67 厘米。正书。额题"皇清"二字。碑文由清代道光十七年(1837)邑庠生员王永龄撰写。阎炳书。碑刊刻于大清道光十七年(1837)岁次丁酉。现存临猗县牛杜镇王寮村猗顿墓园祠的廊房北侧。

碑文主要记载了在康熙四十四年(1705)、道光十七年(1837)猗顿墓两次得到后人修缮的经过,以及猗顿的生平事迹,得到后人敬仰云云。分叙、议两部分:前者叙述猗顿的生平事迹及猗顿墓的重修经过;后者就何者为富,生发议论。

首先是猗顿致富的事迹。猗顿本是春秋时鲁国的一个贫穷的读书人,因向陶朱公范蠡讨教致富之门径,得三园(桃、桑、杏)、五牸(牛、马、猪、羊、鸡)之术,来到古郇阳(今临猗)大畜牛羊,又利用当地资源优势,运盐贩珠。十年速富,富比王公,信守了诺言。更重要的是他善"理财",致富后赈济穷人,保家卫国,财能聚能散,造福一方,泽润后人。

司马迁说:"猗顿用盬盐起"(见《史记》卷一百二十九)。另一种说法仍见该文的《集解》。《集解》引用孔丛子的话,说猗顿是"鲁之穷士",奔走天涯,寻求致富,后驻郇瑕之地,以畜牧育桑,兼营盐化,成为与范蠡齐名的富翁,死后葬于王寮村。依《重修周逸民猗顿氏墓记》里的说法,猗顿家产"西抵桑泉,东跨盐池,南条北峨",方圆百里,皆其所有。疆域之大,范围之广,单靠猗顿一个人力量是无法完成事业的,于是他就四处"招兵买马",因为致富后他乐善好施,赈济于民,远近百姓都愿意归依他,所以在今牛杜镇铁匠营村东逐渐形成一个居民区。据《晋书·地理志》载,古称"猗顿城"。

猗顿靠自己的能力,创造奇迹,成为巨富,实现了人生价值。碑文阐发了"若要富而不朽,必须立功、立言、立德"的思想,给今人以多方面的启迪:"依古以来,实繁有徒,何独猗顿之名留千古也!"这对于今天的经济建设和已经富起来的人来说,仍具有借鉴和教育意义。

在山西这块土地上,因经商而巨富,又名垂青史的,唯独猗顿。这难道不是猗顿精神价值的表现吗?科学的人生观指导着猗顿商业实践,奠定了他在中国商业史上的地位。

4、律令碑

律令示禁的官府布告及民间立约也都立有刻石。有的碑文本身就是政府颁布的法令、文件,也有的是具有悠久历史的乡规民约,示禁碑记,如公私告令、明文约章,村民都要割石刊布,昭立当时,传之后世。如:曲沃《设牛马市于官地碑记》以官府的名义发布的布告,为严明法纪、制止违规行为而立,说明政治所以牧民,经济所以裕民的初衷,各项相关建设必有记录,是古政建设的典范。壶关《禁止赌博碑》,曲沃《禁宰耕牛碑》,长治《维风厉俗碑》《禁伐林木》等,也具有与上述碑记类似的警示,我们从此可以获知从前的社会风气,看到当年对陋规恶习采取的兴利革弊措施。这些流传至今的朴实石刻文字,是当年百姓真实情感的剖白,可谓民情、民俗、民风之画卷。

图66-1 禁止赌博碑局部

第三章 山西古代各时期碑刻分述

图 66-2 禁止赌博碑

禁止赌博碑（图66）

青石质。圆首，额部线刻莲花一朵。碑高88厘米，宽39厘米。大字5行，满行20字，正书。庠土平远肇撰文。平远章书丹，玉工万里威刊石。清康熙五十八年（1719）六月二十四日镌刻，平卓等22人立石于壶关县东崇贤王章村。现在原址，保存完好。

明清时期，赌风日盛，村民深痛赌博之害。碑文中历数赌博的种种危害："赌博者，丧心术，坏人品，损钱钞，失时事。"赌博严重影响了当地人们的生产和生活，以及社会的稳定。村人为了禁赌，经过本庄民众公议，由地方乡约、绅士出面，拟定禁约条规，勒石立碑，作为一方法度，公之于众，让大家约束，监督不法之徒，禁止赌博，维护一方社会秩序。碑文简洁，朴实无华，通俗易懂，毫无浮夸粉饰。

这些乡约民俗，客观地讲，反映了当时社会流行的赌博恶习。禁止赌博，对扭转社会风气，保护群众利益，起到了地方性法规的作用。《禁赌博碑》警示人们远离赌博，革除陋习，挽颓风于既倒，扶正气于往日。这对于今天崇尚文明的建设活动，也起着一定的启示作用。

5、宗教、民俗

宗教庙宇碑反映着人们的信仰。古代的山西佛、道文化比较兴盛，几乎村村都有佛寺道观，道教、佛教的传播、发展，寺观建设的兴盛，大大小小的庙宇里碑刻林立，它们记录了这些寺观香火的盛衰，勾勒出寺庙的规模演变与沿革，浓缩着各个时期的乡土文化，甚至彰显了宗教在历史、地域文化中的突出地位。如《重修三泉寺碑》《佛光寺重修东殿碑记》《阳曲玉泉山白龙庙创修乐亭碑记》《夏县余庆禅院粧圣像记》《晋城重修步月亭碑记》《长子冯士翘书书纯阳祠》《曲沃重修台骀庙

碑》《稷山改建关帝庙碑》《寿阳县文昌庙记》《寿阳重修清虚寺碑记》《浮山重修天圣宫碑记》等，皆是为寺庙募捐、修缮等事而立。而《临济二十七代孙玉峰和尚法嗣西竺上人传衣记》《律师天泽润公太原记》则是记载着重大的宗教事件、宗教人物。

民俗之中辟邪逐厉的碑记具有悠久的历史。古代民众崇奉灵异，畏惧天地鬼神，崇拜超自然法力，以宗教"竖符念咒"的仪，符咒刻成石碑，立于门前、巷口、村落或山巅，都有辟邪、祈福与镇护的作用，各地所见《镇宅龟蛇刻石》，具有镇宅消灾，保福守财之神力，石刻"龙""虎"的草书碑，寓意龙吟虎啸，虎虎生风，足以镇风止煞。

图 67-1　曲沃重修台骀庙碑局部

重修臺駘廟碑記

汾瀠源於管涔蜿蜒千餘里而經吾邑焉岸鄉村以百數而謓村獨以臺神得名左傳晉平公疾卜曰實沈臺駘為崇味向以閼子庄子庄曰實沈參神也臺汾洮神也昔金元氏有裔曰昧為玄冥師生允格臺駘能業其官宣汾洮障大澤帝用嘉之封諸汾川抑此二者不及若平祔為博物君子水注云汾水又經絳縣故城北寒泉宇記載曲沃廟建於晉都絳時即古之新田漢絳縣地今由平公之叔向之閒子庄之對而觀之則廟之建為雞於吾邑斷創自平公時無疑也故有城墉以護其廟規制甚為宏厰唐今狄其不一前明亦時為修葺然祀於火毀於兵燹宏規目擊情形莫不感歎興起然其裔雖未能世守其德不口掓擬文在汾陽縣臺駘神廟始神有保護汾水之功固得隨地建為祠祀之興吾鄉之廟自漢唐以來時為修葺興修者不口擬擬文在汾陽縣臺駘神廟始神有保護汾水之功固得隨地建為祠祀之興吾鄉之廟自金之際秦勒興修者不一前明亦時為修葺然祀於火毀於兵燹宏規目擊情形莫不感歎以功在萬先者而唐風始祀著史至今傳春秋古廟典胡缺耶向來范三晉之區聚廡食流不驚誰之賜也朱錫瓊太史詩曰紛紛褒諸望祀封駒山川禹先夫義猶在焉顧編氓何知報水土之德耳乙亥之春我邑侯湘潭張公道表上清會古聖賢詞墓遂稽古以隆崇報且傳集一鄉之老肅容而告之敢民塑沈如答黃四侯以配神享刻朱竹垞先生詩章以潤澤古靖而鄉民荷神之麻感公之誠乃有以香廠謀壩蹭蹋而從事兵其營庀材也幾及二千金聚神位之不妥者更之墻垣之推圯者築之笠之棟宇記者始於兩子仲秋竣事於明年之季秋歷時一歲有奇而大功圓已成焉時則主理允任各勤厰職錙錄毫不同歐有秘而頌我公倡導之功於不朽是役也經始於兩子仲秋竣事於明年之季秋歷時一歲有奇而大功圓已成焉時則主理允任各勤厰職錙錄毫不同歐有秘凡叫以漂神明而濃公之志也抑當閱前朝晉神嘉靖侯號而醫家言廟座簡陳香刻與他曼明志又有山翠之誌居人往拾小翠石片五色陸繽繽其芭草木獨殊他處山非神之奇異歐其成功之速口若有臺焉况之者志灘比鄰神讀禮家居於其龛也因記其顛末如此

原任刑部山東清吏司員外郎加三級邑人裴志濂薰沐拜譔
本村曲沃縣學生員王志灝書丹
曲沃縣歲貢生李聊榮篆

乾隆二十二年歲次丁丑季秋穀旦

图 67-2 曲沃重修台骀庙碑

曲沃重修台骀庙碑(图67)

此碑青石质。螭首,首高83厘米,宽71厘米,厚21厘米。碑身高170厘米,宽71厘米,厚11.5厘米。底座高36厘米,宽82厘米,厚52厘米。碑文18行,满行60字,共838字,楷书。山东清吏司员外郎加三级、邑人裴志濂熏沐拜撰。曲沃县学生员王灏书丹。曲沃县岁贡生李联登篆额。为清乾隆二十二年(1757)镌刊,现存侯马市高村乡西台神村台骀庙。保存完好。

侯马市高村乡西台神村之台骀庙,系春秋晋国晋平公时,为祭祀汾水之神台骀所建,今仍存。台骀,上古五帝之一帝喾时人,时为治水的官吏,是上古金天氏少昊的后代,故事散见于《左传》《山海经》《史记》《水经注》等古籍。传说台骀是一位了不起的治水大师,远在荒蛮上古时,洪水滔天,泛滥成灾,被授为玄冥师(负责治水的官吏)的台骀为平水患,辗转于甘肃、陕西、山西、青海等广大地区,降伏水魔,造福人民。对于台骀的功绩,许多历史文献中均有"昔金天氏有裔子曰昧,为玄冥师,生允格、台骀。台骀能业其官,宣汾洮、障大泽……帝用嘉之"的记载。台骀子承父志,经过长期艰苦的与洪水做斗争,九州涤陂,四海会同,终于以告成功于天下。从此,水归河道,众民乃生,万国为治。因为治水有功,台骀受到帝颛顼的嘉奖,被封为掌管汾州一带的地方官员,并受到当地沈、黄、蓐、姒等国家的祭祀。台骀死后,被尊为"汾河之神",又称"台神"。

据碑文可知,规模宏大的侯马台神庙始建于东周,自汉、唐以降时有修葺,金元时期奉敕而兴修多次,明代亦有重修之举。此后,庙圮于火,毁于兵燹。在清乾隆二十一年(1756),曲沃县知县张坊,奉上旨清查古昔圣贤祠墓,遂稽古核实报上时,曾亲临台神村,召集一乡父老,倡导重修。彩塑沈、姒、蓐、黄四侯之像,以配台骀之享,刻朱彝尊的诗章,润泽古迹。乡民祈盼台骀之佑护,于是踊跃捐资、集材,历时一年,于乾隆二十二年(1757)秋天,大修竣工,台骀庙宇焕然生色,蔚然改观。

台骀一生活动在汾河流域,对山西有拓荒之勋,启蒙之恩,开化之惠,是名副其实的"开发山西第一人"。台骀先于共工孔壬、鲧禹父子之前治水并取得巨大成功,亦无愧"华夏治水第一人"的赞誉。在他的治理下,汾河流域根治水患,当地百姓安居乐业,繁衍后代,使晋南成为一片适宜人类生息的沃土,并加速了当地社会、生产、等方面优于其他地域的发展,更为其后的尧、舜、禹相继在晋南建都(尧都平阳、舜都蒲坂、禹都安邑)奠定了地理与物质上的先决条件,使华夏在晋南薪火相传并发扬光大。后人致以台骀极高的敬意,台神庙神龛的一副对联对台骀的事迹做了很好的概括:"统系出金天,障泽惟勤,三晋人民歌圣德;谨献在汾地,安澜普庆,一方保障赖神功。"五千年悠悠岁月,台骀的功绩与影响犹如涓涓细流无声地浸润着整个三晋大地。

图 67-3　曲沃重修台骀庙碑局部

第三章　山西古代各时期碑刻分述

图 68　镇宅龟蛇

镇宅龟蛇(图68)

此碑青石质,高110厘米,宽62厘米,厚16厘米。碑上部横书"镇宅龟蛇"四字。以下为龟蛇图,占据大部画面。龟蛇中部空隙处,有中楷四字"吴道子书",其左方由阴阳雷字组成大方印。

刻石详确时间无考,但据碑的石质和碑现存状推测,大约为清代刻石。石刻镶嵌于浮山旧县衙西套院之墙壁,现存浮山县文管所。保存完好。

石刻上龟蛇两身相绞,两头相对,四目相望,上下呼应,栩栩如生。笔画粗犷有力,形体雄健豪爽,活生活鲜,逼实逼真。整个画副构图严谨,刻功精致细腻,刀法刚健洒脱,有极高的欣赏价值和艺术价值,为龟蛇动物画之珍品,有绘画大家的风度。

《镇宅龟蛇》碑刻由龟和蛇共同构成。神龟引颈,灵蛇吐信,盘绕缠绵,若即若离。蛇身上的鳞片纹饰疏密有致,线条流畅。龟背上的图案为六星南斗星座图,作法通神的踏罡布斗图,龟裙边上有八卦中干、坤、巽卦饰,这些纹饰寓意深奥,展现了中国古代"神龟负洛书"的传说。

从图的表面上看是龟蛇二兽,但其实反映的是古代祥瑞的标志"四灵"之一"玄武"。龟蛇代表玄武,在《道门通教必用集》中有记载:"北方玄武,太阴化生,虚危表质,龟蛇合形。"玄武本意就是玄冥,"武""冥"古音相通。玄,即黑的意思,冥,即阴的意思。玄冥最初是对龟卜的形容,而龟卜就是请龟到冥间去借问祖先,并将答案带回来,以卜兆的形式显示给世人。后来玄冥的含义不断演化延伸,成了长生不老的象征。

我国传统以北方为后，所以"龟蛇"二字有"志心崇奉，镇宅避恶"之说，含有以正压邪之意，便以其拓作为"镇宅符"。同时，"龟"与"蛇"还表现出了道家的"阴"与"阳"，"静"与"动"等学说。其理论深奥，内涵丰富，主要以镇其魔、消其灾，保福守财之神力。

吴道子是晚唐时期的著名画师，尤工释（佛）、道、儒人物及神怪动物。据唐代张彦远《历代名画记》记载：他画的人物衣带飘飘若飞，宛如真人舞动，活灵活现，有"吴带当风"的赞誉。有一次，唐玄宗李隆基惊奇的称赞道："大画工李思训费了数月的功夫画成的画卷，吴道子一日就画成了，还画得巧妙极了。"所以，历来人们都称他是"画圣"。

此碑刻是否为"吴道子笔"，现在有颇多争议。有人认为，此图并非唐代画圣吴道子当年入蜀搜集《三百里嘉陵图》素材时留下的亲笔，而是后人摹刻宋徽宗赵佶临吴氏《龟蛇图》所作的道释画。不过实际情况到底怎样，已经与此关系并不大了。

其图首发于宫廷，后传至民间。昔时人们曾用朱墨拓印，悬于家室，以镇宅避邪，也有拓印出市者，时若加盖县印，尤为珍贵。山西境内，除浮山这通"龟蛇镇宅"图刻石，在襄汾县城西南 25 公里的北赵村旁有一古刹汾阴洞，洞内玄天上帝殿里，竖立着"太（平）邑汾阴洞镇宅龟蛇图"碑刻一块。另外，太谷也有一块"龟蛇镇宅"图刻石。

6、教育

文教薪传的教育科举碑，多立于文庙、官学和书院。它们或记载学校创建、修缮、增置学田、募集办学钱款等事，或刊刻有关办学的规章制度、条例，或刊刻中举、进士及第人员名字等。山西是黄河流域文化发祥地之一，因此历来崇尚文化，重视教育，因此，这类碑记数量甚丰。

清咸丰年间的侯马《义学碑记》,记录了巨履贞自筹兴建义学的事迹;运城《兴贤会义学碑记》记述了全村人集资兴办学校的内容。《河东书院藏书楼记》《运城重修育才馆碑记》《寿阳重修受川书院记》《闻喜以里书银抵新进生公堂礼有》等呈现不同时代、不同类型、不同族群的教育方式和理念,从各个不同方面记录和反映了我国古代教育的发展状况。这些碑刻对研究山西地方历史,研究教育和慈善事业都有一定的参考价值。

图69-1 以里书银抵新进生公堂礼记碑局部

图 69-2 以里书银抵新进生公堂礼记碑

以里书银抵新进生公堂礼记碑（图69）

此碑碑首为正方体，上有四角翘檐覆盖。高79厘米，宽70厘米。碑身正方体，高178厘米，边长62厘米。碑座为莲花形，正方体，高40厘米，边长82厘米。总观其形，古朴肃穆，俗称之为"四面碑"。碑首正面隶书"以里书银抵新进生公堂礼记"，其余三面皆有人物像。碑身四面刻字计64行，行字不等，长行多数每行58字，此碑文较长，由正文和附文两部分组成，约3500余字。字数虽多，但排列整齐，书写工整，文笔清秀，耐人鉴赏。

诰授中宪大夫刑部河南清吏司员外郎兼广东清吏司行走加三级新奉旨充当山西通志总局纂修官兼太原府崇修书院山长庚午科经魁杨深秀制文并书石；敕授徵仕郎吏部候选直隶州州判癸酉科拔贡生潘梦凤察书并题额；敕授承德郎刑部河南清吏司主事奉奏特调伊犁将军行营办理文案处加二级王尊五谨誊禀批并书跋；古高凉石工马景礼钩摹刊石。

此碑建于清光绪八年（1882年）。该碑原立于县政府门外，现存闻喜县博物馆院内。保存完好。

"以里书银抵新进生公堂礼记"：以，用。里书银，里书色写过割所收的钱。抵，抵补。新进生，参加岁科面试的学生。公堂礼，考务费。记，文体，记述事情的缘由和经过。全句的意思就是：用里书色写过割所收的钱抵补参加岁科考试学生的考务费。

碑文首先从古之为政者与民兴利谈起，论述到闻喜县"公堂礼"是一种不合理的负担，即每逢岁科两试的一切办公费用，除由值考员支办一部分外，其余全由考中的文武生员分等摊派。这样考取的新生，有钱者可以交纳,无钱者拿不出来,于是采取压制手段,或传票摧完,致使中考生员的光荣,反变成受辱、难堪。尽管也有个别贤良县官临时给予豁免,但总不如杜绝陋规为善。为此杨深秀等人呈文,请闻喜县县令用里书揽写过割房产地亩所收银两,抵补岁科两试的考务费用,并且形成一种制度,永远革除以前的向学生摊派征收的方法,为学生大开方便之门,减轻应考新生家庭负担,"使寒士锐志者无所顾虑"。

向新进生员摊派公堂礼是闻喜县多年的弊政,今已批准革除,需要公之于众,勒之于石,以垂永远,达到"永远革除"的目的,遂镌立此碑。碑文刻有河东道江批示、闻喜县知县朱光绶的批示和呈文,直隶绛州正堂的批示。从此碑中,可以看出前人何等重视教育,鼓励上进。

杨深秀(1849-1898),清代闻喜人,字漪村。光绪进士,累官御史,屡疏言事,多切于时务。德宗推行新政,深秀多为赞助,后被后党所诛,为戊戌六君子之一。光绪八年前后,杨深秀任山西通志局纂修官兼太原崇修书院山长,虽不在闻喜县做官,可他仍心系家乡,关心着本县人才的培养,带头呈文,使公堂礼这一弊政得以革除,为本县办了一件很有意义的好事。著有《雪虚声堂诗草》及奏稿。

7、济世救人的药方碑

一剂良方,古往今来都是病者最渴望得到的东西。唐代医学家孙思邈撰写的《千金要方》,明代中医药学家李时珍撰写的《本草纲目》,虽然时隔久远,但至今仍被用来治病救人,这些镌刻着药方的石碑,供当地群众抄写所用。

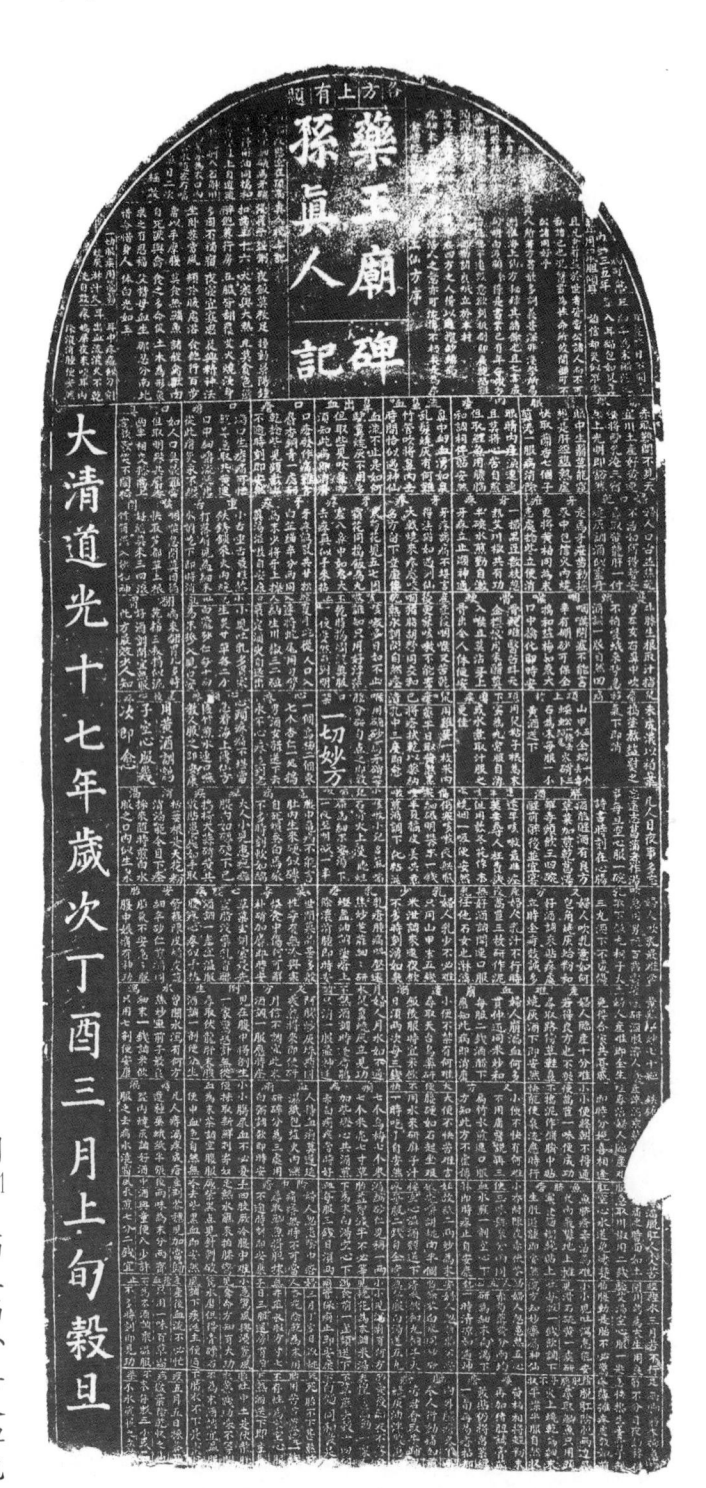

图 70-1 药王庙孙真人碑记

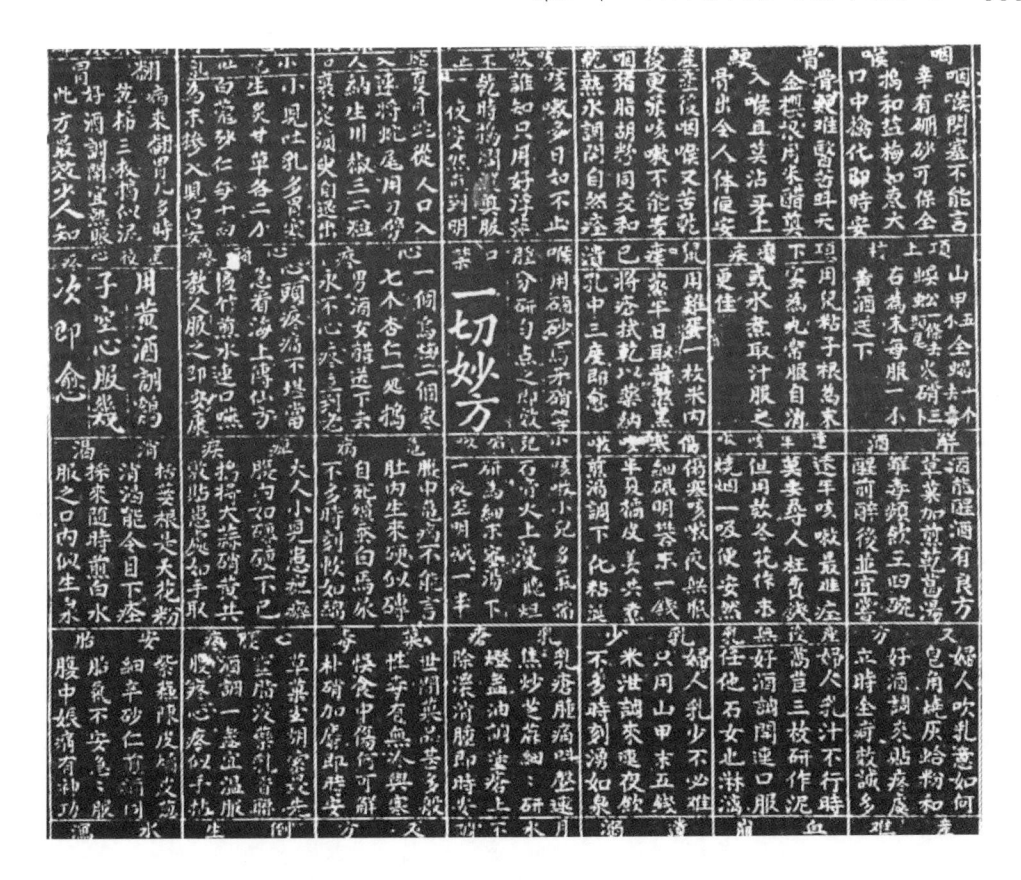

图70-2　药王庙孙真人碑记局部

药王庙孙真人碑记（图70）

碑镌刻于清道光十七年（1837）三月。原在稷山县蔡村乡董藩村，现今碑立于稷山县青龙寺院内。圆首方座，碑高126厘米，宽58厘米。阳面中央正书"药王庙孙真人碑记"八字，右刻序言，其余隙处皆药方。碑文正、背面均以线条界格，每格一个药方，由稷邑东蒲里宁殿恢刊刻。

序言说："且凡书有益于世者，皆当公诸人，而不可私诸己也。况医书为性命所攸关，顾不可公诸同好乎？"宁殿恢由于有这样可贵的思想基础，才能将所获的《海上仙方秘录》抄刊于石，公之于世，以表达孙真人济世活人之意。

此碑前后两面（连碑首），共书孙真人海上仙方一百八十个。药方上都有题名，其方措辞浅显，七言成句，朗朗上口，易读易记；其所用的药物，都是农村生活中极易找到的；这些药方有的一方治数病，有的一病数方；其制剂方法有丸、散、膏、汤等，用药方式有内服、外敷、洗、熏等。这些药方遍及内科、外科、妇科、儿科、五官科，样样俱全。另外还有孙真人的"枕上记"和"养生铭"，更具强身保健之道。故此碑是民间治病和研究中医药的重要资料，堪称防病、治病的医学宝库。

孙真人即孙思邈，他是隋唐间一位杰出医药学家，一生致力于药物研究，是继张仲景之后中国第一个全面系统研究中医药的先驱者，为祖国的中医发展建立了不可磨灭的功德。孙思邈活了101岁，一生淡泊名利，多次推却做官召请。他医德高尚，认为医生须以解除病人痛苦为唯一职责，其他则"无欲无求"，对病人一视同仁，"皆如至尊""华夷愚智，普同一等"，他身体力行，一心赴救，不慕名利，用毕生精力实现了自己的医德思想，是我国医德思想的创始人。

他不仅积八十多年临床经验，创造了许多治病方法、高超的按摩气功术，和颇为有效的养身长寿术，而且先后搜集、验证了六千多个医方，写成了两部我国最早的医学百科全书，世界医学史罕见的名著《千金药方》和《千金翼方》，为中国的传统医学做出了重大贡献，为后人所敬仰。因此，他被后人尊为"药王""药圣"，在许多地方都建造了药王庙，祠庙遍及海内外。

据《金石萃编》知，陕西华原县五台山"静明观"系孙真人归隐之地,立石有二。宋代华原隶属耀州,该州亦立有孙真人祠记等碑。

8、地震、灾荒

抗击天灾的碑石主旨在追思悲情,以戒后世。山西是一个地震频发地区,几千年来,勤劳、勇敢、智慧的祖辈们在与地震灾害进行顽强的斗争中,用碑刻、文献、图表等形式,留下了大量关于地震现象、地震灾害情况、防震抗震经验的记载,给我国地震科学和地震史的研究提供了宝贵的科学资料。

明嘉靖三十四年(1555)十二月十二日半夜时,秦晋豫之交发生大地震,其震区范围延及千里,破坏程度极为严重,城垣、庙宇、官衙、民房,倾颓催圮,震中蒲州(今永济市)破坏程度最为严重,死亡人数大约十之居九。这是中国人口稠密地区影响广泛和损失惨重的著名历史地震之一,估计震级达 8 级。关于这次大地震的情状,史书多有记载,其传闻轶事,不仅载于皇家史籍,亦多见于方志、专志和文人墨客的诗文杂记之类,并留有大量的反映地震情况的碑刻。《稷山地震记》对此做了详细记述。明世宗皇帝,为此特作祭文祭祀"焦龙神",以求安保四方,有《武乡祭焦龙之神碑》为证。由于这些地震碑刻,真实地记载了地震实况,给我们留下了宝贵的资料,具有重要的科学价值,有些地震碑还是极为珍贵的文物,具有很高的史料价值,因此受到相关部门的高度重视,对促进我国地震科学研究具有重要意义。

山西历史上的灾荒不断,清光绪三年(1877)曾发生过山西历史上最大的一次旱灾,连续三年绝收,因灾情重大,造成物价昂贵,人民生活苦不堪言,以致出现了"千家村落,间无人迹,城市街衢,形影悉空"的惨象。死亡百姓不计其数,并出现了人吃人的现象。这些灾荒,由于

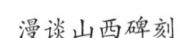

历史的原因（如信息不畅），或是地方官员为保乌纱帽，有意隐瞒，因而文献记载零碎简单，甚至缺失无记载。而民间百姓在灾荒过后却镌刻了不少记述灾荒的碑刻，如运城的《丁丑大荒记》、《悲灾荒歌》，芮城县的《荒旱及瘟疫狼鼠灾伤记》，稷山的《历年遭劫记》，万荣的《杜村灾情碑》，平陆的《灾年后掩藏暴骨记》等，它们不仅详细描述了灾荒的惨烈，更重要的是警示后人，崇俭去奢，时刻不忘防灾备荒。由于这些碑刻，均为亲历大灾，劫后余生的人们所篆刻，记录下来更多的是切身感受，表达出来更多的是亲见亲历的细节，众多碑刻记载这次大荒的灾象，其数据之具体，内容之丰富，揭示出人们心灵的惨痛；其言语之戚切，用心之良苦，使我们至今读来仍是历历在目，让人感伤良多，心灵震撼。

山西历史上曾遭遇过严重地震灾害，《稷山地震碑》《武乡世宗祭焦龙之神碑》是研究明嘉靖三十四年秦晋豫之交发生大地震的实物资料，也记述了震后当地社会的经济状况；《闻喜闲事碑》《高平纪异示儆约言》《悲灾荒歌》《丁丑大荒记》则描述了清光绪三年即丁丑年，河东灾荒的严重程度及人民生活的悲惨之状；《平陆灾年后掩藏暴骨记》记载了光绪三年大旱所造成的人吃人的空前灾难，骸骨遍野，张时坊等怀悲悯之心，将遗漏之骨骸一一收集，掘穴埋葬，遂成义冢。其布善行义，不只恩于黄泉、泽及枯骨，并且安定阳世的众生。读这类碑文，让人感慨良多。

第三章 山西古代各时期碑刻分述

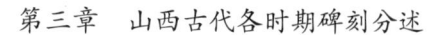

图 71-1 运城丁丑大荒记

运城丁丑大荒记(图71)

清光绪九年(1883)三月刻石,砌于运城市盐湖区上王乡牛庄村。碑圆额长方形,碑额中央竖刻篆体"皇清"两字,左右各饰龙纹。通高136厘米,宽54厘米。左边沿字上方竖写"丁丑大荒记"5字,正文11行,行52字,计572字。字径15厘米,楷书。吕步云撰文,吕升举书丹。

碑文主要讲述清光绪三年(丁丑年)河东遭遇旱灾劫难的实况,真实记述了该村遭灾的惨状。"猫犬食尽,何论鸡啄;罗雀灌鼠,无所不至","一家十余口,存命仅二三;一处十余家,绝嗣恒八九",灾情导致大量人口的死亡,十室九空,"全村绝户172户,死人1084口,总计人数死者七分有余"。

值得一提的是,碑文给我们留下了一些当时真实的价格记录:"先时,麦市斗加六,每石粜银三两有余。至是,每石银渐长至三十二两有零,白面每斤钱二百文,馍每斤钱一百六十文,豆腐每斤钱四十八文,葱韭亦每斤钱三十余文,余食物相等……房屋器用,凡属木器,每斤卖钱一文,余物虽至贱无售。每地一亩,换面几两,馍几个。家产尽费,即悬磬之室亦无,尚莫能保其残生。"发生大旱,粮价上涨,器物房屋田产价格下跌,既反映出商品运行的规律,也是形势使然。但是,如此大规模的粮价暴涨,一方面反映了河东灾荒的严重程度和灾民长期严重缺粮的基本社会状况,另一方面反映了粮商唯利是图的本性,借灾难大发不义之财,借粮荒巧取灾民之家业的社会事实,再一方面也反映了地方官府的腐败和管理功能的低下,反映了一些基层官吏与商人的关系。

清朝光绪三年(1877年),即农历丁丑年,山西发生的这次重大旱灾,因二百余年未曾有过,故时人称之为"丁丑奇荒"。又因这场重旱灾又延续到光绪四年,即农历戊寅年,因而亦称为"丁戊大荒"。"丁戊大荒",在正史中的记载已是不争的事实,然而一些正史记载太过简略,对灾情及救灾措施及其留给人们的恐怖心理,略而不详。事实上,大灾过后,河东地区许多村落纷纷刻碑,记述了这次可怕的灾害。这些碑刻,均为亲历大灾,劫后余生的人们所篆刻,为史书所欠缺,且论旨明确,文字质朴,记述翔实,这为我们研究当时的灾情提供了真实可信的数据。

9、线刻图画碑

图文配合的碑石可以直观地感受到彼时彼地的地理风貌,清代的线刻图画碑比明代更为繁茂,在现存世的数十种清线刻图画碑中,佳作甚多。有灵石的《晋省地与全图碑》、寿阳《祁寯藻书神蝠碑》、夏县司马光祖坟《香花供养司马光》、夏县《堆云洞全景》、运城《何绍基楹联刻石》《运城陈抟楹联刻石》《运城孔子像赞碑》《运城汉夫子风竹雨竹碑》、解州《慈禧富贵平安刻石》、解州《关夫子像赞刻石》、浮山《镇宅龟蛇刻石》、浮山《墨庄题名碑》《傅山书对联刻石》等。

图 71-2 运城丁丑大荒记局部

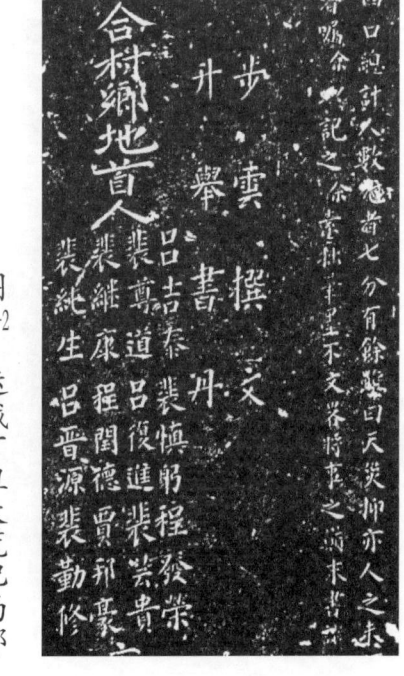

图 72-1　灵石晋省地舆全图碑

图72-2 灵石晋省地舆全图碑局部

灵石晋省地舆全图碑（图72）

碑石原立乡间大财主家，现存灵石天石碑廊内。碑石未标示刻石的详确年代，但据碑上所标地名推断：忻州，保德州、代州，三州均在雍正二年（1724）升为直隶州。宁武府、朔平府和平鲁县、右玉县，均在雍正三年（1725）设置，可见碑石不会早于清代。又据碑上所标霍州设置时间为乾隆三十七年（1772），内蒙古和林格尔，则是在乾隆年间才设和林格尔厅，此前则设驿站名为二十家子。所以该碑刻应为清乾隆年间所绘制。碑长方形，长155厘米，宽72厘米。石碑上方篆书："晋省地舆全图"六字，其下明代长城，横亘晋北，逶迤在崇山峻岭中。黄河水自北向南湍流而下，至潼关界折而向东奔去。山西的各州、县星罗棋布，分布有序，不失为一幅较翔实的山西地图石刻碑。

全图采用传统形象画法，精细地绘出了山脉、河流、湖泊、盐池、道路、驿站、长城关塞、府州厅县、城池村镇、寺庙古迹等要素。图中道路用虚线表示，河流主支以线条粗细区别，黄河用条带状的水波纹表示。汾河、沁河、桑干河、滹沱河几大水系用粗线条表示，尤其是纵贯山西的汾河,作为山西省最大的河流,也是黄河的第二大支流,图中还在管涔山(位于宁武县东寨镇)下方标注"汾河源"一词,表明汾河的发源地。城池皆绘城郭和城门,如平定县城为上下两城相倚格局,为研究城市格局、形制提供了有价值的参考资料。

山西自古地形地势险要,地理位置重要,历来是兵家必争之地。从战国到明、清的历朝历代都在山西修筑长城。图中所绘长城从天镇县起,西经阳高、大同、左云到达偏关、河曲,并依次绘出长城上平远口、得胜口、杀虎口等20多关隘口。清时山西驿道北达蒙古、南到陕西潼关,东北至京师,图中绘有井平驿、沙泉驿、盘陀驿、侯马驿等20余处驿站。

五台山是驰名中外的佛教圣地,图中形象地绘出了东台、南台、西台、北台、中台共五台,金阁寺、镇海寺、台麓寺、涌泉寺等九座寺庙以及尖营和行宫。

另外值得一提的是,此图除标明州、县位置外,还逐一标明省、县与州之间的路程里数,具有鲜明的商务用途。

《晋省地舆全图》绘出了清时山西省所辖范围,北过长城到达大青山,西隔黄河与陕西省相望,南抵黄河与河南省为邻,东与直隶、河南两省毗连。其绘制翔实,信息丰富,是较早的山西省综合性地图。此碑在测绘技术尚不发达的情况下,能标定出较准确的地舆位置,且刻诸碑石,十分不易。它为研究山西的行政区划、道路交通、山形水系、名胜古迹等方面提供了珍贵材料。这也是目前山西仅见的地舆图石刻碑,十分珍贵。

图 73-1　山西夏县堆云洞全图

图 73-2　山西夏县堆云洞局部图

山西夏县堆云洞全图(图73)

此碑青石质,长169厘米,宽103厘米。画面上方正中楷书"山西夏县堆云洞全图"九字,左面有四行小字"咸丰三年癸丑秋九月中澣桐邑谢奏能写意□□道人敬刊"。由此可知此石碑为咸丰三年(1853)刻制的堆云洞全景图,现仍置于堆云洞内保存。

堆云洞位于夏县城西北23公里的水头镇上牛村洞沟,是一处道观,始建于元朝,明清时期相继增建和扩建。此道观虽然立于土岗之上,却因其独特的建筑格局,在众多的道教建筑群中显得卓尔不群。从画面中我们可以看到堆云洞的整个建筑群坐落在群山环抱,曲水环流的高岗之上。亭台楼阁,殿堂宝塔,层层叠叠很有层次,布局非常严谨,气势颇为壮丽。仔细观赏,发现图中所绘古建有12个院落和128个厅堂,并雕刻着30余个人物,有的扫院,有的挑水,有的诵经,有的下棋,活灵活现。这幅图画为我们描绘出堆云洞兴盛时期的洞景。

堆云洞依山而建,由于其地势高凸,环境幽邃,雨后的山洞,云雨氤氲,紫气缭绕,祥瑞腾空,云自洞出,故名"堆云"。"以其从壑连霄谓之堆云,以其穴崖而入谓之洞"。堆云洞的建筑,是集江南园林的灵巧与北方建筑的大度为一体,层叠构筑的建筑奇观,充分展示出道家思想的奇妙精髓。古人有诗赞曰:"曲折螺旋步步升,堆下足下会飞腾。回头试看行位处,已离琼楼十二层。"

据说清代有个文人路过此地,看到这里环境幽静,景观别具一格,倾慕之至,便倾心题写了堆云八景——双涧合流、石穴隐云、路盘层磴、庭俯乔林、东楼朝雨、西殿晚霞、笔锋留月、高台孤耸,是堆云洞的真实写照。

第三章　山西古代各时期碑刻分述

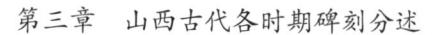

　　堆云洞是美的,沟壑纵横,崇岗耸峙;双洞交映,水声潺潺;云烟处,青松翠柏;朦胧中,仙气神韵。堆云洞是妙的,层叠构筑,布局奇妙。曲径通幽,步步成趣;拾阶攀高,或洞或敞。有诗曰:"远眺云上浮,近瞧蓬莱中……房掩浓荫里,人在雾中行。"

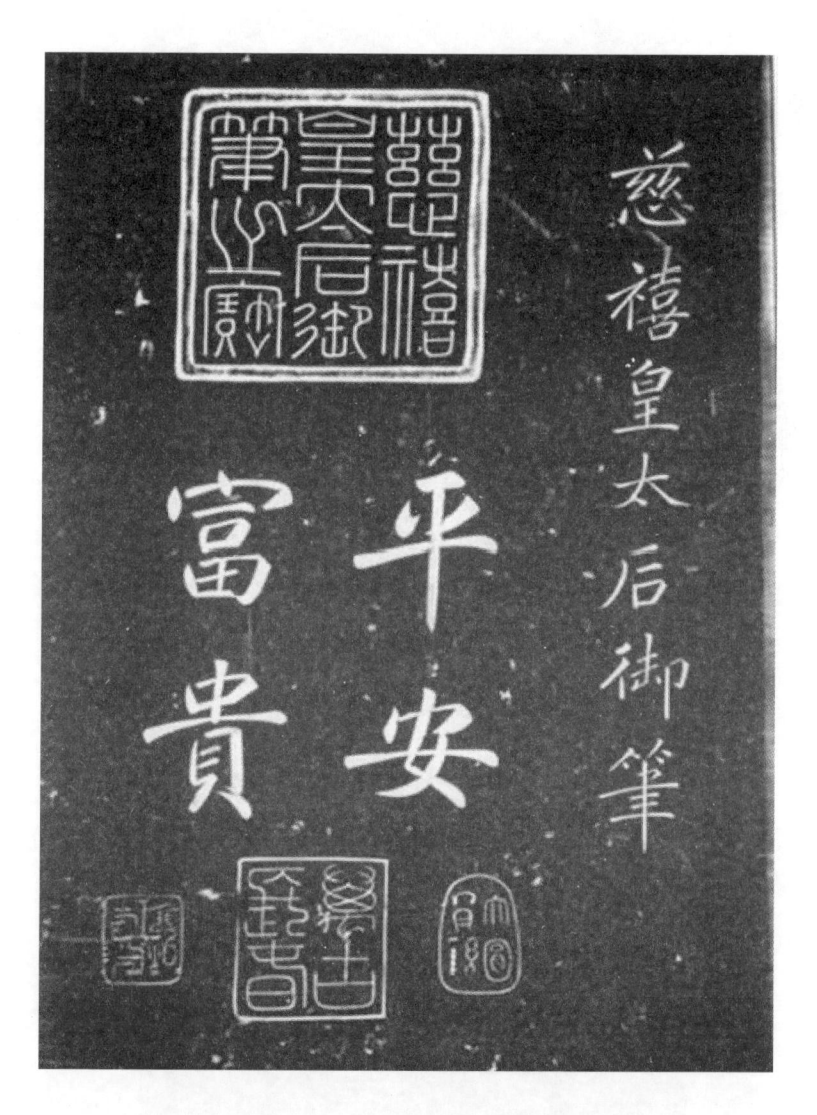

图74-1　慈禧"平安富贵"刻石局部

漫谈山西碑刻

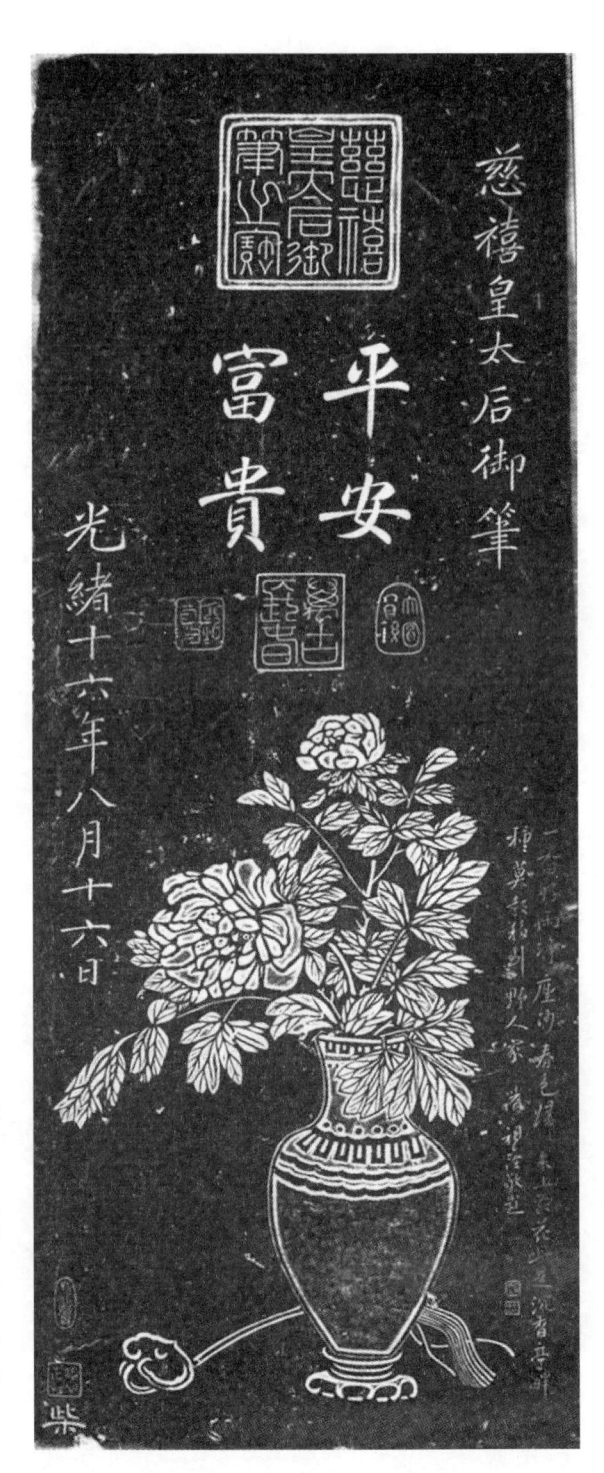

图 74-2 慈禧『平安富贵』刻石

260

慈禧"平安富贵"（图74）

此碑青石质，高108厘米，宽43厘米。石碑刊刻于光绪十六年（1890年）。石刻现存解州关帝庙，保存完好。

在画面正中下方的花瓶里插着一束枝叶茂密盛开的牡丹花。慈禧皇太后在其上方御笔楷书"平安富贵"四字，并加盖玺印。其上为"慈禧皇太后御笔之宝"篆字大印1方。石刻画面右上自题："慈禧皇太后御笔"楷书七字。画面右下有七言绝诗一首，"一番好雨净沉沙，春色归来上苑花。此是沉香亭畔种，莫教移到野人家。潘祖荫敬题。"左面刊有"光绪十六年八月十六日"。

此幅图画是清朝慈禧皇太后御作，花瓶寓为平安，牡丹寓为富贵。此御笔书画，沉稳秀俊，构图匀称和谐，气势凛冽，寓意深长，既反映出她毕生追求，又映衬出她终结悲哀。

慈禧太后（1835-1908），又称"西太后""那拉太后"，死后清朝官方称谓是"孝钦显皇后"。1861年至1908年间清朝的实际统治者。慈禧爱好书画，练字不辍，犹善行书大字，当政事之余，便挥毫泼墨，陶冶性情，有时候写完便赏赐给大臣。慈禧赏人书画看时节、看心情、也看对象，是有针对性的。比如某位大臣上了岁数了，她就会择机赏一幅寿字或一幅福字，抑或赏一幅松桃之类的画，得赏者往往会受宠若惊，喜形于色。

关于慈禧太后的书法，近人马宗霍《书林纪事》载："慈禧太后垂帘当国，亦喜怡情翰墨，学绘花卉，又学作擘窠大字，常书'福''寿'等字以赐内外大臣……"留存至今的慈禧书法之作，多以单字居多，如本幅集书、画合一的作品颇为罕见。

考画面右下的七言绝句，出自纪晓岚《阅微草堂笔记》卷二十《滦阳续录(二)》："庚辰会试，钱箨石前辈以蓝笔画牡丹，遍赠同事，遂递相题咏。时顾晴沙员外拨出卷最多，朱石君拨入卷最多，余题晴沙画曰：深浇春水细培沙，养出人间富贵花。好是艳阳三四月，余香风送到邻家。边秋崖前辈和余韵曰：一番好雨净尘沙，春色全归上苑花。此是沉香亭畔种，莫教移到野人家。"由是可知，此七言绝诗为边秋崖所作。纪晓岚认为，科场是为国家擢拔人才，不是给考官选择门生，所以考官要出于公心，不能心存门户之见，造成人才埋没。他题诗称赞顾晴沙，并借机表达自己的观点。

图75-1 关夫子像赞局部

第三章　山西古代各时期碑刻分述

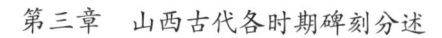

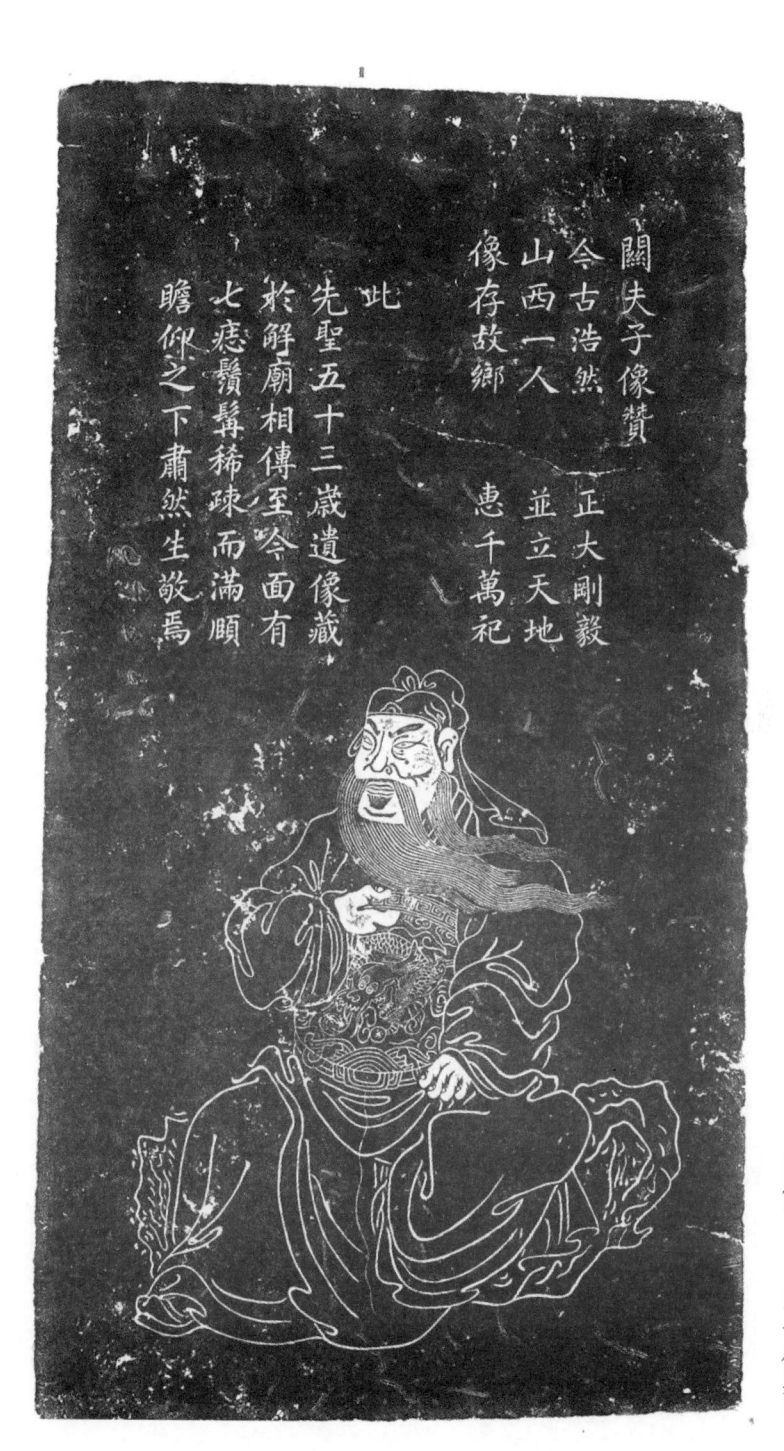

關夫子像贊

今古浩然　正大剛毅
山西一人　並立天地
像存故鄉　惠千萬祀

此
先聖五十三歲遺像藏
於解廟相傳至今面有
七痣鬚髯稀疏而滿顧
瞻仰之下肅然生敬焉

图75-2　关夫子像赞

关夫子像赞(图75)

此碑青石质,为竖方形,高118厘米,宽63厘米。碑无镌刻年代。现存解州关帝庙,保存完好。

整个图面分文字和画像两部分。上部刻字9行,行1至9字不等。"今古浩然,正大刚毅。山西一人,并立天地。像存故乡,惠千万祀。此先圣五十三岁遗像,藏于解庙,相传至今。面有七痣,须髯稀疏而满颐。瞻仰之下,肃然生敬焉。"记叙了对关羽的评价和敬重。书法楷体,间架工整。下部以减底线雕混合手法,刻出了关羽身着锦绣龙袍,头戴软巾,隆准凤目,面有七痣,五绺长髯飘洒在胸前,恬然坐在石上,表现出了一位心胸坦荡、宽怀大度、面容威严的气质。

关羽,字云长,山西解州常平村人。三国蜀汉名将,镇守荆州,为东吴所败,不屈被杀。追赠大将军,葬玉泉山。世人感其德义,岁时奉祀。宋真宗(赵恒)赐庙额曰"义勇",追封王号曰"武安王"。以后历代帝王便把集"忠、孝、节、义"于一身的关羽作为样板,大加封赏,用来"教化"臣民。明万历年间特加封为"三界伏魔大帝神威远镇天尊";清顺治元年封为"关圣大帝"。明清时代,关羽不仅是一位义结千秋、忠贞不贰的英雄好汉,而且还有司命禄、佑科举、治病除灾、驱邪避恶、巡察冥司,乃至招财进宝、庇护商贾等多种法力。由于关公成了国家祭祀的高级神祇,因此佛、道两家争相把他拉入自己的教门,充当护法神,以壮声威。固此,民间各行顶礼膜拜。凡有华人的地方都可见到人们拜奉他,又因其以义而生财,故名义财神。

图 76-1　汉夫子风竹碑

汉夫子风竹碑（图 76）

此碑青石质。碑长 103 厘米，宽 61 厘米，厚 5 厘米。因其以片片风吹雨打摧动的竹叶组成诗文，便被称之为"风、雨竹"碑或"诗竹"碑。碑上，一丛竹叶似在风中摇曳；一丛竹叶如遭暴雨浇林。细观可发现，两枝劲竹的竹叶由汉字拼成，读来为一首五言绝句："不谢东君意，丹青独立名；莫嫌孤叶淡，终久不凋零。"

此碑刊刻时间不详，应为清代复制品。碑现存运城解州关帝庙，保存完好。

相传此画为蜀汉大将关羽身陷曹营时绘制。寓意关羽身在曹营心向汉时时向根，不忘根本。"东君"指司春之神，暗喻曹操，诗的大意是：不感谢春之神的安排，劲竹不因季节变化而荣枯；不必嫌弃竹丛枝孤叶单，它却岁寒不凋，风雨难摧。这正是关羽"身在曹营心在汉"的写照。

传说汉建安五年（200），刘备与曹操徐州之战，刘备败逃，关羽为保护二位皇嫂留居曹营。操爱羽勇武忠义，三日一小宴，五日一大宴，送美女、金银、战马，意欲买动其心，使之归附自己。关羽在曹营，斩颜良，诛文丑，立下汗马功劳。曹操表奏汉献帝，封他为"汉寿亭侯"。可当关羽知刘备在袁绍处，即欲辞曹。经一番揣摩，构思出这幅用五言绝句组成的"风雨竹"画，以竹喻志，以画藏诗，转送曹操手中，他"挂印封金"，保护着二位皇嫂，千里走单骑，过五关斩六将，寻找刘备而去。曹操见到这幅"风雨竹"，玩味良久，方悟关羽去志已坚，愈加钦佩其忠义，于是派人追送，并以黄金、锦袍相赠。

"风雨竹"碑，因其构思巧妙，成图自然，远看是画，近看是字，诗画相兼，寓意深刻。且镂刻精细，尤为珍贵。因其生动逼真的形态，很强的艺术性，屡屡被后人勒石成碑而得以流传。在山西运城河东博物馆及解州关帝庙都有所藏。这些碑刻为了解关羽的生平、研究关羽信仰这一民间习俗和关庙的兴建沿革历史，提供了很有价值的参考资料。

10、题名碑

历代的名人雅士、帝王将相都嗜好在游览所及，兴之所至，率意留题。

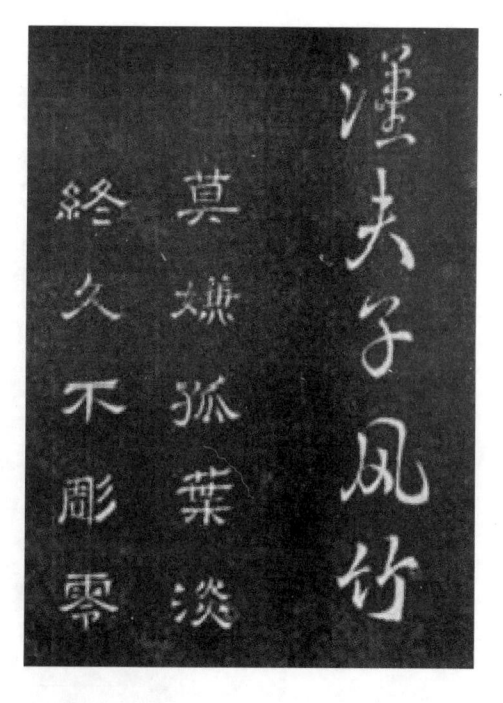

图76-2 汉夫子风竹碑局部

他们在碑碣、摩崖或湖山佳处，题诗、题字，有题地名、人名，或题景名、物名，有的还即兴直接在石上书写。题名就是以最简明、最恰当的词语反映其特定的内容。

比较著名的题名碑有：康熙帝御书"秀峙中区""砥柱河津"；永济"山翠飞来"门额、壶关"大安桥"题名碑、祁寯藻书"神蝠"、板桥的"布衣暖，菜根香，诗书滋味长"、浮山岳飞"墨庄"题名碑等。这些题名刻石中有为纪念、科场、旅游，在石碑或壁柱上题名；有为留纪念所题记，立于道旁；有为题于碑亭、神道、寺庙的题名匾额；还有砌于门额上的题记，虽然字数不多，但它所蕴含的信息、反映的文化内涵，却是极为深远，使我们可以从历史人文的角度，钩稽当初立碑设碣的意义与典故。

漫谈山西碑刻

图 77-1　秀峙中区碑

268

秀峙中区碑(图77)

此碑青石质,螭首,趺座。碑首1米见方,正、反两面均为二龙捧珠雕刻,正面中部有篆体"御书"二字,上方刻有"康熙御笔之宝"朱文方印。碑身高240厘米,宽93厘米,厚32厘米。碑阳刻"秀峙中区"四个行书大字,字径约40厘米;碑阴中间刻有"康熙肆拾贰年叁月拾捌日遣内阁侍读学士加六级臣卢起隆立"楷书字样。

清康熙四十二年(1703)镌刻。2008年出土,现存洪洞县兴唐寺乡中镇庙。碑面上下角均残,碑已断为两截。

通过碑文我们知道,1703年,清圣祖康熙皇帝西巡至霍,御书了"秀峙中区",以示对霍山的尊崇之意。霍山,又叫霍太山、太岳山。《尚书·禹贡》中:九分天下,霍山为冀州之镇。李世民在霍州打败隋兽牙郎将宋老生后,一直认为有霍山神相助,于是一登基就在霍山中建造了兴唐寺。四年后,又诏立中镇庙祀奉霍山神。隋唐后,帝王崇封不断,唐称"应圣公",宋称"应灵王",元称为"崇德应灵王",明朝定为"中镇霍山之神",每年都按时祭祀,清康熙帝题碑"秀峙中区"。

据《洪洞金石录》载:清康熙四十二年(1703)四月御祭中镇文,原在兴唐寺中镇庙,是康熙五十岁时祭霍山之文。碑文云:"维康熙四十二年癸未,四月丙子,越乙酉日,皇帝派遣内阁侍读学士卢起隆,致祭于中镇之神曰:惟神望重八纮,功齐二室。灵威丕赫,坐镇中方。朕祗承休命,统驭寰区,夙夜勤劳,殚思上理,兹历四十余载。今者适届五旬,海宇升平,民生乐业。见舆情之爱戴,沛下土之恩膏。特遣专官,虔申秩祀,尚凭灵贶,益锡蕃禧,佑我国家,共登仁寿。神其鉴焉。"

康熙御书为一碑,祭文为另一碑。此次发现的是御书碑。据道光版

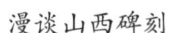

《赵城县志》记载：康熙分别于二十七年十二月、三十五年正月、四十二年四月和五十八年三月，四次遣官致祭中镇庙，均有祭文。康熙三十四年四月初六（1695年）临汾大地震，广胜寺飞虹塔损坏；三十五年（1696年）郡县水旱年谷欠登；三十六年（1697年）庆祝平定北部边疆大事，均立碑中镇庙，遣官祭祀。地震8年后，也就是康熙四十二年（1703年）四月初八，维修飞虹宝塔重安金顶。康熙五十岁时"海宇升平，民生乐业"，国力鼎盛，内外安定，一派繁荣，因此而立碑祭中镇。

据力空法师编撰的《霍山志》中，有马甲鼎所写的游记，其中有一段描述，就能够说明此碑的位置："由村东进峪口，渐入佳境。历伏虎岩至菩萨庙，再历许抵中镇庙。制仿王者居，门外有坊。入门，沿坡，进重门，康熙御书之'秀峙中区'碑在焉，覆之以亭。东北数武，有碑镌明洪武诏书。"这就是说，《秀峙中区》碑在朱元璋洪武三年（1370）所立的《霍山大明诏旨碑》西南附近。古代六尺为步，半步为武，武为三尺。数武者，距离很近。

《秀峙中区》题名碑，碑体虽有残损，但大气尚存。字体端庄浑厚，神韵挺拔。

图77-2　秀峙中区碑局部

第三章　山西古代各时期碑刻分述

图 78-1　大安桥碑

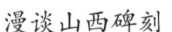

大安桥碑(图78)

此碑圭首,高202厘米,宽69厘米。碑面中书"大安桥"三个巨大字,挺拔有力,右上行书"尚子冯士翘题并书";碑左刊有立碑人姓名。

石碑镌刻于清乾隆四十一年(1776),立于潞安府壶关县固村北大安村。现存原址碑亭内。保存完好。

大安桥,是壶关县现存古桥之一,其创修于明天启二年,重修于清乾隆四十一年。说起大安桥,在上党地区,可谓无人不知,无人不晓。

大安桥之所以如此显名,是因为,清乾隆年间重修时碑文由誉为"上党三绝"的冯士翘书、冯文止篆、常大中刻。特别是大安桥这三字是由被乾隆皇帝封为"天下书法第七把手"的冯士翘所书,因而十分珍贵。

图78-2 大安桥碑局部

冯士翘(1718-?),字怀远,号秬山。清代著名书法家,山西长子县城北街人。其父、其兄、其弟皆文人。清《长子县志》载:"倔强有奇气,工八法,尤精擘窠书(方格内写大字),喜蓄金石。邑中断碑残碣搜罗无遗。能文章诗词,善古今书法,潞泽之为屏障匾额者,率金求怀远书。"冯士翘书法兼王、欧、颜、柳各家之长,行笔雄健,俊逸遒劲,自成一体。冯士翘著有诗集《秬山草堂遗咏》。乾隆皇帝虽然和冯士翘未见过面,但看到冯在五台山庙院的书法后,十分欣赏,封冯士翘为"天下书法第七把手"。

乾隆年间,壶关进士冯文止曾到长子任廉山书院山长,其文章功底很深。当时,长治石匠常大中刻碑技艺超群。三人互慕,过从甚密,不是冯文止的撰文,冯士翘不书丹;不是冯士翘的书丹,常大中不刻。三人合作,为上党地区的一些庙宇、寺观、亭台楼阁书写镌刻了大量碑文、匾额等,被人们称为"上党三绝"。

据传,冯士翘在书写单立名碑"大安桥"三个大字的第三字时,却蓦然染病,只写了"桥"字的"木"旁,便动弹不得了,幸有他的随身弟子赶忙补写了右半边的"乔",才有了完整的"大安桥"名碑。然而从此以后,"上党三绝"联袂制作的碑碣就告绝了。此事是否属实,无从考证。但"上党三绝"碑作的真迹,因世事沧桑,存世者仅有"大安桥"和"重建壶关县大安桥碑记"两通碑刻。

图78-3 大安桥碑局部

图 79　何绍基楹联石刻

何绍基楹联石刻(图79)

此碑青石质,高113厘米,宽62厘米。行书。无镌刻年代。是清代大书家何绍基写的一副对联,现该石刻存运城博物馆。保存完好。

上联"世事平生莼菜冷",大意是:当今人世为了个人名利,只管忙于奔波,顾不得思念家乡,使得很好吃的莼菜羹都放冷了。莼菜做羹味很美,吴、越人最喜欢吃。据《世说新语·识鉴》:"张季鹰(张翰)辟齐王东曹掾,在洛见秋风起,因思吴中菰菜莼羹、鲈鱼脍,曰:'人生贵得适意尔,何能羁宦数千里,以要名爵!'遂命驾便归。俄而齐王败,时人皆谓为见机。"后来被传为佳话,"莼鲈之思"也就成了思念故乡的代名词。

下联"鹂声妙得野人陪",大意是:黄鹂歌声美妙动听,只有不做官的野人老百姓才能欣赏。《论语·先进》云:"先进于礼乐,野人也;后进于礼乐,君也。如用之,则吾从先进。"刘宝楠《正义》谓:"野人者,凡民未有爵禄之称也。"

由此可见,何绍基在腐朽的封建社会里,久经世故,他看穿了人生富贵,也不过是争名夺利。所以在对联中他流露出对仕途抱有消极冷淡的情绪,认为做官不如回家当老百姓好,吃着莼菜羹,听着黄鹂歌,欣赏自然美景,悠然自得。

何绍基(1799-1873),清书法家。湖南道州(今道县)人。字子贞,号东州,又号蝯叟。道光十六年(1836)进士,官编修。博涉群书,于六经子史,皆有著述。尤精说文考订之学,旁及金石碑版文字,凡历朝掌故,无不了然于心。论诗喜宋东坡、山谷,上溯周秦两汉古篆籀,下至六朝南北碑,皆手摩心追。何绍基书法,早年秀润畅达,徘徊于颜真卿、李邕、王羲之和北朝碑刻之间,有一种清刚之气;中年渐趋老成,笔意纵逸超迈,时有颤笔,融厚有味;晚年人书俱老,已臻炉火纯青阶段,是清末碑学大家,草书尤为一代之冠,曾被近人誉为"有清二百余年第一人","简幅流传,海内争宝"。因此,这副楹联具有较高的书法艺术价值。

11、名人书法碑

在炽盛的崇尚、倡行碑学风气的影响、推动下,清代涌现出了一批成就很高的书法大家,产生了大量的书法作品,可以被称为"书道中兴"的时代。山西碑刻的书法碑刻虽不算繁茂,但在碑学的推动下,在清代各体书法碑刻都出现了一批名家作品,如傅山、张穆、祁寯藻等。

图80-1　五峰山草书碑局部

第三章 山西古代各时期碑刻分述

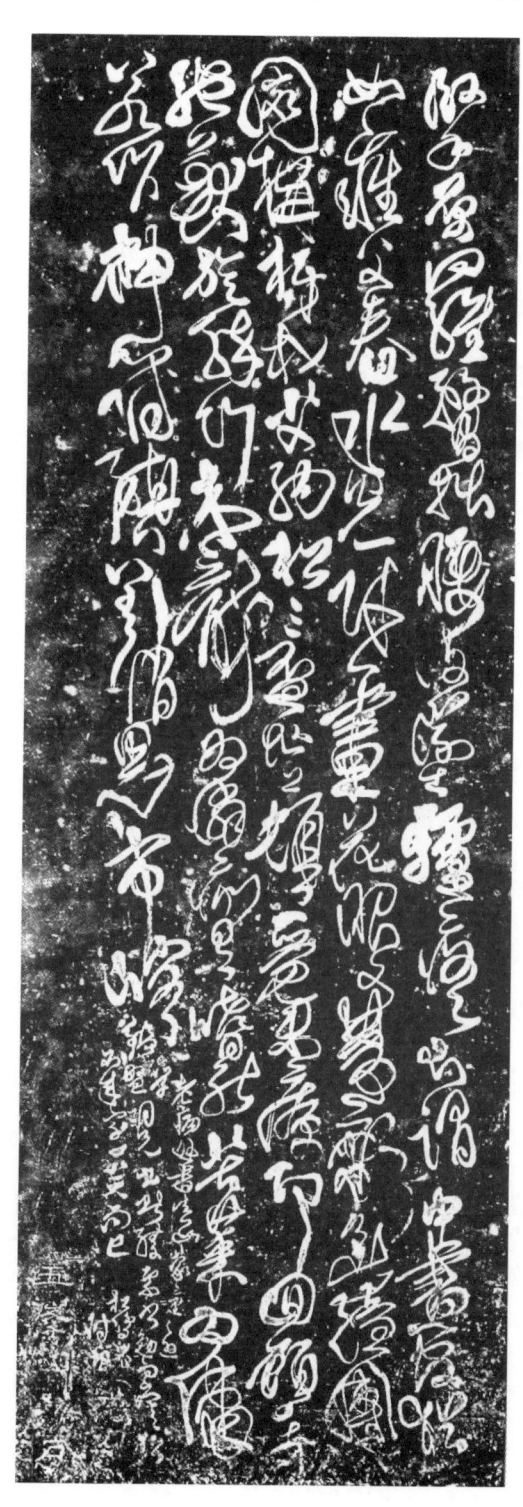

图80-2 五峰山草书碑

五峰山草书碑（图80）

傅山在中国近代书法史上是一座山，一座仰之弥高的大山。在明末清初王朝更迭之际，他义不容辞地担当起了书学复兴的重任。他的人品、书品，都是留给后人的宝贵财富。

《五峰山草书碑》镌刻于咸丰元年（1851年），碑末有刘氏名章可证。原存于寿阳五峰山龙泉寺，现存寿阳县文物管理所。高189厘米，宽65厘米，厚14厘米。草书大字5行，附记小字草书5行，行1—13字不等。碑为诗体，草书书法，阳曲傅山撰书。寿阳人刘雪崖收集摹刻上石。

《五峰山草书碑》，为傅山以草书书写的论草书艺术的一首诗，诗文开头先谈了书法笔法都要创新，接着谈到草书要讲究线条优美动人，接下来强调草书绝不是胡写乱画，一定要遵守规矩绳墨。此为傅山重要的书法理论作品，可称诗书俱佳。此诗收入《霜红龛集》，题作《题书自笑八韵》。书如其人，与著名的"宁拙毋巧，宁丑毋媚，宁支离毋轻滑，宁真率毋安排"相辅相成，与之做人的操守异曲同工。

此诗无撰书时间，据当代草书家林鹏先生考证，此书应作于1644年10月以后。清兵攻占太原，下令剃发，傅山负母避乱太原以东的寿阳、盂县山中，即至寿阳五峰寺，拜郭还阳为师，出家当了道士，郭赐号"真山"；因衣朱衣，人称"朱衣道人"。当时，傅山经罕山堕驴受伤，只好住寿阳郝旧甫家。郝德新，字旧甫，亦字鉴盘，明代诸生，晋王府仪宾（女婿），寿阳县石河村人。两家交谊甚笃。郝氏六十寿辰，傅山曾为作《石河篇》诗，之后又至郝家，作《石河村与郝旧甫》诗。所以郝旧甫持绫子请傅山书写。傅山便写了这幅草书，并题记说："书已自顾，竟似正一家治鬼符一张,不觉失笑,遂有此作。"傅山恨不得将自己的书法化作正义的"神符",去镇灭邪恶的"鬼魅"。

傅山的《五峰山草书诗碑》,写得浑然苍莽,不见端倪,但详察之,也全由行笔的提按达自由境地而致之。作者在书写时,缭绕错落形成反复重叠的圈状线条,犹如古树盘藤,圆劲连绵盘曲。其用笔婉转遒劲,气韵连贯,一笔而成,率意挥洒无丝毫做作痕迹,确为傅山神来得意之笔。草书贵在势,所以行笔要荡得开,傅山的《五峰山草书碑》如龙腾蛇舞之象,豪迈不羁,气势夺人,有倨傲不可一世之概,震撼人心。

此碑为寿阳境内所存傅山先生专论草书书法艺术经典佳作。这恣肆自如的狂草,令三百多年来,历代书家推崇备至,因而弥足珍贵。

图81-1　郭有道碑局部

漫谈山西碑刻

先生讳泰字林宗太原界休人也兴先出自有周王季之穆有號虢者實有懿德文王咨焉建國
謂之郭即其後也先生誕膺天衷聰睿明哲夙孚温恭仁兼夷惠夫其器量弘深姿度廣大浩焉淵
乎不可測已苦乃徙鄭屬仔直道正辭貞固足以幹事隱括足以揉譔六經探綜圖緯周流華夏
隨集帝宇稔叙文坐之捈神徊徊以士望形表而景附聆嘉聲而釀者猶
百川之赴巨海鱗介之宗龜龍也爾乃潛隱衡門教明勤誨童蒙賴焉用袪其蔽州郡聞德虛己備禮莫
之能致群公休之遂辟司徒掾又舉有道皆以疾辭將蹈鴻崖以遐逝瓢巢許之絕軌翼鶩區外以舒翮
天機以高時稟命不辜享年四十有二以建寧二年正月乙亥卒於家同好之人永懷宗匪所置念乎
相與惟先生之德以表謀不朽之事僉以為先民既沒而德音猶存者亦賴之于見述也今其如何而闕斯
盍建碑表墓昭銘景行俾芳讌騰乎百世於是樹碑作銘其詞曰
禮於休惟我明德通玄合契渺乎天崇仏岄淡如江如淵禮樂是悅詩書是敦匪惟擕章可尋可提
於休嗟兮得與聞懿乎異操洋洋搢紳言觀其高栖遁浮塵諒亦斯義詶歟三事僉所
宮盧甚涼此清妙降丰不永民斯悲悼爰勒兹銘摛其光耀嗚乎哀哉

蔡邕郎中夕汕笑與夫原傅民皆云所書不知情誤以情兼作今持識之乾隆丁酉秋介休令各吳公滙祖寺冑

图 81-2

郭有道碑

郭有道碑(图81)

《郭有道碑》又名《郭泰碑》《郭林宗碑》,是东汉名士山西介休人郭泰的墓碑,相传为蔡邕撰并书。原碑早失,现存介休市博物馆的这通石碑。《郭有道碑》是清初傅山重书之碑。此碑刊刻于乾隆丁酉(1777年)。据说在"文革"期间此碑曾被搬走,架作石桥,1977年回复介休县博物馆,才被移之保存。现碑右下角有一块已缺失,明显是后来立碑时新补上去的。碑高224厘米,宽90厘米,厚19厘米。原来碑额上有"汉有道先生碑"的小篆体文字,可惜今碑额、碑座均已丢失。全文隶书12行,满行40字。蔡邕撰文并书丹,清康熙年间傅山依原拓临摹。在碑文其左侧边缘处,有一行楷体字,为清乾隆年间介休县令吕公兹书写的关于此碑文系傅山先生重书的说明。碑侧有傅山草书题刻。碑阴有介休知县金一凤、傅山子傅眉等题跋。离石王良翼刊石。

碑文主要记述了郭有道的生平。郭泰,字林宗,人称有道先生,山西介休人,东汉末太学生首领,位居"八顾"(指能以德行引导人的八位名士)之首。因看到东汉王朝腐败将灭,不应征召,归乡执教,弟子达数千人。因不慕高爵,乐与士人为伍,被世人视为楷模。建宁二年(169年),病殁于家,时年四十一岁。当时文坛领袖蔡邕亲为其撰写了碑文。

中国文学史上有两个写碑文的大师,一个是汉朝的蔡邕,一个是唐朝的韩愈。

蔡邕的碑文作品为碑文创作树立了典范,被誉为表墓之作的正宗。《郭有道碑》是蔡邕碑文的代表作。蔡邕曾对卢子干说:"吾为天下碑文多矣,皆有惭容,唯郭有道无愧于色矣!"因为只有《郭有道碑》是颂当其人的,其他的碑文则都颂非其人,可见他作墓碑大多是对人溢

美过誉的。

《郭有道碑》由来已久，相传为东汉建宁二年（169年）始立，为蔡邕撰文书丹。后因历史变迁，年久风化，到明代由王正己按蔡文摹勒镌刻。清初又有郑簠、傅山写本。此外，据传山东济宁还有翻刻一石，是从山西盐商刘镜古藏宋拓本摹出。

介休博物馆的这通《郭有道碑》，为明末清初著名思想家、文学家、诗人、医学家、书画家傅山先生按蔡邕原文，以隶书重刻。再由王良翼对本修整，最后完成。刊石的王良翼，离石人，是刊石的名手。傅山在碑侧题刻中评介道："王生貌朴野不文，而实内慧，能文多解，兼能医，运斤病字，良赖针砭。"

此碑隶书结字匀称，秀润典雅；用笔方圆兼备，风姿翩翩，隶法苍劲古朴，篆隶相杂。让人感到惊讶的是，傅山书写的这块隶书碑文，一反他主张书法要"宁拙勿巧"的常态，整篇文章排列整齐，字迹工整大方，清晰可鉴，给人一种唯美的感觉。

郭泰不就官府征召，回归乡里，党锢祸起，遂闭门教书，门下生徒以千数。面对这样一位文化先贤，尤其是其闭门不出的隐退行为对康熙年间的傅山有非常大的感召力。傅山极认真地书写他的墓碑文完全出于崇敬之情。而这种崇敬之情极有可能会使傅山放弃一些求异逐奇的想法，加强规矩合理的安排。据说，傅山书写这么规整的隶书真品，可以说是一件绝世作品！

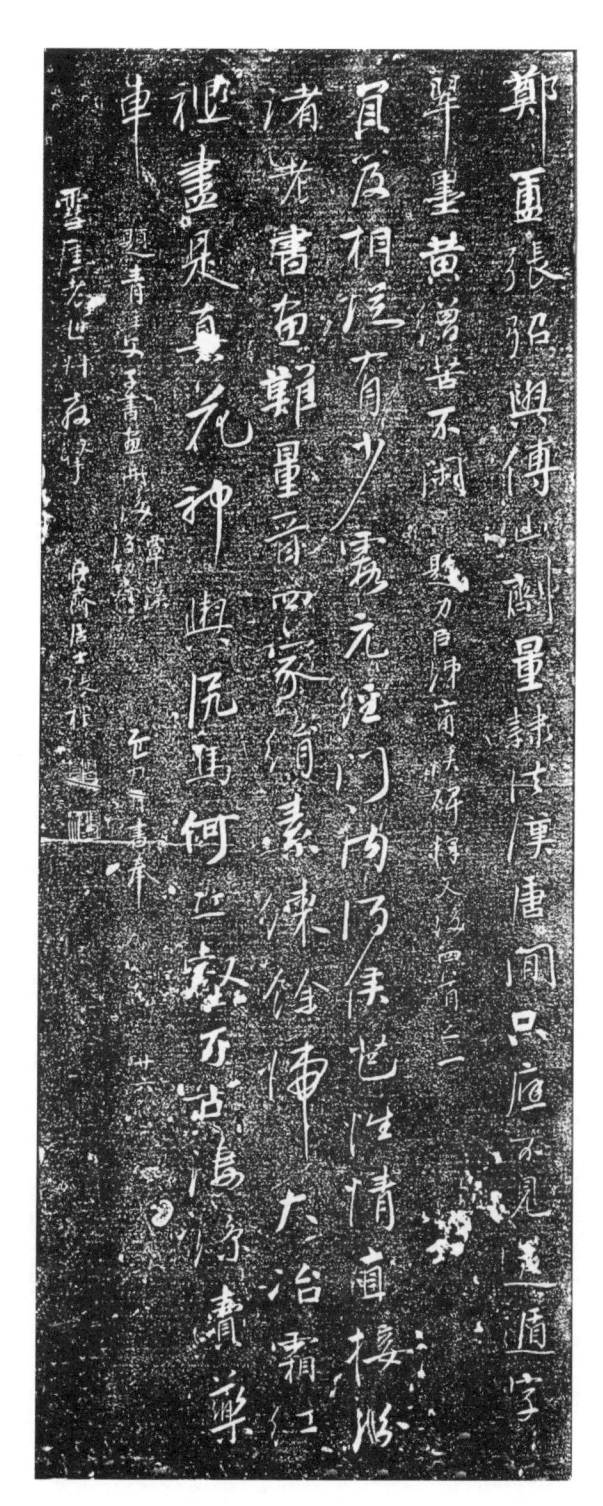

图82 张穆书翁方纲诗碣

张穆书翁方纲诗碣(图82)

清道光二十五年(1845年)九月镌刻。现存寿阳县五峰山碑亭。高9厘米,宽35厘米。翁方纲撰,张穆书。

张穆(1805-1849),山西平定人,初名瀛暹,字诵风,一字硕州,号石舟、石州。道光时优贡。其父、祖皆为进士。他精治经史,善言地理,兼好金石碑版,工书法。张穆书法追求奇古,与何子贞齐名。时人对张穆的书法多有评论。《平定州志》称张穆"书法端楷秀逸,自成一家;得其片纸者,奉如拱璧"。《山西通志》载,张穆"书法劲逸,冠绝一时"。《山西献征》称其"书法草隶遒逸,能取章草,合以汉石北碑之神,而出入河南鲁公神韵。于蝇头细字,尤见精峭,世多宝贵。"祁寯藻谓张穆书法"其筋骨风格栩栩如生"。由此可见,张穆的书法在当时享有盛誉。此幅翁氏诗,是张穆留存于五峰山的唯一作品,颇为珍贵。

诗文内容是清中叶著名金石学家、书法家翁方纲论傅山诗二首。对关于傅山的书法,清代大书家翁方纲非常推崇,在《题青主父子书画册后》一诗中,道出了傅山书法是"大冶"之"真花"。这出于清代乾嘉时期"四大书家"之一的翁方纲之笔,足见傅山书法的魅力。

翁方纲(1733-1818),字正之,号覃溪,晚号苏斋,直隶大兴(今北京市)人,官内阁学士。能诗文,精鉴赏,善书,尤精隶书。与同时的刘墉、梁同书、王文治齐名。有《两汉金石记》《复初斋文集·诗集》《石洲诗话》等作品传世。

当时刘雪崖辑傅山遗书,片纸必寿诸石,张穆因书翁氏二诗以赠。

翁诗中提到的郑簠(1622-1693),明末清初书法家,字汝器,号谷口,江苏上元(今南京)人。郑簠擅隶书,亦精行草书,兼工篆刻。初师宋珏,后改学汉碑,学汉碑达三十余年,其隶书飘逸虚灵,活脱洒丽,在清前期影响至大。

第三章　山西古代各时期碑刻分述

图 83-1　祁寯藻书程子四箴碣

图 83-2　祁寯藻书程子四箴碣局部

祁寯藻书《程子四箴碣》（图83）

祁寯藻（1793-1866），字叔颖，又字春圃，号淳甫，晚年讳清同治帝载淳名，改号实甫，又号观斋息翁，寿阳平舒村人。他是晚清道（光）咸（丰）同（治）时期的重要廷臣，为三代帝王师，有"半副銮驾、三朝宰相"之称，一生于国计民生殚精竭虑，不唯如此，他的成就和影响还兼及经学、文学、农学、书法等领域，是一位学识渊博的杰出人物。

此碑无书刻时间。原存方山程子祠，砌于二程子祠壁间，祠毁碣亦无存。现据存世拓本录。碑为横式，高80厘米，宽170厘米，厚度不详。21行，满行10字。楷体。为宋代程颐著。清代大学士祁寯藻书。邑人李其芳镌石。

"程子四箴"主要讲了四段关于视、听、言、动的格言，警己诫人。《视箴》是说人心是虚无的，不合礼的就不要看，否则本心就会受蒙蔽。《听箴》是说人的本性是美好的，但易被外物所诱惑，要保持住诚心，不合礼的就不要听。《言箴》告诫人们，说话是非常关键的，一句话没说好，就要引起战争，这就叫"兴荣出好"，一个人的"吉凶荣辱"，往往是从他说的话开始的。所谓"出悖来违"即不符合天道，不符合礼的话，就不要去说。《动箴》教育人们顺理去做，就会得到好处；如果依从私欲，就会使自己面临危险，保持一份善念，在行动上要求自己战战兢兢，如履薄冰地严格要求自己，就可以步入圣贤的境界了。

"程子四箴"宣扬了宋儒理学之言论，"乃传授心法切要之言。非至明不能察其几，非至健不能致其决。故惟颜子得闻之，而凡学者亦不可以不勉也。程子之箴，发明亲切，学者尤宜深玩"。宋代著名理学家朱熹《论语集注·卷六》曾引用此四篇。

程颢与其弟程颐同为宋代理学的主要奠基者。他们早年受父程珦之命,和周敦颐问学。相传程颢、程颐之外祖家在山西盂县,二程由河南回盂县外祖家省亲,道经方山之侧,结茅读书,读书处今称程子窊村,并建程子祠。

据《寿阳县志》记载:清道光二十六年(1846)知县王晋介主持建祠,在方山集贤岭下,灵松岩上,祀宋儒明道、伊川两夫子(即程颢、程颐)。祁寯藻为寿阳方山新建的二程祠,以颜体书写了"程子四箴"刻于一石,并邀请同朝清代乾隆年间状元潘世恩书"视箴"碑;禁烟先驱、太子太保汤金钊书"听箴"碑;文渊阁大学士晋武英殿大学士卓秉恬书"言箴"碑;上书房总师傅陈官俊书"动箴"碑。分摹刻四石立于祠内。民国年间上海大众书局在《古今碑帖集成》中,将《祁寯藻书程子四箴》,以单行本碑拓出版。现在方山仅存潘世恩书"视箴"一石及卓秉恬书"言箴"一石之下半部,余皆无存。

这通《程子四箴碣》,应为祁寯藻五六十岁的作品。此时祁公人书俱老,艺臻化境,书法进入"思清格老,命笔造微"的境界,其书法保留有较多颜体风格,雄厚凝重,刚健雄浑。因碑碣无存,拓本尤为珍贵了。

12、法书帖刻

法书是对古代名家墨迹的尊称,包含着书法作品楷模的意思。法书是专指书法作品而言,达到相当艺术成就,具有较高艺术水平,可供临摹学习,取法的书法作品才可以称之为法书。法书一般包括著名的刻石、著名的碑帖、名家的墨迹等。一般法书类作品无论从文学还是书法艺术都是脍炙人口的佳作,为人们所赞赏和推崇的传世名作,后人根据拓本或遗迹镌刻成碑,为使其广为流传和长久保存。如保存在太原市儿童公园长廊廊壁上的《崇德庐帖》,此石刻共有39块,刻有我国历代书法名家钟繇、褚遂良、米芾、苏东坡、黄庭坚、傅山、郑板桥等人的真迹,嵌于长321米、101间的半壁廊中,于清咸丰二年(1852)刻之于石。

这些石刻大多都是由清朝阳曲县收藏家李希的玄孙李玉成先生于1958年将家藏《崇德庐帖》石刻30方捐赠出来的。同年,山西省文管会将其镶嵌入太原市儿童公园长廊南端西碑廊内,保存基本完好,供书法爱好者鉴赏。

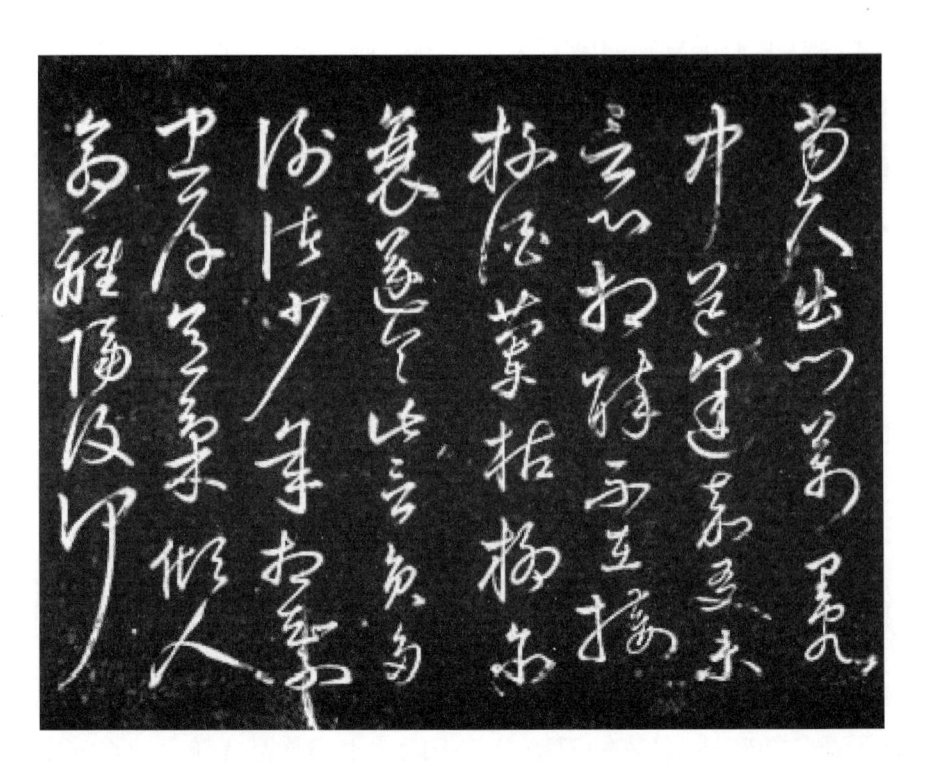

图 84-1　致远堂法书局部

第三章　山西古代各时期碑刻分述

图 84-2　致远堂法书局部

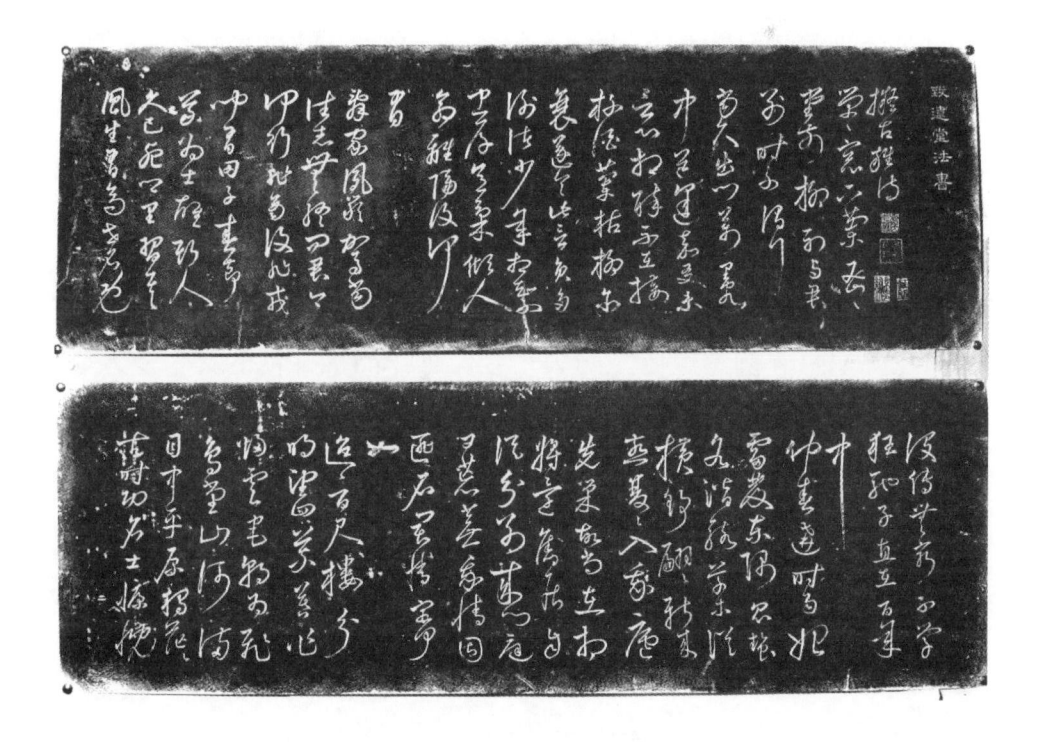

图 84-3　致远堂法书

致远堂法书(图 84)

汉白玉石质,共计九块,均高 35 厘米,宽 110 厘米。前七块刻陶渊明手书大草《拟古杂诗》12 首,计 810 字。帖首题以隶书"致远堂法书"。后二块刻有尚书令袁昂、南朝梁文学家沈约、陈武帝陈霸先、唐女皇武则天、唐代名相狄仁杰、南宋名进士王十朋等题跋及观记,并盖有武则天的《凤阁之宝》等印鉴。帖文最后有沁州人张孝捏得帖摹刻过程的跋记。

碑碣刊刻于清乾隆七年(1742)。现藏于沁县石刻馆,保存完好。

《致远堂法书》,也称《仿古杂诗》,是晋代诗人陶渊明(约 365—427)作并书写的杂诗 12 首。据考证,这些拟古诗是陶公于东晋义熙十二年(416)写给"云宪上人"的手书。拟古,就是模拟古诗之意。但事实上这组诗并无模拟之迹,完全是诗人自抒怀抱。从内容来看,这组诗大多为忧国伤时、寄托感慨之作,其中多有托古讽今、隐晦曲折之辞。诗作从"荣荣窗下兰,密密堂前柳"到"愁人难为辞,遥遥春夜长"。诗句清新自然,千古传诵。历年来,许多人以陶渊明的《桃子树花源记》《五柳先生传》《归去来兮》等作品推许他的文采及人品,但对他的书写艺术作品却从未见闻,怪不得古代名手袁昂、徐勉、沈约及武则天等人对其奖赏不已,题跋志感,从不同角度对作品予以说明评价。

从题跋所示,我们可以看出:此帖为当时著名书评家袁昂过目,予以评价,后被书家陶弘景(贞白)所收。沈约从陶处观赏得此书,予以好评:"况复书法简贵,不与俗同耶。"梁太清三年(549)陈开国主陈霸先在绍兴太守任时,韦粲在散骑常侍任一同在同泰寺观赏。再后几经辗转至唐代韦嗣立名下,献于武则天。武则天甚为欣赏,观后题跋记"御览"。圣历二年(699年)的武则天造字痕迹留在帖上,后敕名臣观赏留有题跋。狄仁杰题跋评价:"陶公品行既卓,词翰复美……从笔楮间可想见其高风也。"与此同时期的几位名士崔玄暐、张循宪、郭元振、姚元之、韦嗣立等都有题记留名。其后为太原王十朋题跋。最后是清代张孝捏题跋记录收藏经历,真可谓古今稀有的诗作与宝字。

清乾隆六年(1741)沁州人张孝捏任监察御史巡视江南时,得陶公手书《拟古杂诗》12首,见其"古劲流畅,墨迹宛然",就请名工巧匠将其摹刻于汉白玉石之上,并以"致远堂法书"名义广拓流传,引起书法界的极大重视。

《致远堂法书》拓本过去流传较广,远至欧美。1937年日本侵略军侵占沁县时,曾三次派兵追索,企图掠夺此碑,张氏子孙将其埋于地下,使其免遭劫难,得以保存。新中国成立后,张氏子孙将其完好无缺地捐献给国家。原刻现存沁县文物馆内。1997年香港回归时,由沁县人民政府将拓片编印成册,由香港华圆出版社出版,书名为《致远堂法书》。

此帖刻工精致,古劲流畅,墨迹宛然,堪称珍品。

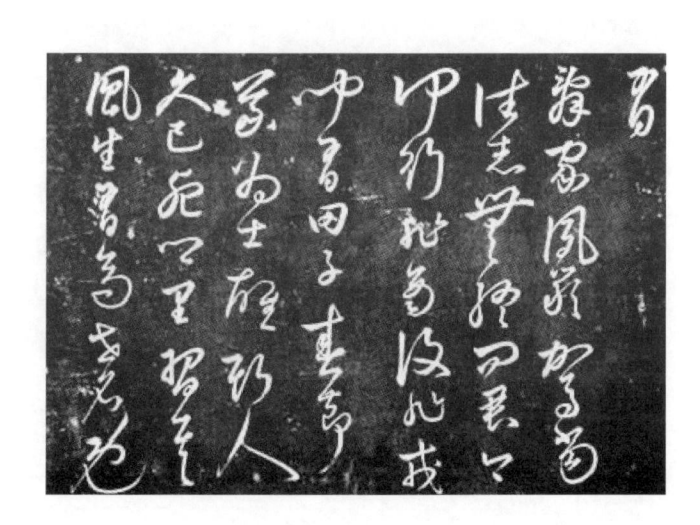

图84-4　致远堂法书局部

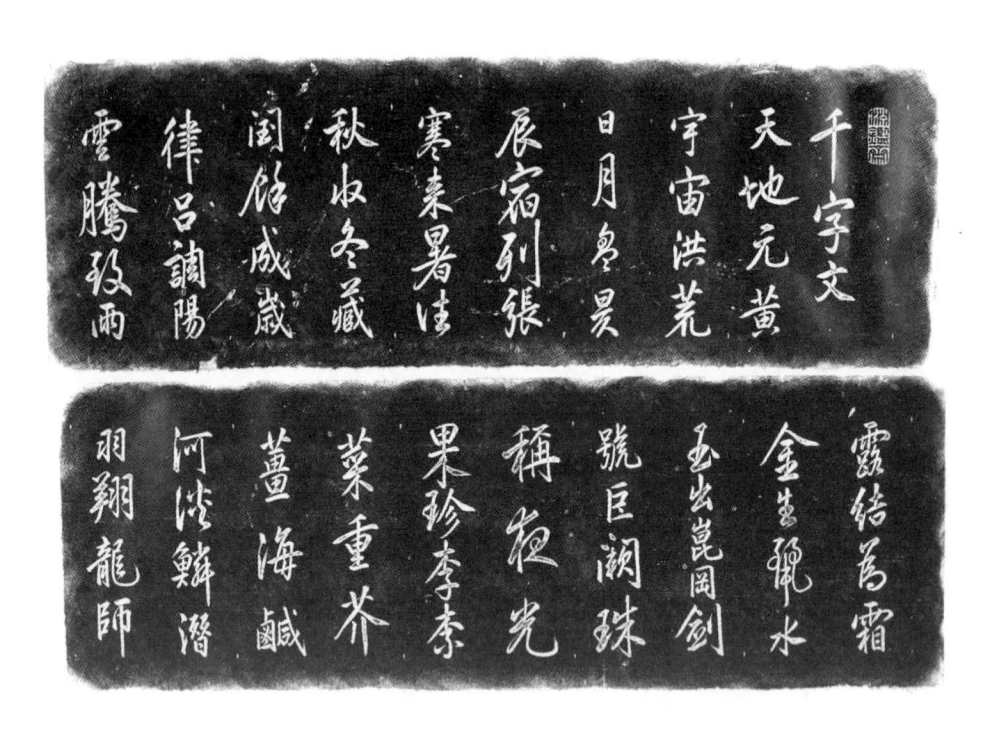

图 85-1　千字文

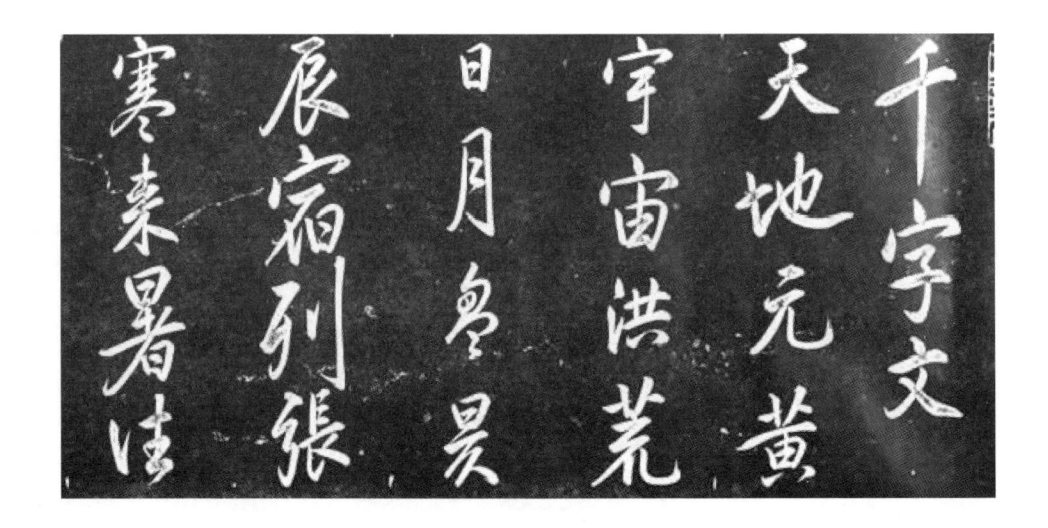

图 85-2　千字文局部

千字文（图 85）

此碑汉白玉质，共 28 块，均高 30 厘米，宽 90 厘米。每块刻字 10 行，行 3-4 字，行书。刻于康熙四十二年（1703 年）五月，立于沁县吴家祠堂御书楼内，现存原址，保存完好。

此为康熙临米芾字帖。后有跋文说明此卷赐大学士吴琠，并表彰吴琠的德行、宦迹。《千字文》每 4 字一句，共 250 句，一千个字。《千字文》通篇用韵，朗朗上口，其用韵数字是 7 个。其行文流畅，气势磅礴，辞藻华丽，内容丰富。

根据史书记载，《千字文》是南朝梁武帝在位时期（502—549 年）编成的。其编者是梁朝散骑侍郎、给事中周兴嗣。《梁史》载："上以王羲之书千字，使兴嗣韵为文。奏之，称善，加赐金帛。"唐代的《尚书故实》对此事做了进一步的叙述，梁武帝萧衍为了教诸王书法，让殷铁石从王羲之的作品中拓出了一千个不同的字，每个字一张纸。然后把这些无次序的拓片交给周兴嗣，让他编成有内容的韵文。周兴嗣用了一夜时间将其编完，累得须发皆白。这件事在唐宋两代多有记载，如《刘公嘉话录》《太平广记》等书都曾加以记录，其内容与《尚书故实》基本相同。

康熙皇帝是中国封建社会后期著名的君主，他是清朝入关后的第二个皇帝，在位六十一年（1662－1722）。他为清朝的强盛奠定了牢固的基础，并开创了"康乾盛世"。据说康熙"自五龄受书，诵读恒至夜分，东此不为疲也"。又喜好写书法，"每日写千余字，从无间断"。他在出巡途中，深夜乘舟，或居行宫，谈《周易》、看《尚书》、读《左传》、诵《诗经》，赋诗著文，习以为常，直到花甲之年。正如他在自序中所叙："朕四十余年,惟日兢兢,未尝暑刻少释万几,自警有始无终之消,念兹在兹也。政事稍暇,颇好书射。"

吴琠(1637-1705),字伯美,号铜川,山西沁川(今长治市沁县)徐村人,其父吴道默是沁州名塾师。吴琠顺治十六年(1659)中进士,任河南确山知县,至康熙三十七年(1698)累迁为保和殿大学士兼刑部尚书,是内阁辅臣之一,深得康熙倚重。康熙四十四年(1705)卒,享年68岁,谥"文端"。吴琠一生为官,仕途坦荡。他之所以能从一个知县跃为朝中主官,就是由于他忠于清廷,本领超人,功绩卓著。

康熙三十九年(1700),皇帝手书"风度端凝"榜恩赐吴琠,并亲临米芾书《千字文》以赠之,书曰:"吴琠为人宽厚和平,持己清廉,先任封疆,文武军民受其实惠者,至今颂之。朝中之事,百折廷诤,必得其正,朕甚重之。"

此《千字文》刻石,书体流畅秀雅,刻工精细传神。在章法上,体型修长,清劲丽脱,结构端庄,沉着稳健,字与字、行与行之间,分行布局,疏朗匀称。

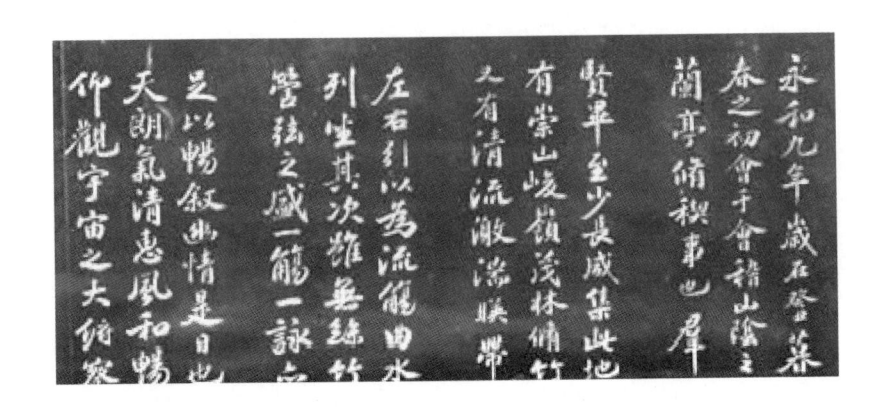

图 86-1　兰亭修禊局部

图 86-2　兰亭修禊

兰亭修禊（图 86）

此石镌刻于清咸丰三年（1853 年），原位于山西省太谷县城内孙阜昌家花园，1960 年前后迁至山西省博物馆。现外护以木框，保护完好。

青石质，二石四面，均高 173 厘米，宽 91 厘米。第一石碑之正面上端刻"兰亭修禊"四个大字，字径 21 厘米，落款晦翁（朱熹的别号）二字。碑的正背两面，为《兰亭序》十个摹刻本，镌刻着太谷县城内孙阜昌家藏碑拓。上有唐褚遂良、宋米芾、朱熹，元鲜于伯机、赵孟頫（子昂），清张熙、钱载、翁方纲、王文治等名书法以及清末爱好书法的收藏家太谷县孙阜昌等十人的临摹本。

第二石正面，第一、二大行，依次为魏钟繇的《宣示表》《贺捷表》《墓田丙舍帖》《荐关内侯季直表》及钟繇帖等摹本。钟繇的字以书写自然、风格古朴，以及章法结字的茂密幽深著称。从这些碑帖中，我们可以看到钟繇的字尚未脱尽隶书笔意，如帖中"获"字的末笔，"舍"字的第一、二笔等，隶字的特点都还十分明显。羊欣在《采古来能书人名》中所提到其书法为"八分楷法"。

第三大行，为王羲之永和十二年五月十三日书与王敬仁的《东方朔画像赞》摹本。

王敬仁，原名王修，晋朝人，字敬仁，是王仲祖的儿子，官至著作郎。他十六岁就写了《贤令论》。王修擅长书写隶书、行书。他曾经向王羲之求要书法墨迹，王羲之书写了一纸《东方朔画赞》给他。王羲之用小楷书写的《东方朔画赞》是书法史上的名作，又称《像赞》《画赞》。文章前半部分为序文，后半部分是四言一句的韵语，其作者是西晋夏侯湛。

第四大行,为王羲之书写的《孝女曹娥碑》《乐毅论》。《孝女曹娥碑》记载的是曹娥投江寻父的孝行,是东汉年间人们为颂扬曹娥的美德,纪念她的孝行而立的石碑。明人传为王羲之书。此帖为小楷,结字扁平,用笔多不藏锋,有隶书笔意。其章法自然,笔力劲健,结字跌宕有致,无求妍美之意,而具古朴天真之趣。《乐毅论》是三国时期魏夏侯玄撰写的一篇文章,文中论述的是战国时代燕国名将乐毅及其征讨各国之事,阐发"仁义"道理。传王羲之抄写这篇文章,是给自己的儿子官奴(一说王献之)学书法用的。

第五大行为王献之的《洛神赋》(十三行)、《王献之札》等。王献之《洛神赋》,相传真迹写于麻笺,流传至唐已首尾烂缺,仅存十三行。《洛神赋》(十三行)体势秀逸,笔致洒脱,灵秀流美,与文章内涵极为和谐,这件佳作被后人誉为"小楷之极则"。从《洛神赋》(十三行)中可看出,王献之的楷书笔法不再带有隶意,字形也由横势变为纵势,已是完全成熟的楷书之作。

从第二石正面五大行上所摹刻的碑帖,我们可以看出楷书的发展轨迹:楷书源于汉末,成熟于魏晋。现存最早的楷书作品传为钟繇的《宣示表》《荐季直表》等,尚存隶意。至晋代,经王氏父子改进而完善。王羲之的《孝女曹娥碑》《乐毅论》等小楷,已足见其法度完备。王献之则突破其父的成法束缚,别创新法。王献之的小楷体势峻拔奇巧,风神秀逸潇洒,柔中寓刚,格调高雅,是楷书中追求写意书风的经典之作,在楷书发展史上占有重要地位,也产生过广泛的影响。后世楷书对所谓晋人格调的追摹,无不以《洛神赋》为圭臬。

第二石背面,字迹大小不等。上有欧阳询所书东汉仲长统的《乐志论》《般若波罗蜜多心经》;虞世南撰并书的《破邪论序》,虞世南所书《阴符经》;唐薛稷所书《孙权与介象论脍》。最后有一篇为宋濮阳蔡襄所写的七言律诗。

《乐志论》言辞非常优美,为人们勾勒出了一个美好的世外图景。考察一下书法史,历代书《乐志论》的大家,如初唐褚遂良、元赵孟頫、明祝枝山、文徵明、张瑞图、王宠、董其昌等,似乎都有过穷途末路、愁困蹇顿的时候,借以抒发胸中块垒。《般若波罗蜜多心经》是般若经系列中一部言简义丰、博大精深、极为重要的经典。为大乘佛教出家及在家佛教徒日常背诵的佛经。现以唐三藏法师玄奘译本为最流行。唐薛稷所书的《孙权与介象论脍》,与此相似的情形,在《三国演义》第十四卷中也有一段"左慈钓鲈"的故事。虞世南撰并书的《破邪论序》立意沉粹,内含刚柔,楷法遒媚,圆润丰美,虽不外露锋芒,而筋骨内含。虞世南所书《阴符经》,作者无考。据说《阴符经》是唐朝著名道士李筌在河南省境内的洛阳嵩山少室虎口岩石壁中发现的,此后才传抄流行于世。

第二石背面,主要为摹刻唐代书法大家的法帖。楷书发展至唐代已达到了相当成熟的时期,唐代楷书熔南北于一炉,当时书被列为六学之一。朝廷并设置待书院和翰林侍书,以书取仕,又设立弘文馆,专门招收一批贵族子弟学习书法,加上唐代诸帝都醉心书字,因此唐代书法出现了一个繁荣的局面。

清咸丰太谷兰亭修禊等书法刻石,它汇集了从汉魏唐宋直至清代的书法大家的法帖墨迹。各篇字迹虽大小不等,然均显示出各家书法工力之深厚古雅,笔力之遒劲端美,加以镌刻圆润,点画不苟,显得帖刻更觉精美秀逸,可以说这是一部集书法之大成者。这批珍贵文物之保存,使今人得以欣赏,不得不感谢孙氏劳神费力之功。

总之,山西碑刻将记功、赞颂、记事、纪念与训谕、惩戒、昭示、标识于一体、融人文社会科学与自然科学为一体,内容涉及人们生活的方方面面。从资料价值角度来看,碑刻材料都是第一手资料,虽然当年人们的各种思想无不打上时代的印记,笔尖下渗透着喜怒哀乐的情感,但当时人记当时事、当地人记当地事、当事人记当事事的基本特点,决定了这些记述的真实性与可信性。它不是取之于常见的史书与社会传闻,而是据其亲身所历,亲眼所见写下的。再加上具有鲜明的地方特色,所言当地之人与事,特别是城镇的土木修建、寺庙、学校的创建与维修、增修,道路、桥梁的修建,以及出现在当地的水灾、旱灾、风灾、地震、饥荒、赈灾,还有当地的民众信仰、生活习俗、家族世系、村规民约等,多为史书所不载,有的就连专记一方风土民情的志书里也很少提及。而碑刻中的记述则以翔实具体的资料,展示山西社会变迁的过程,以及生活在这方土地上的人民生产与生活的方方面面,可以用来补充史书中记载的不足,订正其讹误,并破解一些历史悬案、疑案。有关山西生态环境、煤炭的开发、民风民俗,以及民间文艺、戏曲、音乐、舞蹈、手工工艺的状况,由于资料缺乏,至今很少有人涉足,而在碑刻中,有关这方面的记载,并不在少数。这些都为研究者提供了难以获得的新资料,足以扩大人们的视野,使人们有可能对这些方面进行描述与探讨,进而拓展新的研究领域。

就艺术价值来说,碑刻是文章、书法、镌刻三者结合的综合艺术。碑刻上的书法真草隶篆楷行六体俱全,无论大大小小的碑刻,书丹人都是当时的名家。毫不夸张地说，山西碑刻就是山西书法艺术作品的总汇。镌刻在碑石上书法家的手迹，或流畅飞扬，或方整朴厚，或峭拔雄伟，或龙飞凤舞，或灵秀妩媚，或平和含蓄，人们得以观摩品评各家各体风格，得到至高的审美享受。因此，碑学对于书法的影响是不可小觑的，它除了给书法爱好者提供了更为广泛的临习之作外，更是影响了书法审美意趣的走向，倡导了碑刻书法所特有的残破朴拙的金石趣味以及"尚奇""尚古"的书法审美观，为后来者提供各个时期书法的书写风格，为我们向古人学习书法提供了第一手资料。